YVAIN OU LE CHEVALIER AU LION

CHRÉTIEN DE TROYES

TRADUCTION ET ÉTUDE DE L'ŒUVRE PAR
CLAUDE GONTHIER

COLLECTION
PARCOURS D'UNE ŒUVRE

SOUS LA DIRECTION DE MICHEL LAURIN

Beauchemin

CHENELIÈRE ÉDUCATION

Yvain ou Le Chevalier au lion
Texte intégral

Traduction de l'œuvre et édition présentée, annotée
et commentée par Claude Gonthier

Collection « Parcours d'une œuvre »

Sous la direction de Michel Laurin

© 2008, 2003 Groupe Beauchemin, Éditeur Ltée

Édition : Sophie Gagnon
Coordination : Johanne O'Grady
Correction d'épreuves : Christine Langevin
Conception graphique : Josée Bégin
Infographie : Transcontinental Transmédia

Tableau de la couverture :
Le Combat d'Yvain contre le
géant Harpin de la Montagne.
Princeton University Library.
Œuvre anonyme, fin du XIII siècle.

Catalogage avant publication
de Bibliothèque et Archives nationales du Québec
et Bibliothèque et Archives Canada

Chrétien, de Troyes, 12e s.

  Yvain, ou, Le chevalier au lion

  (Collection Parcours d'une œuvre)
  « Texte intégral ».
  Traduit de l'ancien français.

  Comprend des réf. bibliogr.
  Pour les étudiants du niveau collégial.

  ISBN 978-2-7616-5131-8

  1. Chrétien, de Troyes, 12e s. Chevalier au lion. 2. Chrétien, de
Troyes, 12e s. – Critique et interprétation. I. Gonthier, Claude,
1960- . II. Titre. III. Titre : Chevalier au lion. IV. Collection.

PQ1445.Y8 2007   841'.1   C2007-941284-X

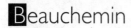

Beauchemin

CHENELIÈRE ÉDUCATION

5800, rue Saint-Denis, bureau 900
Montréal (Québec) H2S 3L5 Canada
Téléphone : 514 273-1066
Télécopieur : 514 276-0324 ou 1 800 814-0324
info@cheneliere.ca

ISBN 978-2-7616-5131-8

Dépôt légal : 1er trimestre 2008
Bibliothèque et Archives nationales du Québec
Bibliothèque et Archives Canada

Imprimé au Canada

4   5   6   7   8   M   18   17   16   15   14

Nous reconnaissons l'aide financière du gouvernement du Canada par
l'entremise du Fonds du livre du Canada (FLC) pour nos activités d'édition.

Gouvernement du Québec – Programme de crédit d'impôt pour
l'édition de livres – Gestion SODEC.

Je dédie cette traduction à ma mère, qui berça mon enfance de tant de beaux contes.

REMERCIEMENTS

Merci à Michel Laurin d'avoir accepté Yvain *dans sa collection. Que soient aussi chaleureusement remerciées France Robitaille et Manuela Giroux, sans l'assistance et le dévouement desquelles ce projet n'aurait pu être mené à terme. Je tiens aussi à remercier ma sœur, Sylvie Gonthier-Hervieux, pour l'aide apportée à l'établissement de la traduction, ainsi que Monique Proulx, Nicole Lafontaine, Jacques Rochon et Guillaume Lanthier-Proulx, pour leurs conseils avisés. Qu'il me soit enfin permis de rendre hommage au médiéviste Claude-Alain Chevallier, le premier à avoir attiré mon attention sur* Le Chevalier au lion.

TABLE DES MATIÈRES

UN CLERC DEVANT SON LUTRIN.

PORTRAIT D'UN CLERC, DÉBUT DU XIIIᵉ SIÈCLE.

BODLEAN LIBRARY, OXFORD.

INTRODUCTION

L'AMOUR ET L'AVENTURE
AU TEMPS DES CATHÉDRALES

Dans la seconde moitié du XIIe siècle, la cathédrale de Notre-Dame de Paris s'élève encore à peine sur ses piliers gothiques quand Chrétien de Troyes, cherchant à se démarquer de la chanson de geste et du roman antique, puise son inspiration dans la « matière de Bretagne » pour inventer le roman courtois. Ses *Romans de la Table Ronde,* tout en imprimant un développement durable à la légende arthurienne, posent les jalons des thèmes et des techniques narratives qu'un très grand nombre de romanciers reprendront jusqu'à la fin du Moyen Âge... et bien au-delà.

Composé vers 1175, *Yvain* ou *Le Chevalier au lion* raconte les épreuves subies par un chevalier qui entend prouver à sa dame toute la force et la sincérité de son amour. Dans ce roman original, Chrétien de Troyes s'interroge sur l'essence du bonheur. Certes, il exalte les qualités de courtoisie, de vaillance, de générosité et de loyauté du parfait chevalier, mais il place surtout le héros devant l'épineux dilemme de choisir entre l'amour et l'aventure. C'est ce qui le rend si actuel. Qui n'a pas un jour réfléchi à la nécessité de protéger sa vie amoureuse de l'appel tentateur d'un ailleurs ? Qui n'a pas voulu concilier le quotidien du foyer conjugal et les défis attrayants du monde extérieur ? Qui n'a jamais cherché à recouvrer un bonheur perdu et à le conserver éternellement ? Voilà quelques-unes des questions qu'agite *Yvain* ou *Le Chevalier au lion,* chef-d'œuvre romanesque du XIIe siècle.

[…] les nobles chevaliers d'élite,
défenseurs de l'honneur, resteront dans nos mémoires.

Lignes 19 et 20.

LANCELOT DU LAC, MINIATURE DU XVe SIÈCLE.

N.B. : Les quatre extraits de l'œuvre qui font l'objet d'une analyse approfondie sont indiqués par une trame superposée au texte. Les mots suivis d'un astérisque sont définis dans le glossaire, à la page 232.

Arthur, le noble roi de Bretagne[1] qui, par sa prouesse, nous enseigne à être preux[2] et courtois[3], tenait une cour fastueuse et royale en la fête de la Pentecôte[4] qui coûte si cher à l'hôte. Le roi était à Carduel, au pays de Galles[5]. Après manger, dans les salles, les cheva-
5 liers s'attroupèrent là où les dames, les demoiselles et les pucelles[6] les appelèrent. Les uns racontaient des histoires, et d'autres parlaient d'Amour[7] et de son ordre, jadis riche et noble, dont les disciples ressentent souvent angoisses, douleurs et grands bonheurs. Or nombreux sont ceux qui l'ont à présent délaissé, et Amour en est bien
10 déprécié. Autrefois, ceux qui aimaient étaient courtois, preux, généreux et loyaux. Aujourd'hui, Amour est tourné en fable[8] : ceux qui ne l'éprouvent en rien disent qu'ils aiment, alors qu'ils mentent, et ceux qui s'en vantent et n'y ont pas droit en font un conte et un mensonge.

Toutefois, pour parler de ceux qui ont existé, laissons de côté ceux
15 qui vivent encore ! À mon avis, la courtoisie[9] d'un mort vaut mieux que la grossièreté d'un vivant. C'est pourquoi il me plaît de raconter ici une chose digne d'être écoutée à propos du roi Arthur, de si grande renommée. Et je m'accorde là-dessus avec les Bretons que son nom

---

1. Bretagne : le royaume du roi Arthur inclut l'actuelle péninsule de la Bretagne française (ou Bretagne armoricaine) et une bonne part des îles Britanniques.

2. Preux : brave, courageux, vaillant, intrépide. Qualité capitale du chevalier qui peut être nommé un « preux ».

3. Courtois : poli, éduqué, cultivé. Qualité propre aux gens de *cour,* aux seigneurs.

4. Pentecôte : fête religieuse célébrant la descente du Saint-Esprit sur les apôtres au 7e dimanche après Pâques (la fête a lieu en mai ou en juin). Aux fêtes religieuses, les rois médiévaux tiennent une cour et ils y convient les seigneurs à de fort coûteuses festivités ! Avec ironie, Chrétien de Troyes fait rimer, dans le texte original, « *couste* » avec « *Penthecouste* » (coûte/Pentecôte).

5. Carduel, au pays de Galles : le pays de Galles est situé dans la région sud-ouest de l'actuelle Angleterre. Au Moyen Âge, sa superficie était plus étendue. Ville importante, Carduel (aujourd'hui Carlisle dans le Cumberland) sert fréquemment de résidence au roi Arthur.

6. Pucelles : jeunes filles.

7. Amour : allégorie. Dans les textes médiévaux, on traite les sentiments, les vices et les vertus comme des divinités à forme humaine. Plus loin, les *disciples* d'Amour sont les *amoureux*.

8. Tourné en fable : tourné en dérision, ridiculisé.

9. Courtoisie : il s'agit à la fois des règles sociales raffinées régissant les rapports à la cour et des qualités morales élevées de l'individu qui observe ces règles.

survivra toujours et que, grâce à lui, les nobles chevaliers d'élite,
20 défenseurs de l'honneur, resteront dans nos mémoires.

Donc, ce jour-là, les chevaliers s'étonnent de voir le roi se lever
d'entre eux et les quitter. Certains en sont choqués et ils en disputent
longuement, parce que nul n'a encore vu, à une si grande fête, le roi
entrer dans sa chambre pour dormir ou pour se reposer. Mais, ce
25 jour-là, il advient que la reine le retient et Arthur demeure tant auprès
d'elle qu'il s'oublie et s'endort.

Dehors, à la porte de la chambre, se tiennent Dodinel, Sagremor,
Keu, messire Gauvain, messire Yvain et, avec eux, Calogrenant, un
chevalier fort avenant[1], qui a commencé à leur faire un conte, non à
30 son honneur, mais à sa honte. Alors qu'il raconte son histoire, la reine
l'entend depuis la chambre. Aussi se lève-t-elle d'auprès du roi pour
venir s'asseoir parmi les chevaliers, et elle s'exécute si furtivement que
nul ne s'en aperçoit, sauf Calogrenant, le seul à se lever à son entrée.
Alors Keu, le malveillant, l'insolent, le perfide et le venimeux, lui dit :
35 « Par Dieu, Calogrenant, que vous voilà bien preux* et bien sautil-
lant ! Et comme il m'est agréable que vous soyez le plus courtois*
d'entre nous. Je sais bien que c'est ce que vous estimez, tant vous êtes
vide de tout bon sens ! Aussi ma dame est-elle en droit de croire que
vous avez plus de courtoisie* et d'éducation que nous tous. Tout à
40 l'heure, c'est par paresse, j'imagine, que nous ne nous sommes pas
levés ou encore c'est parce que nous ne le daignâmes point ! Allons,
par Dieu, sire ! Ce n'est pas pour cette raison-là, mais parce que nous
n'avions pas encore vu ma dame, et que vous vous étiez déjà levé.

— Certes, Keu, vous auriez déjà crevé, me semble-t-il, fit la reine,
45 si vous n'aviez pu déverser le venin dont vous êtes plein. Vous êtes
méchant et cruel d'insulter vos compagnons de la sorte.

— Ma dame, fait Keu, en votre compagnie, si nous ne gagnons
rien, prenez garde que nous n'y perdions. Je ne pense pas avoir rien
dit qui me doive être reproché. Alors, je vous en prie, taisez-vous ! Il
50 n'y a ni courtoisie ni bon sens à prolonger une dispute. Elle ne doit

---

1. Avenant : agréable, aimable, d'un bel air.

ni aller plus loin ni prendre plus d'importance. Faites-nous conter plutôt ce qu'il avait déjà commencé, car se quereller serait ici déplacé. »

À cette parole, Calogrenant riposte en répondant :

« Sire, fait-il, cette querelle ne m'a guère offensé. Tout cela compte
55 pour peu et je ne m'y attarde pas. Si vous éprouvez envers moi du mépris, je n'en subirai nul dommage. À de plus vaillants et à de plus sages, messire Keu, vous avez souvent proféré des injures. Vous en êtes si coutumier ! Toujours les méchants doivent nuire et médire, comme le fumier doit puer, les taons piquer et les bourdons bruire. Et
60 aujourd'hui, si ma dame me laisse en paix, je ne raconterai plus rien et — de grâce ! — je la prie de se taire et de ne pas me commander une chose qui puisse tant me déplaire.

— Ma dame, tous ceux ici, fait Keu, vous sauront gré d'insister, car ils l'écouteront volontiers ! Ne songez en rien à moi, mais ordonnez-
65 le-lui par la foi que vous devez au roi, votre seigneur et le mien. Ainsi vous ferez bien !

— Calogrenant, fait la reine, ne vous souciez pas de la haine de messire Keu, le sénéchal[1]. Il a coutume de dire du mal et on ne peut plus l'en corriger. Je vais vous ordonner et vous prier de ne pas garder
70 votre cœur en colère et de ne pas renoncer, à cause de lui, à relater une chose si plaisante à entendre. Si vous voulez conserver mon amitié, recommencez même depuis le tout début.

— Certes, ma dame, ce que vous m'ordonnez m'est très pénible. Si je ne craignais de vous fâcher, je me laisserais arracher un œil plutôt
75 que de leur raconter rien de plus aujourd'hui. Mais je ferai ce qui vous sied[2], quoi qu'il m'en coûte et, puisque cela vous plaît, écoutez donc ! Prêtez-moi cœur et oreilles, car les paroles entendues sont perdues quand le cœur ne les comprend pas. Certains n'assimilent pas ce qu'ils entendent et néanmoins ils le louent. Or ils ne perçoivent que du
80 bruit, parce que le cœur n'y entend rien. Les paroles parviennent aux oreilles, comme le vent qui souffle, mais elles n'y font ni halte ni arrêt : elles s'en éloignent aussitôt si le cœur n'est pas assez éveillé ou assez bien disposé à les saisir. Lui seul peut les attraper au vol, les

---

1. Sénéchal : littéralement « serviteur le plus âgé ». Dans les faits, officier du roi aux fonctions d'autorité liées au commerce, à la justice ou aux divertissements de la cour.
2. Sied (du verbe seoir) : il sied, il convient, il faut.

enclore et les retenir. L'oreille désigne le passage et le conduit par où
85 la voix vient toucher au cœur qui prend ainsi, au plus profond de lui, la
voix qui y entre par l'oreille. Qui voudra donc me comprendre doit
me tendre cœur et oreilles, car je refuse de vous livrer les songes, les
fables, les mensonges que d'autres vous ont servis. Au contraire, ce
que je vous raconterai est bien ce que je vis. »

                    questions   * * *

90   « Il y a près de sept ans, il advint que je me trouvai seul, sans
escorte, comme un paysan[1], et allant en quête d'aventures, bien armé,
comme il sied* à un chevalier. Au milieu d'une épaisse forêt, à ma
droite, je découvris un sentier, bien traître, plein de ronces et d'épines.
Non sans difficultés et non sans peine, je poursuivis ma route par ce
95 chemin. Pendant près d'un jour entier, je chevauchai ainsi jusqu'à
ce que je sorte de la forêt de Brocéliande[2]. De la forêt, je passai dans
une lande et y vis une bretèche[3] à une demi-lieue galloise[4] au moins,
sinon un peu plus. Je me dirigeai de ce côté au petit galop. J'aperçus
l'enceinte, le fossé large et profond qui l'entourait et, sur le pont, le
100 seigneur de la forteresse, avec un autour mué[5] au poing. À peine
avais-je eu le temps de le saluer qu'il vint me tenir l'étrier et m'inviter
à descendre. Et je descendis — avais-je un autre choix ? —, car je cherchais un logis. Aussitôt, plus de sept fois d'affilée, il m'affirme que
bénie devait être la voie par laquelle j'étais venu. Et là-dessus, nous
105 entrâmes dans la cour après avoir franchi le pont et la porte.
      Au milieu de la cour de ce vavasseur[6] — puisse Dieu lui rendre
autant de joie et d'honneur qu'il m'en procura cette nuit-là ! — était

---

1. Comme un paysan : le chevalier étant un seigneur, une suite (valets, écuyer, etc.) devrait
   l'accompagner. Ici, il chemine seul, comme le fait un paysan.
2. Brocéliande : vaste forêt de Bretagne qui s'étend aujourd'hui depuis la ville de Rennes jusqu'à
   Montfort. Au Moyen Âge, ce lieu avait la réputation d'être magique. En celtique, *Bréchéliant*
   signifie « Forteresse de l'Autre Monde » : y pénétrer, c'est entrer dans le monde de la magie et
   du merveilleux.
3. Bretèche : tour crénelée ou loge en saillie à la façade d'un château et servant de poste avancé
   pour la défense des lieux.
4. Une demi-lieue galloise : correspond à un peu plus de 22 kilomètres.
5. Autour mué : oiseau de proie de grande valeur, utilisé pour la chasse après la mue qui le rend
   adulte, et que l'on tient au poing avant de le lancer sur une proie.
6. Vavasseur : vassal d'un seigneur qui est lui-même le vassal d'un autre seigneur ; dernier rang
   de la noblesse.

suspendu un disque qui, je crois, n'était ni en fer ni en bois, mais en rien d'autre qu'en cuivre. Sur ce disque, le vavasseur frappa trois
110 coups, à l'aide d'un marteau pendu à côté, à un poteau. Ceux qui étaient en haut, à l'intérieur, en entendirent le timbre sonore et sortirent de la maison pour descendre dans la cour. Certains coururent à mon cheval, et je vis venir vers moi une belle et avenante* pucelle*. Je ne me lassais pas de la regarder, tant elle était grande, mince, élancée.
115 À me désarmer, elle s'avéra adroite et fit tout à la perfection, avant de me revêtir d'un court manteau d'écarlate[1], couleur de paon[2] et fourré de vair[3]. Les autres quittèrent les lieux de sorte que nul ne resta, hormis elle et moi, ce qui me plut fort, puisque je ne désirais voir personne d'autre. Elle m'emmena m'asseoir dans le plus beau petit pré
120 du monde, clos tout autour d'un mur bas. Là, je la jugeai si bien élevée, s'exprimant si bien et si instruite, enfin d'un tel charme et d'une telle distinction, que j'étais heureux d'être là et que jamais, pour rien au monde, je n'aurais voulu m'en éloigner. Et le soir, à l'heure du souper, quand le vavasseur vint me chercher, cela me porta
125 atteinte. Mais je ne pus demeurer plus longtemps et je me rendis à sa volonté. Toutefois, j'ajouterai brièvement que le souper tourna tout à fait à ma convenance dès que, devant moi, la pucelle se fut assise. Après souper, le vavasseur me confia qu'il ne se souvenait plus à quand remontait la dernière fois où il avait hébergé un chevalier
130 errant en quête d'aventures, bien qu'il l'ait fait souvent par le passé. Ensuite, il me pria, sur le chemin du retour, de repasser chez lui, si je le pouvais, en guise de remerciements. Et je lui répondis : "Volontiers, sire !", quelle honte ç'aurait été de le lui refuser !

Je fus très bien logé cette nuit-là et, dès qu'on put voir le jour, mon
135 cheval fut sellé, car je l'avais exigé la veille au soir, et ma requête fut exaucée. Je recommandai au Saint-Esprit mon hôte, si bon, et sa chère fille et je pris congé de tous, m'en allant dès que possible.

questions

---

1. Écarlate : renvoie non à une couleur, mais à une étoffe de laine ou à un drap fin.
2. Couleur de paon : d'un bleu éclatant.
3. Vair : fourrure gris foncé provenant d'un petit rongeur appelé un *vair* (Cendrillon porte des pantoufles en *vair* et non *de verre* : la confusion découle d'une mauvaise lecture et se perpétue depuis des siècles).

Je n'étais guère éloigné du château quand, dans une clairière, je tombai sur des taureaux sauvages et furieux qui se battaient entre eux
140 et qui se démenaient bruyamment, avec une telle fureur et un tel emportement que, pour dire la vérité, de peur, je fis marche arrière, nulle bête n'étant plus féroce ni plus furieuse que le taureau. Un vilain[1] qui ressemblait à un Maure[2], très grand et hideux — bref, une créature tellement laide qu'on ne saurait la décrire —, s'était assis là,
145 sur une souche, une lourde massue à la main. Je m'approchai du vilain et constatai qu'il avait une tête plus grosse que celle d'un roncin[3] ou d'une autre bête, des cheveux emmêlés, un front pelé de plus de deux empans[4], des oreilles larges et velues comme celles d'un éléphant, des sourcils touffus, un visage plat, des yeux de chouette,
150 un nez de chat, une bouche fendue comme celle d'un loup, des dents de sanglier aiguës et rousses, une barbe noire, des moustaches tordues, un menton soudé à la poitrine et une longue échine voûtée et bossue. Appuyé sur sa massue, il était vêtu d'un habit bien étrange, ni de lin ni de laine, mais de deux cuirs nouvellement écorchés, des cuirs
155 de deux taureaux ou de deux bœufs attachés à son cou.

Dès que j'approchai, le vilain sauta sur ses pieds. Je ne savais pas s'il voulait me frapper, ni ne connaissais ses intentions, mais je me préparai à me défendre, jusqu'à ce que je visse qu'il se tenait debout, bien droit, sans bouger, monté sur un tronc d'arbre. Il mesurait bien
160 dix-sept pieds de haut[5]! Il m'observa sans dire un mot, tout comme une bête l'aurait fait, et je crus qu'il avait perdu sa raison ou qu'il ne savait pas parler. Enfin, je m'enhardis au point de l'interroger :

"Va, dis-moi, es-tu une bonne créature ou non ?"

Et il me répondit :
165 "Je suis un homme.

— Quel homme es-tu ?

---

1. Vilain : paysan. Le vilain possède souvent sa propre terre et jouit, contrairement au serf, d'une relative liberté. Dès le Moyen Âge, ce groupe social méprisé voit son nom prendre la connotation péjorative qu'il conserve encore aujourd'hui.
2. Maure : peuple de l'Afrique du Nord au teint très foncé.
3. Roncin : gros cheval de somme servant à transporter ou à tirer de lourdes charges.
4. Empans : mesure approximative déterminée par la distance entre l'extrémité du pouce et celle du petit doigt d'une main large ouverte.
5. Dix-sept pieds de haut : ayant franchi la forêt de Brocéliande, Calogrenant croise des êtres appartenant au monde des fées, des géants et des démons.

— Tel que tu le vois. Je n'ai jamais été autre.

— Et que fais-tu ?

— Je reste ici et je garde les bêtes dans ce bois.

170 — Tu les 'gardes' ? Par saint Pierre de Rome ! Mais elles ne savent pas ce qu'est un homme ! Je ne crois pas qu'on puisse retenir une bête sauvage dans une plaine, un bois ou ailleurs, d'aucune façon, si elle n'est pas attachée ou enclose.

— Je surveille pourtant celles-ci et je les gouverne si bien qu'elles 175 ne s'enfuiront jamais hors de ce lieu.

— Et tu fais comment ? Dis-moi la vérité.

— Aucune n'ose bouger dès qu'elles me sentent venir. Car, quand je peux en tenir une, je l'empoigne si bien par les deux cornes, de mes poings durs et forts, que les autres tremblent de peur et se rassem-180 blent autour de moi comme pour demander grâce. Et nul autre que moi ne pourrait se fier à ces bêtes et vivre parmi elles sans être tué à l'instant. C'est ainsi que je règne sur mes bêtes. Mais toi, tu devrais me préciser qui tu es et ce que tu cherches.

— Je suis, comme tu vois, un chevalier qui cherche ce qu'il ne peut 185 trouver. J'ai beau faire, je ne trouve rien.

— Et que voudrais-tu découvrir ?

— Des aventures, pour éprouver ma vaillance et ma hardiesse. Je te prie donc, te demande et t'implore de me conseiller, si tu le peux, une aventure ou une merveille.

190 — Perds-en espoir, fait-il, et tu feras bien. Je ne sais rien des aventures et je n'en ai jamais entendu parler. Toutefois, si tu veux te rendre jusqu'à une fontaine près d'ici, tu auras peine à en revenir, si tu ne la respectes pas. Non loin, tu croiseras un sentier qui te mènera à elle. Va tout droit, afin de bien employer tes pas ; il y a tant d'autres chemins 195 que tu pourrais vite te fourvoyer. Là-bas, tu découvriras la fontaine qui bout, même si elle est plus froide que le marbre[1]. Elle reçoit une ombre du plus bel arbre que Nature[2] ait jamais pu créer. En tout temps, il garde son feuillage, puisque nul hiver ne le lui ravit. Un

---

1. Fontaine qui bout, même si elle est plus froide que le marbre : l'eau de la fontaine, naturellement gazeuse, semble bouillir. Au Moyen Âge, on croit aux vertus magiques de ces fontaines. Ici, il s'agit de la fontaine de Barenton.

2. Nature : allégorie. Au Moyen Âge, la nature est souvent décrite comme une divinité créatrice païenne.

bassin d'or fin y est pendu par une chaîne si longue qu'elle descend
200 jusqu'à la fontaine. D'un côté de la fontaine, tu trouveras un perron[1]
— tu verras comment il est : moi, je ne saurais te le décrire, car je n'en
ai jamais vu de pareil — et, de l'autre côté, une chapelle, petite mais
très belle. Si, avec le bassin, tu puises de l'eau et la répands sur le
perron, tu assisteras alors à une telle tempête qu'il ne restera plus
205 aucune bête dans la forêt : ni chevreuils, ni daims, ni cerfs, ni sangliers. Même les oiseaux s'envoleront. Tu verras si fort foudroyer, et
venter, et les arbres se briser, et pleuvoir, et tonner, et les éclairs se
déchaîner que si tu t'en sors sans douleurs et sans ennuis, tu auras eu
une meilleure chance qu'aucun chevalier qui y soit jamais allé."

210   Je quittai donc le vilain* qui m'avait bien indiqué le chemin. Il
devait être alors tierce passée[2] et il était peut-être près de midi quand
j'aperçus l'arbre et la chapelle. L'arbre, c'est certain, était bien le plus
beau pin qui ait jamais poussé sur la terre. Je ne pense pas qu'il puisse
un jour pleuvoir assez fort pour qu'une seule goutte le traverse. Elle
215 coulerait plutôt par-dessus. Pendu à l'arbre, je vis le bassin d'or le plus
fin qui ne fut jamais à vendre dans aucune foire. Et la fontaine,
croyez-moi, bouillait comme de l'eau chaude. Le perron était cons-
titué d'une émeraude percée comme une outre[3] et, dessous, l'ornaient
quatre rubis plus flamboyants et plus vermeils[4] que le soleil au matin
220 quand il point à l'orient. Et sachez qu'à aucun moment je ne vous
mentirais sciemment d'un seul mot.

   Je voulus alors connaître la merveille de la tempête et de l'orage, ce
dont je ne me tiens guère pour sage : maintenant, si je le pouvais, je
me repentirais bien volontiers d'avoir arrosé le perron percé avec
225 l'eau du bassin. Je crains aussi d'en avoir trop versé : en effet, je vis le
ciel mis en telle déroute que, de plus de quatorze points, les éclairs me
frappèrent les yeux, et les nuées jetèrent pêle-mêle de la neige, de la
pluie et de la grêle. Ce temps était si mauvais et si violent que je crus

---

1. Perron : pierre plate sacrée, vestige d'un ancien dolmen (table gigantesque formée de pierres
   et utilisée avant la période courtoise, lors de cérémonies sacrées, par les peuplades de l'Europe
   du Nord). Sert ici de rebord à la fontaine.
2. Tierce passée : neuf heures du matin.
3. Outre : sac de peau servant à conserver un liquide. La fontaine jaillit d'une verte émeraude
   dont l'ouverture rappelle celle d'une outre.
4. Vermeils : d'un rouge vif et léger.

cent fois être tué par des foudres qui tombaient autour de moi ou par
230 des arbres qui se brisaient. Imaginez combien je fus effrayé tant que
le temps ne se fut point apaisé. Mais, bientôt, Dieu me rassura, la tempête ne durant pas, et tous les vents se reposèrent car, puisque Dieu
l'avait décidé, ils n'osèrent plus souffler. Quand je sentis l'air clair et
pur, j'en devins tout joyeux et tout à fait réconforté. La joie, si je sais
235 ce dont je parle, fait vite oublier tous les grands ennuis.

Dès que la tempête fut passée, je vis tant d'oiseaux amassés sur le
pin que, si on veut bien me croire, on ne distinguait plus ni branches
ni feuilles : tout était couvert d'oiseaux. Et l'arbre n'en paraissait que
plus beau. En chœur, tous chantaient, selon un accord parfait et
240 chacun sifflant un air différent, car aucun ne reprit celui d'un autre !
Leur joie me réjouit, et je les écoutai pendant tout le temps qu'ils
firent leur office. Jamais encore je n'avais ouï une si belle allégresse, et
nul homme non plus, je crois, à moins qu'il n'aille écouter celle qui
me plut et me ravit tellement que je crus en devenir fou.

245 J'étais encore dans cet état quand j'entendis venir des chevaliers.
J'aurais juré qu'ils étaient dix, tant celui qui arrivait générait du bruit
et du vacarme. Quand je le vis tout seul s'approchant, je passai vite la
bride à mon cheval et, à le monter, je ne fus pas lent. L'autre se diri-
geait vers moi, l'air mal intentionné, plus rapide qu'un alérion[1] et
250 plus fier qu'un lion. D'aussi fort qu'il put crier, il commença à me
défier et dit :

"Vassal[2], sans m'avoir provoqué, vous m'avez outragé et causé du
tort. Vous deviez me défier si, entre nous, se produisait querelle ou au
moins réclamer justice avant de me déclarer la guerre. Sire vassal, si je
255 le peux, je ferai retomber sur vous le dommage apparent, dont mon
bois abattu, aux environs de moi, est garant. Quiconque est lésé doit
se plaindre, aussi je me plains, et avec raison. Vous m'avez jeté hors de
ma maison, à cause de la foudre et de la pluie, et m'avez occasionné
un grave ennui. Maudit soit qui s'en réjouit ! Contre mon bois et mon
260 château, vous avez tellement bien attaqué que ni une grande tour ni un
haut mur n'auraient pu me protéger. Plus personne ici n'est en sécurité,

---

1. Alérion : espèce d'aigle qui attaque sa proie en fondant sur elle du haut des airs.
2. Vassal : homme noble soumis à son seigneur. Sur le ton de l'apostrophe, comme ici, le mot
   devient une insulte.

pas même dans une forteresse de pierre dure ou de bois. Sachez donc bien que désormais je ne vous accorde aucune trêve ou paix."

À ces mots, nous nous assaillîmes. Nous portions nos écus[1] au
265 bras, chacun se couvrant bien du sien. Le chevalier possédait un bon cheval, une lance droite, et il me dépassait de toute une tête. Aussi me trouvai-je en tout dans une mauvaise position, étant plus petit que lui, et son cheval, plus fort que le mien. Je m'en tiens, soyez-en sûrs, à la stricte vérité, pour atténuer ma honte.

270   Je lui donnai le plus grand coup que je pus, car je ne fais jamais semblant. Je l'atteignis sur le sommet de l'écu. J'y avais mis toute ma puissance, si bien que ma lance vola en pièces, tandis que la sienne resta entière. Or, elle n'était pas légère et pesait, à mon avis, plus qu'aucune lance de chevalier. Jamais je n'en ai vu d'aussi grosse, et le
275 chevalier m'en frappa si rudement que je basculai par-dessus la croupe du cheval et me retrouvai à terre, tout à plat. Il me laissa ainsi honteux et mat[2] et, sans plus me regarder, prit mon cheval, me quitta et se mit à rebrousser chemin.

Je ne savais plus où j'en étais et je restai là, en proie à l'angoisse et aux
280 idées confuses. Auprès de la fontaine, je m'assis un petit peu et me reposai. Je n'osais suivre le chevalier, car je redoutais de faire là une folie. Et même si je m'y étais risqué, je ne savais pas ce qu'il était devenu. À la fin me vint le désir de tenir la promesse à mon hôte et de retourner par chez lui. Aussitôt dit, aussitôt fait. Je me défis auparavant de mes armes,
285 pour aller plus légèrement, et m'en revins honteusement.

Quand, à la nuit, j'arrivai au château, je trouvai mon hôte tout pareil, aussi liant et joyeux que je l'avais connu auparavant. Ni chez sa fille ni chez lui, je ne m'aperçus de rien : ils m'accueillirent très volontiers et m'accordèrent autant d'honneurs qu'ils m'en avaient faits
290 l'autre nuit. Tous me portèrent respect. Grand merci ! Dans la maison, on prétendait que jamais homme, à ce qu'on sache ou ait entendu dire, n'avait été rescapé de là d'où j'étais revenu. Ils y avaient tous été tués ou retenus de force.

---

1. Écus : boucliers. Un chevalier tient un bouclier au bras ou le suspend à son cou pour parer les coups de l'adversaire.
2. Mat : vaincu. L'expression « échec et mat » du jeu d'échecs signifie « mis en échec et vaincu ».

Ainsi allai-je, ainsi revins-je. Au retour, je me tins pour fou et,
295 comme un fou, je vous ai confié ce que jamais je n'avais voulu conter. »

questions   * * *

« Sur ma tête, dit messire Yvain, vous êtes mon cousin germain,
c'est pourquoi nous devons nous aimer, mais je peux bien clamer que
vous êtes fou de m'avoir caché cela si longtemps. Si je vous ai appelé
fou, je vous prie de ne pas vous en offusquer car, si je puis, si on me
300 laisse faire, je vengerai votre honte.

— On voit bien qu'on est après manger, fit Keu qui ne put se taire.
Il y a plus de paroles dans un plein pot de vin que dans un tonneau de
cervoise[1], et on dit qu'un chat gavé est de belle humeur. Oui, après
manger, sans remuer, chacun veut tuer Noradin[2] et vous iriez venger
305 Fourré[3]! Vos coussins de selle sont-ils bien rembourrés ? Vos chausses
de fer[4] fourbies[5] et vos bannières déployées ? Allons vite, par Dieu,
messire Yvain, vous mettrez-vous en route à la nuit ou demain ?
Informez-nous-en, beau sire, quand vous courrez à ce martyre, nous
vous escorterons. Aucun prévôt ou voyer[6] ne refuserait volontiers de vous
310 accompagner. Je vous prie, quoi qu'il arrive, de ne pas partir sans
demander votre congé. Et, cette nuit, si vous rêvez d'un mauvais
songe[7], alors, restez donc !

— Diable ! Êtes-vous un forcené[8], messire Keu, fait la reine, que
jamais votre langue ne s'arrête ? Maudite soit-elle tant elle est amère
315 comme la scammonée[9] ! Certes, elle nous hait puisqu'elle rapporte à
chacun, quel qu'il soit, tout ce qu'elle sait de pire. Malheur à la langue

---

1. Cervoise : bière. Proverbe : le vin saoule et rend vantard plus vite que la bière.
2. Noradin : le sultan syrien Nour-ed-Din (Noradin) vainc les chrétiens de la deuxième
   croisade. « Aller tuer Noradin » : expression pour accuser quelqu'un de vantardise.
3. Fourré : roi païen tué, selon la chanson de geste qui le met en scène, par Roland, Olivier
   ou Charlemagne. « Venger Fourré » veut dire « venger un païen *contre* les chrétiens » !
   En somme, Keu traite les chevaliers et Yvain d'écervelés.
4. Chausses de fer : bottes de l'armure du chevalier.
5. Fourbies : préparées, frottées pour en faire briller le métal.
6. Aucun prévôt ou voyer : magistrats et officiers responsables de l'ordre et de la justice.
7. Mauvais songe : cauchemar. Au Moyen Âge, les rêves sont jugés prémonitoires et ils dictent
   la conduite.
8. Forcené : (nom et adjectif) personne démente, folle, ayant perdu la raison.
9. Scammonée : plante ou résine d'un goût amer utilisée en médecine pour ses
   propriétés purgatives.

Et, par sa décision, le roi est encore mieux estimé
de toute la cour, car tous les barons
et les bacheliers souhaitent s'y rendre.

Lignes 342 à 344.

Le roi Arthur, tapisseries des Neuf Preux,
tissées pour le duc de Berry, vers 1300-1400.

Musée des cloîtres, New York.

qui toujours dénigre ! Votre langue s'y emploie si bien qu'elle vous fait partout détester. Elle ne saurait mieux vous trahir. Sachez-le bien, si elle était mienne, je la citerais pour trahison. L'homme qu'on
320 ne peut corriger, il faut à une église l'attacher, comme aux grilles du chœur, les possédés[1].

— Certes, ma dame, fait messire Yvain, ces insultes, je m'en moque. Dans toutes les cours, messire Keu a tant de pouvoir, de savoir et de valeur qu'il ne demeurera jamais muet ni sourd. Contre la
325 vilenie[2], il n'a jamais fait autrement que de répliquer avec bon sens et courtoisie*. Vous savez bien si je mens ou pas ! Mais je n'ai cure de me disputer ni de commencer une mêlée. Celui qui porte le premier coup n'est d'ailleurs pas tenu responsable du combat, car c'est le fait de celui qui se venge. Qui insulte son compagnon se querellerait bien avec un
330 inconnu, et je ne veux pas ressembler à un chien de garde qui se hérisse et découvre ses crocs quand un autre animal lui montre les dents. »

Tandis qu'ils parlent ainsi, le roi sort de sa chambre, où il était longuement demeuré, puisqu'il y avait dormi jusqu'à cette heure. Et les barons[3], quand ils le voient, se lèvent tous pour le saluer, et lui les fait
335 se rasseoir et prend un siège auprès de la reine. Comme celle-ci conte bien, et de belle façon, elle lui raconte aussitôt, mot à mot, toute l'histoire de Calogrenant. Le roi l'écoute volontiers et jure par trois fois — sur l'âme d'Uterpendragon, son père, sur celle de son fils et sur celle de sa mère — que, avant la quinzaine passée, il verra et la fon-
340 taine, et la tempête, et la merveille. Il y arrivera à la veille de la fête de Monseigneur[4] saint Jean-Baptiste et y passera la nuit. Il ajoute que tous ceux qui le veulent l'accompagnent. Et, par sa décision, le roi est encore mieux estimé de toute la cour, car tous les barons et les bacheliers[5] souhaitent s'y rendre.

345 Mais qu'importe ceux qui sont en liesse et en joie, messire Yvain, lui, en est dolent[6]. Il croyait partir seul et il est tourmenté et anxieux de constater que le roi veut se rendre là-bas. Ce qui lui pèse surtout,

---

1. Les possédés : on attache aux grilles du chœur de l'église les possédés qu'un ecclésiastique exorcise.
2. Vilenie : action vile, indigne ; méchanceté.
3. Barons : grands seigneurs, les seuls à posséder le valeureux titre de chevalier.
4. Monseigneur : titre donné par déférence aux saints.
5. Bacheliers : jeunes hommes qui aspirent à devenir barons.
6. Dolent : attristé, mélancolique, sombre, déçu.

c'est de savoir que, plutôt qu'à lui, le combat sera sans faille accordé à messire Keu, qui l'exigera sans qu'on décline son offre. Ou encore
350 messire Gauvain le demandera le premier. Enfin, si aucun des deux ne le réclame, alors seulement on ne le lui refusera pas! Aussi messire Yvain ne les attend pas. Il n'a cure de leur compagnie : il ira tout seul, comme il le désire, pour sa joie ou pour sa peine. Peu importe qui demeure en ce séjour, lui, il veut être là-bas, en Brocéliande*, avant
355 trois jours et il se mettra en quête jusqu'à ce qu'il trouve — mais le pourra-t-il ? — l'étroit sentier tout buissonneux, la lande et le château fort, où il souhaite obtenir l'agréable compagnie de la courtoise* demoiselle, si avenante* et si belle, enfin le noble seigneur, franc et valeureux qui, avec sa fille, s'esquinte à faire honneur à ses hôtes. Il
360 verra ensuite les taureaux, et la clairière, et le grand vilain* qui les garde. Vraiment, il en brûle d'impatience ! Et il lui tarde aussi de rencontrer le vilain, noir comme un forgeron, qui est démesurément laid, grand, hideux et mal fait. Puis, il verra, s'il le peut, et le perron*, et la fontaine, et le bassin, et les oiseaux sur le pin. Il provoquera la pluie et
365 le vent. Non qu'il désire s'en vanter ! S'il n'en tient qu'à lui, jamais nul ne l'apprendra, jusqu'à ce qu'il en ait eu grande honte ou grand honneur. Alors seulement la chose sera sue !

Messire Yvain s'éloigne de la cour sans qu'aucune compagnie se joigne à lui. Seul, vers son logis, il s'en va et, trouvant là tous ses gens[1],
370 commande de seller son cheval. Il appelle un de ses écuyers à qui il ne cache rien :

« Hé là ! fait-il, viens après moi là-dehors et apporte-moi mes armes. Je vais sortir à l'instant d'ici, par cette porte, sur mon palefroi[2]. Prends garde de ne pas traîner, car il me faut partir fort loin. Mon
375 cheval, fais-le ferrer et vite amène-le ! Tu ramèneras le palefroi. Gardetoi bien, je te le commande, de révéler des nouvelles de moi à qui t'en demanderait. Si tu ne m'obéis pas, jamais plus je ne te ferai confiance.

— Sire, fait-il, allez en paix. Personne ne saura rien de moi. Allez ! Je vous suivrai. »

---

1. Ses gens : la suite, les gens du château, les serviteurs appartenant au seigneur (écuyers, valets, etc.). Pour un roi ou un grand seigneur (voire une dame de haut rang), le terme peut englober les chevaliers qui sont à son service.
2. Palefroi : gros cheval d'apparat, destiné à la parade et aux promenades. L'écuyer d'Yvain amène le destrier, cheval fougueux et léger, propre aux combats et aux déplacements rapides.

380   Messire Yvain enfourche aussitôt son cheval. Avant son retour, s'il le peut, il aura vengé la honte de son cousin. L'écuyer court aux armes, puis il monte sans tarder sur le cheval, car il ne lui manque ni fer ni clou. Il suit son seigneur au grand galop jusqu'à ce qu'il le voie, des-cendu de cheval en un lieu retiré et loin du chemin, où messire Yvain

385 l'a un peu attendu. L'écuyer apporte le harnais et tout l'équipement et il aide son seigneur à s'en revêtir.

    Une fois muni de son armure, messire Yvain ne s'attarde pas davantage et chemine chaque jour, par monts et par vaux, par forêts longues et larges, par lieux étranges et sauvages. Il traverse plus d'un

390 traître passage, bien périlleux et bien obstrué, jusqu'à ce qu'il voie l'étroit sentier, plein de ronces et d'obscurité. Il est alors sûr de ne plus s'égarer. Dût-il être celui qui subit toutes les conséquences, il n'aura de cesse qu'il n'ait contemplé le pin qui ombrage la fontaine, et le perron, et la tourmente qui fait tonner, et pleuvoir, et grêler, et venter.

395   À la nuit, il a, soyez-en certain, un logis tel qu'il doit être, car il trouve chez le vavasseur* plus de bien et d'honneur que ce qu'on lui en avait rapporté et, chez la pucelle*, il découvre cent fois plus de sagesse et de beauté que ne l'avait conté Calogrenant. En effet, on ne peut rendre compte de toutes les perfections d'une dame de qualité et

400 d'un homme de valeur. Tous les bienfaits qu'un homme sincère peut accomplir ne peuvent être dits et contés. Aucune langue ne suffirait à les relater. Cette nuit-là, messire Yvain a donc bon logis, ce qui lui plaît fort.

    Le lendemain, il vient dans la clairière et rencontre les taureaux

405 et le vilain qui lui enseigne le chemin mais, plus de cent fois, il se signe[1] de la merveille de voir comment Nature* a pu engendrer une œuvre aussi laide et aussi vilaine. Puis il va jusqu'à la fontaine et regarde bien tout ce qu'il voulait admirer. Sans s'arrêter et sans s'as-seoir, il verse au milieu du perron l'eau dont le bassin est plein. À ce

410 moment, il vente, il pleut. Il fait le temps qu'il doit faire. Et quand Dieu redonne le beau temps, sur le pin se posent les oiseaux qui font entendre leur joie merveilleuse au-dessus de la fontaine dangereuse.

---

1. Se signe : Yvain fait le signe de croix pour conjurer l'œuvre du diable qu'est la laideur du vilain. Quand il ne prélude ni ne clôt une prière, le signe de croix permet de se placer sous la protection de Dieu.

Mais avant que toute joie se calme vient, plus ardent de colère que la braise, le chevalier qui fait autant de bruit que s'il chassait un cerf en
415 rut[1]. Et dès le moment qu'ils s'aperçoivent, ils s'élancent l'un contre l'autre, tous deux se haïssant à mort. Chacun manie une lance raide et forte. Ils s'assènent tant de grands coups qu'ils transpercent leurs écus* accrochés au cou, se démaillent leurs hauberts[2], et fendent, et font éclater leurs lances, dont les tronçons volent en l'air. Ils se don-
420 nent l'assaut à l'épée et, à force de frapper, finissent par couper les courroies de leurs écus qui, eux-mêmes, sont tout hachés, par-dessus et par-dessous, si bien que des parties en pendent, et qu'il ne peuvent donc ni s'en couvrir ni s'en protéger. Ils les ont tellement taillés en pièces qu'ils se portent des coups d'épées blanches, et sur les côtés, et
425 sur les bras, et sur les hanches. Ils se mettent dangereusement à l'épreuve et ne bougent pas plus de leur position que deux rochers de grès. Jamais encore deux chevaliers ne se sont acharnés de cette façon pour hâter leur mort. Ils ne veulent pas gâter leurs coups et les emploient du mieux qu'ils peuvent. Les heaumes[3] se cabossent et
430 ploient, et les mailles des hauberts sautent de sorte qu'ils se paient d'assez de sang. Eux-mêmes sont si échauffés que leurs propres hauberts ne valent guère plus qu'un froc[4]. En plein visage, ils se frappent d'estoc[5]. Et c'est merveille que dure aussi longtemps une bataille à ce point féroce. Tous deux sont d'un tel courage qu'aucun ne céderait, à
435 aucun prix, un pied de terrain, sinon pour donner la mort. Et ils agissent en vrais preux*: à aucun moment, ils ne blessent ou n'estropient leurs chevaux. Ce n'est ni ce qu'ils veulent ni ce qu'ils daignent faire. Toujours, ils se tiennent à cheval. Pas une fois, ils ne mettent pied à terre. La bataille ne s'avère que plus belle.
440   À la fin, messire Yvain fait éclater le heaume du chevalier, étourdi et affaibli par le coup. Le chevalier s'en effraie : jamais il n'a essuyé un

---

1. Cerf en rut : cerf à la saison des amours, chassé avec l'aide de rabatteurs qui font du bruit.
2. Hauberts : cottes (tuniques) faites de mailles de fer (ou lanières) et dont les chevaliers se revêtent depuis la tête jusqu'aux pieds. Le haubert est ensuite recouvert de l'armure.
3. Heaumes : casques en fer de l'armure qui recouvrent entièrement la tête.
4. Froc : habit rudimentaire d'un moine, consistant en une longue tunique lâche. Les moines portent le froc pour faire pénitence, car ce vêtement les protège mal du froid et des intempéries.
5. Frappent d'estoc : frappent avec la pointe acérée de l'épée.

coup si traître. Sous le capuchon[1], il a la tête fendue jusqu'au cerveau, et les mailles du haubert blanc se teignent de cervelle et de sang. Il ressent une si grande douleur que, pour peu, son cœur flancherait. À
445 ce moment-là, s'il s'enfuit, il ne se mettra pas dans son tort, car il se sent blessé à mort. Il n'a donc plus à se défendre. Dès qu'il reprend ses esprits, il galope à bride abattue[2] vers son château au pont-levis abaissé et à la porte béante. Messire Yvain éperonne[3] à sa poursuite, aussi vite qu'il le peut. Tout comme un gerfaut[4] à la poursuite d'une
450 grue qui de loin l'approche, croit la tenir, mais ne réussit pas à la toucher, ainsi le chevalier fuit et Yvain le chasse de si près qu'il vient sur le point de l'embrasser[5], mais ne peut l'attraper. À telle proximité, il l'entend même se plaindre de la douleur qu'il éprouve. Mais toujours le chevalier parvient à fuir, et l'autre, à le pourchasser. Yvain craint
455 beaucoup de perdre sa peine, s'il ne l'attrape, mort ou vif. Il se souvient des insultes que messire Keu lui a adressées. Il ne sera pas quitte de la promesse faite à son cousin, sans une preuve en guise de son exploit, puisque nul ne le croira.

À force d'éperonner, le chevalier mène Yvain du perron* jusqu'à la
460 porte du château, où tous deux entrent au galop. Dans les rues, par où ils vont, ils n'aperçoivent ni homme ni femme et, à vive allure, ils arrivent jusqu'à la porte du palais. Cette porte, pourtant haute et large, a une entrée si étroite que deux chevaliers à cheval ne peuvent y pénétrer ensemble sans encombre et sans grand mal. Impossible aussi de
465 s'y croiser, parce qu'elle est conçue de la même façon qu'un piège qui guette le rat, quand il vient au forfait : une lame suspendue au-dessus se tient aux aguets jusqu'à ce qu'elle tombe, frappe et prenne, car elle se déclenche et descend dès qu'un rien, même en l'effleurant, en touche le déclic. Sous la porte se trouvent donc deux trébuchets[6] qui
470 soutiennent en l'air une porte à coulisse de fer bien émoulu et bien

---

1. Capuchon : puisque le heaume est fracassé, il s'agit du capuchon du haubert.
2. À bride abattue : expression signifiant « le plus vite possible ». À cheval, on ne tient plus la bride (elle est rabattue) et l'on éperonne l'animal pour qu'il prenne le grand galop.
3. Éperonne : pique, au moyen des éperons, les flancs de son cheval pour le faire avancer (éperons : pièces de métal à deux branches terminées par une roue édentée, fixées au talon du cavalier).
4. Gerfaut : oiseau rapace dont on se sert pour la chasse au petit gibier.
5. Embrasser : ici, au sens de tenir, saisir dans ses bras.
6. Trébuchets : amorces d'un mécanisme de défense utilisant la force d'un contrepoids pour déplacer ou faire basculer de lourds objets ; ici, pour faire tomber une porte de fer tranchant.

tranchant. Quand quelque chose frôle l'engin, la porte s'abaisse. Ainsi est pris et bien tranché celui que la porte atteint en-dessous. Et juste entre les trébuchets*, mesuré au compas, le passage est aussi étroit qu'un sentier battu. C'est par ce bon chemin que lentement s'engage 475 le chevalier, alors que messire Yvain follement s'y précipite derrière lui, si vivement qu'il s'approche au point de le tenir par l'arçon[1] de derrière. Or quelle chance unique que messire Yvain se soit penché en avant : si, d'aventure, il ne l'avait pas fait, il aurait été pourfendu[2], car son cheval marche sur la pièce de bois qui retient la porte de fer. 480 Comme un diable d'enfer, la porte descend et s'abat sur la selle et la croupe du cheval, tranchant le tout en deux. Dieu merci, elle ne touche pas messire Yvain ! Sauf qu'elle vient si près de lui raser le dos qu'elle lui coupe les éperons* au ras des talons. Tout effrayé, il tombe à la renverse, et celui qui était blessé à mort lui échappe par une 485 seconde porte, identique à la première, où le fuyard pénètre, et qui retombe après lui. Messire Yvain est pris au piège. Plein d'angoisse et désorienté, il se trouve enclos dans la grand-salle[3] au plafond tout orné de clous dorés et aux tableaux de riches couleurs peints avec goût. Mais rien ne le mortifie autant que de ne pas savoir par quel 490 côté l'autre s'en est allé.

Tandis qu'il est plongé dans le désarroi, il voit s'ouvrir la porte étroite d'une chambrette voisine et en sortir, seule, une demoiselle très avenante* et très belle, qui ferme la porte derrière elle. Quand elle trouve messire Yvain, elle exprime en premier une vive inquiétude :

495 « Certes, chevalier, fait-elle, je crains que vous soyez venu ici par malheur. Si vous êtes vu en ces lieux, vous y serez tout dépecé, car mon seigneur est blessé à mort, et je sais bien que vous l'avez tué. Ma dame en ressent une souffrance terrible, et ses gens* autour d'elle poussent de tels cris que peu s'en faut qu'ils ne se tuent de douleur. Ils 500 savent très bien que vous êtes ici mais, pour eux, le chagrin est si grand qu'ils n'arrivent pas à décider s'ils préfèrent vous tuer ou vous faire prisonnier. Ils ne manqueront pas de le faire quand ils viendront vous assaillir ! »

---

1. Arçon : l'une des deux pièces qui forment la selle.
2. Pourfendu (du verbe pourfendre) : fendu de haut en bas, tranché en deux.
3. Grand-salle : vaste pièce d'un château médiéval qui sert à l'accueil et aux réceptions.

Et messire Yvain répond :

505 « À Dieu ne plaise, jamais ils ne me tueront et jamais je ne serai capturé par eux.

— Non, fait-elle, car je ferai pour vous tout ce qui relève de mon pouvoir. Il n'est pas un preux* celui qui meurt de peur, et vous me démontrez que vous êtes un preux, en sachant contenir votre frayeur.

510 Aussi apprenez que, si je le peux, je me mettrai à votre service par reconnaissance envers vous car, jadis, vous avez agi de même pour moi. Une fois, ma dame m'envoya comme messagère à la cour du roi. Peut-être ne fus-je qu'à moitié aussi sage, aussi courtoise*, aussi distinguée que doit l'être une pucelle*, parce qu'aucun chevalier ne

515 daigna m'adresser la parole, sauf vous seul, qui êtes ici. Je vous en remercie ; vous m'avez honorée et servie. Je vous rendrai votre récompense pour l'honneur que vous me fîtes alors. Je sais comment vous vous nommez. Je vous ai bien reconnu. Vous êtes le fils du roi Urien et vous portez le nom de messire Yvain. Or soyez sûr et certain que

520 jamais, veuillez me croire, vous ne serez ni pris ni blessé, car vous prendrez cet anneau qui est le mien et que, s'il vous plaît, vous me remettrez quand je vous aurai délivré. »

Elle lui confie alors l'anneau et lui dit qu'il possède la même vertu que l'écorce qui recouvre le bois et n'en laisse rien voir. Mais il

525 convient de le porter de façon à ce que la pierre soit enclose dans le poing, et alors nulle chose n'est à craindre, même parmi ses ennemis. Jamais par eux ne sera mis à mal celui qui conserve l'anneau à son doigt, car jamais nul homme, même les yeux grands ouverts, ne pourra le voir, pas plus que le bois sous l'écorce.

530 Tout cela plaît bien à messire Yvain. Et la demoiselle le mène s'asseoir sur un lit, couvert d'une couette si riche que même le duc d'Autriche n'en usa jamais de telle. Elle lui dit alors que, s'il le désire, elle lui apportera à manger, et il lui répond que cela est une fort bonne idée. La demoiselle court aussitôt à sa chambre et revient aussi vite

535 avec un chapon[1] rôti, un gâteau, une nappe, un plein pot de vin d'un bon cru, recouvert d'un hanap[2] blanc, et lui offre de manger. Et lui, qui en a grand besoin, mange et boit très volontiers.

---

1. Chapon : jeune coq châtré et engraissé qu'on destine à la table.
2. Hanap : large vase qui sert à boire.

Il finit son repas au moment où se répandent dans le château les chevaliers qui le recherchent pour venger leur seigneur qui, déjà, a
540 été mis en bière[1]. La demoiselle l'avertit alors :

« Ami, entendez-vous qu'ils vous recherchent ? Peu importe le bruit et le grand tapage, peu importe qui va et vient, si vous ne bougez point, si vous ne quittez ce lit, personne ne saura vous trouver. Vous allez voir cette salle pleine de gens* hostiles et malveillants qui pense-
545 ront vous y piéger. Ils transporteront sans doute par ici le corps pour le mettre en terre. Ils commenceront à vous chercher sous les bancs et sous le lit. Ce sera, pour un homme sans peur, un divertissement et un délice, quand il verra les gens si aveugles, car ils seront si aveuglés, si déconfits et si frustrés qu'ils enrageront tous de colère. Je ne saurais
550 vous en dire plus, car je ne veux plus demeurer ici. Je peux rendre grâce à Dieu de m'avoir donné l'occasion et la chance de faire une chose qui vous plaise, car j'en avais très grande envie. »

Elle repart d'où tantôt elle est venue, et dès qu'elle s'en retourne, tous les gens, armés de bâtons et d'épées, se présentent aux portes,
555 arrivant des deux côtés à la fois. Il y a là très grande foule et grande presse de gens furieux et méchants. Devant la porte, ils voient la moitié tranchée du cheval. Ils sont donc persuadés de trouver à l'intérieur, les portes une fois ouvertes, celui qu'ils recherchent pour l'exécuter. Ils font alors relever ces portes qui ont anéanti tant de
560 gens mais, cette fois, ni trébuchet* ni piège ne sont tendus à celui qu'ils assiègent. Au contraire, ils entrent tous de front et remarquent, près du seuil, l'autre moitié du cheval mort. Or aucun d'entre eux n'a l'œil assez bon pour détecter messire Yvain, qu'ils auraient très volontiers tué. Et lui les regarde s'enrager, faire les forcenés*, se cour-
565 roucer[2] et s'interroger :

« Comment cela peut-il être ? Il n'y a ni porte ni fenêtre par où il aurait pu s'enfuir, à moins qu'il ne soit un oiseau qui vole ou une bête aussi petite ou même plus petite qu'un écureuil ou un cisémus[3], car les fenêtres ont des barreaux de fer, et les portes ont été fermées lorsque
570 notre seigneur est sorti. Mort ou vif, le corps se cache bien ici. Il ne peut

---

1. Mis en bière : mis dans son cercueil.
2. Se courroucer : se fâcher, se mettre en colère.
3. Cisémus : très petit rongeur, mulot, rat des champs.

être resté dehors, puisque plus de la moitié de la selle est ici dedans, nous le constatons bien. Pourtant, de lui, nous ne voyons rien, sauf les éperons* tranchés qui sont tombés de ses pieds. Allons! Cherchons dans tous les recoins et laissons ces jongleries[1]! Il est encore ici, c'est 575 sûr, sinon ou nous sommes enchantés ou le Diable l'a enlevé.»

Ainsi échauffés par la colère, tous le cherchent à travers la salle et frappent les murs, les lits, les bancs, mais pas le lit où Yvain est couché, de sorte qu'il n'est ni battu, ni touché et qu'il reste quitte de coups. Ils donnent des coups tout autour et livrent bataille avec leurs bâtons, 580 tout comme un aveugle qui va, sondant à tâtons.

Tandis qu'ils fouillent sous les lits et les bancs arrive une des plus belles dames qui se puissent voir ici-bas. Jusqu'à ce jour, personne encore n'a dit une parole sur une aussi belle chrétienne. Or elle est devenue tellement folle de douleur qu'elle a bien failli se tuer. De 585 temps en temps, elle crie aussi haut qu'elle le peut, si bien qu'elle s'évanouit. Puis, quand on la relève, comme une femme démente, elle commence à se lacérer, à s'arracher les cheveux, à déchirer ses vêtements. Elle s'évanouit à chaque pas. Rien ne peut la réconforter parce qu'elle voit, devant elle, dans le cercueil, son seigneur mort 590 qu'on emporte. Comment pourrait-elle s'en consoler? Et elle crie à haute voix et, devant elle, marchent les dames d'un couvent, avec l'eau bénite, la croix et les cierges, puis viennent les Évangiles, les encensoirs et les clercs[2], dispensateurs de la dernière absolution à laquelle aspire l'âme affligée.

595 Pendant que passe la procession, messire Yvain entend les cris de douleur que personne ne réussira jamais à décrire, puisque rien de semblable n'a jamais été écrit dans un livre. Soudain, au milieu de la grand-salle*, autour du cercueil, s'amasse un groupe fébrile: le sang tout chaud et vermeil* se met à couler des plaies du mort, preuve cer-600 taine[3] qu'est encore dans la salle celui qui a participé à la bataille, qui a vaincu et achevé le chevalier. Alors, ils se remettent à chercher partout: ils fouillent, renversent et déplacent tout jusqu'à ce qu'ils en

---

1. Jongleries: discussions inutiles, suppositions, divagations.
2. Clercs: au Moyen Âge, hommes d'Église qui savaient lire et écrire, fonctions pour lesquelles les nobles les sollicitaient souvent, et qui, comme ici, pouvaient administrer les derniers sacrements.
3. Preuve certaine: croyance médiévale, appelée cruentation, selon laquelle le sang d'un mort se met à couler en présence de son meurtrier.

suent d'angoisse, troublés d'avoir vu le sang vermeil* dégoutter devant eux. Là où il est étendu, messire Yvain est durement frappé et
605 secoué, mais il ne remue pas pour autant. Et de plus en plus, les gens* crient à la vue des plaies qui crèvent et se demandent avec étonnement pourquoi elles saignent tandis qu'ils ne trouvent personne contre qui s'en plaindre. Et chacun dit alors :

« Parmi nous se dissimule celui qui l'a tué et nous ne le voyons pas !
610 C'est un enchantement et une diablerie ! »

Cela avive tellement la douleur de la dame qu'elle devient forcenée* et qu'elle crie comme hors de sens :

« Dieu ! Dans cette salle sera-t-il découvert l'homicide, le traître qui m'a tué mon seigneur si noble ? Noble ? Oh ! plus que cela : le plus
615 noble de tous ! Vrai Dieu, le tort sera à Toi, si Tu laisses s'échapper le coupable. Personne autre que Toi ne saurait être blâmé, car Tu le dérobes à mes yeux. Jamais n'a-t-on usé d'un tel pouvoir et causé un tort aussi grave que celui que Tu me fais, en me privant de voir celui qui est si près de moi. Je puis bien conclure, puisque je ne le vois pas,
620 que dans cette salle, parmi nous, s'est glissé un fantôme ou un démon, et que j'en suis tout envoûtée. Ou alors il est couard[1], s'il me redoute. Sa grande couardise le retient ! Il est si couard, puisqu'il me craint, qu'il n'ose se montrer devant moi. Hé ! fantôme, être couard, pourquoi es-tu si couard quand, contre mon seigneur, tu fus si hardi ? Créature
625 vaine, créature perfide, que ne t'ai-je en mon pouvoir ! Que ne puis-je à présent te tenir ! Mais comment a-t-il pu advenir que tu sois parvenue à tuer mon seigneur, si ce n'est par trahison ? Vraiment, jamais tu n'aurais pu vaincre mon époux s'il t'avait vue. Au monde, il n'avait pas son pareil : ni Dieu ni homme n'en connaissaient un comme lui et
630 il n'y en aura plus d'autre. Certes, si tu étais mortelle, tu n'aurais pas osé attaquer mon seigneur, car nul ne pouvait le surprendre. »

Ainsi se débat la dame, ainsi lutte-t-elle contre elle-même, ainsi se tourmente-t-elle et s'afflige-t-elle, et de même, ses gens, avec elle, ressentent la plus grande douleur qui se puisse. Après avoir tant cherché
635 et tout remué, ils emportent le corps et l'enterrent. Tout à fait épuisés, ils renoncent aux recherches, puisqu'ils ne peuvent trouver qui, même d'un rien, peut être soupçonné.

---

1. Couard : peureux, lâche ; couardise : peur, lâcheté.

Les nonnes et les prêtres ont déjà accompli le service funèbre.
Après avoir quitté l'église, ils viennent sur la sépulture. La demoiselle
640 de la chambre n'a cure de tout cela ; elle se souvient de messire Yvain
et se hâte de revenir lui dire :

« Beau sire, c'était une bien grande armée que ces gens contre
vous ! Ils ont ici bien tempêté et fouillé toutes les cachettes plus méti-
culeusement qu'un braque[1] ne va cherchant perdrix ou cailles. Sans
645 doute, avez-vous eu peur !

— Par ma foi, fait-il, vous dites vrai. Jamais je n'en ai connue
d'aussi grande. Encore que, si cela se pouvait, j'observerais volontiers
là-dehors, par un trou ou par une fenêtre, la procession et le corps. »

Yvain n'a d'attention ni pour le corps ni pour la procession. Il les
650 aurait voulus tous brûlés vifs, lui en eût-il coûté mille marcs[2]. Mille
marcs ? Non, par Dieu, trois mille ! Il dit qu'il veut regarder, surtout
pour la dame du château. Alors, la demoiselle le met à une petite
fenêtre et, autant qu'elle le peut, s'acquitte envers lui de l'honneur
qu'il lui a déjà fait. Par cette fenêtre, messire Yvain épie la belle dame
655 qui dit :

« Bel époux, que Dieu ait pitié de votre âme, aussi vrai qu'à ce que
je sache jamais chevalier en selle ne vous valut ! Aucun chevalier, mon
beau cher époux, ne rivalisa avec votre sens de l'honneur et votre
courtoisie*. Générosité était votre amie, et Courage[3] votre compa-
660 gnon. Puisse votre âme, beau sire, rejoindre la compagnie des saints. »

Puis elle se frappe et déchire sur sa personne tout ce qui lui tombe
sous la main.

C'est à grand-peine que messire Yvain s'empêche, quoi qu'il arrive,
de courir lui retenir les mains. Mais la demoiselle, courtoise* et
665 débonnaire[4], le prie et le supplie, l'enjoint et l'exhorte de résister à
pareille folie. Elle dit :

« Vous êtes très bien ici. Ne bougez pas sans raison avant que le
deuil ne soit apaisé. Laissez partir ces gens, ils vont bientôt se séparer.
Si vous vous contenez comme vous devez à mon sens vous contenir,

---

1. Braque : chien de chasse ayant la charge de ramener les proies.
2. Marcs : unité de poids servant de monnaie d'échange (valant environ 245 grammes).
3. Générosité [...] Courage : allégories.
4. Débonnaire : très bonne, excessivement généreuse, bonasse.

670 grand bien vous en pourra advenir. Vous pouvez demeurer ici, vous
asseoir et regarder les gens* qui, là-dehors, passeront au milieu du
chemin. Jamais personne ne pourra vous voir et vous en tirerez grand
avantage. Mais gardez-vous de quelque insolence, car celui qui agit
avec emportement et brutalité et s'emploie à faire l'insolent quand ce
675 n'est ni le temps ni le lieu, je l'appelle mauvais plutôt que preux*. Si
vous songez à une telle folie, interdisez-la-vous pour autant. Le sage
couvre ses folles pensées et, s'il peut, sème le bien. Or évitez, comme
un sage, de mettre votre tête en gage, car ils ne voudraient jamais de
la rançon. Prenez soin de vous-même et souvenez-vous de mon
680 conseil ! Soyez en paix jusqu'à ce que je revienne, car je n'ose rester
plus longtemps. Je pourrais m'attarder trop et on me soupçonnerait
peut-être en ne me voyant pas avec les autres dans la foule. »

Sur ce, elle s'en va et Yvain reste. Or il ne sait comment se
conduire : ce corps qu'on enterre le tourmente, car il ne peut rien en
685 soutirer, rien en emporter qui témoigne qu'il l'a vaincu et tué. Et s'il
n'en rapporte aucun témoignage, aucun garant à la cour, il sera dés-
honoré pour de bon. Keu est si félon[1] et si pervers, tellement plein de
railleries et de haine que jamais Yvain n'aura la paix avec lui. Toujours
Keu ira l'insulter, le mépriser, le railler, comme il le fit l'autre jour. Ces
690 railleries lui sont restées sur le cœur, vives et fraîches, bien qu'à présent Nouvel Amour*, tout sucre et tout miel, les ait radoucies. En faisant le tour de ses terres, Amour a cueilli sa proie, le cœur d'Yvain
étant resté aux mains de son ennemie qui emporte ainsi ce qu'elle hait
le plus. Sans même le savoir, la dame venge bien la mort de son sei-
695 gneur. Sa vengeance a même plus de prise qu'elle n'aurait pu en avoir
elle-même. Amour l'a vengée en attaquant doucement Yvain qu'il a
frappé au cœur en passant par les yeux. Ce coup meurtrit plus longuement qu'un coup de lance ou d'épée. Un coup d'épée guérit et
redevient sain très vite, dès qu'un mire[2] en prend soin, tandis que la
700 plaie d'Amour empire quand son mire s'en approche. Telle est la plaie
qui gruge messire Yvain, et dont il ne guérira jamais, car Amour s'est
transporté tout entier en lui. Amour saccage, puis abandonne les lieux
où il s'était répandu : ni hôte ni hôtel ne lui agréent, hormis Yvain. En

---

1. Félon : traître. Au Moyen Âge, le mot désigne le chevalier infidèle à son roi, le vassal déloyal.
2. Mire : médecin.

se retirant de mauvais lieux pour se donner tout à lui, Amour agit
705 sagement. Il ne se veut point ailleurs : il quitte donc ses anciens
repaires. Quelle grande honte tout de même de voir Amour se
conduire ainsi ! Il prouve qu'il est méprisable au point de se faire
héberger dans les plus vils[1] logis comme dans les meilleurs ! Enfin,
cette fois, son choix est bienvenu : il sera traité avec honneur et il fera
710 bon séjour. Amour devrait toujours se comporter ainsi. Lui, une si
noble créature, c'est merveille de voir comment il ose, pour sa honte,
descendre en d'infâmes lieux. Il ressemble alors à celui qui étale son
baume dans la cendre et la poussière, qui hait l'honneur et aime le
blâme, qui délaie le sucre dans le fiel[2] et mélange suie et miel. Mais,
715 pour l'instant, loin d'agir comme cela, il s'est logé dans un digne lieu,
et personne ne peut le lui reprocher.

Quand on a enterré le mort, tous les gens se séparent. Nul clerc*,
chevalier et serviteur et nulle dame ne restent, à part celle qui ne cache
plus sa douleur et qui demeure toute seule, cherchant souvent à
720 s'étrangler, se tordant les poings, se battant les paumes, tout en lisant
ses psaumes[3] dans son psautier enluminé[4] de lettres d'or. Messire
Yvain, encore à la fenêtre, la regarde, et plus il la regarde, plus il l'aime,
et plus elle lui plaît. Il voudrait qu'elle eût cessé de pleurer et de lire et
qu'elle accepte de lui parler. Tel est le désir que lui a mis en tête Amour
725 qui s'est saisi de lui, tantôt, à la fenêtre. Messire Yvain s'en désespère.
Il ne peut imaginer ou croire que son désir puisse advenir. Il se dit :

« Je dois me tenir pour fou puisque je veux ce que jamais je n'ob-
tiendrai. Je lui ai blessé à mort son seigneur et je pense conclure la
paix avec elle ! Par ma foi, je crois bien savoir qu'elle me hait plus
730 *maintenant* que quiconque et elle en a bien le droit. Ai-je sagement
dit *maintenant*, car une femme est sujette à plus de mille revirements.
Le sentiment qu'elle éprouve aujourd'hui, *peut-être* en changera-t-elle ?
Non, elle en changera : il n'y a pas de *peut-être*. Je suis fou de m'en dés-
espérer ! Puisse Dieu la faire changer d'ici peu, car je dois être en son

---

1. Vils : indignes, méchants.
2. Fiel : substance visqueuse et jaunâtre sécrétée par le foie des animaux ; bile animale.
3. Psaumes : prières issues d'un des livres de la Bible. Plusieurs consistent en des supplications
   (lamentations) convenant aux funérailles (ex. : le *De profundis*).
4. Psautier enluminé : livre de prières. Comme tout livre appartenant à un noble, ce psautier est
   orné de lettrines et de miniatures rehaussées d'or.

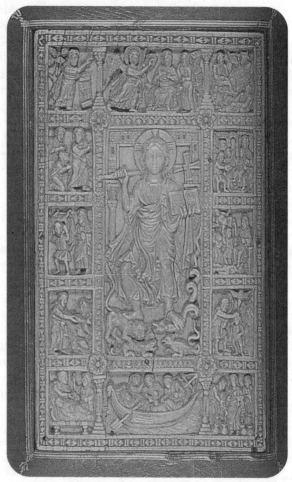

Nul clerc, chevalier et serviteur et nulle dame ne restent,
à part celle qui ne cache plus sa douleur […] tout en lisant
ses psaumes dans son psautier enluminé de lettres d'or.

Lignes 717 à 721.

COUVERTURE EN IVOIRE DU PSAUTIER D'HENRI DE BLOIS.

BODLEAN LIBRARY, OXFORD.

735 pouvoir pour toujours, ainsi que le veut Amour*. Ne pas accueillir
Amour de plein gré, dès qu'il nous attire à lui, c'est félonie* et trahison, et je l'affirme — m'entende qui veut — qu'on ne doit en
attendre ni bien ni joie. Moi, pour autant, je ne perdrai rien : j'aimerai
mon ennemie. Je ne dois pas la haïr, si je ne veux pas trahir Amour. Je
740 dois aimer ce qu'il veut. Mais elle ? Doit-elle m'appeler son ami ? Oui,
bien sûr, parce que je l'aime. Je l'appelle mon ennemie parce qu'elle
me déteste, et elle n'a pas tort, compte tenu que j'ai tué celui
qu'elle aime. Suis-je donc son ennemi ? Certes non ! Puisque je l'aime,
ne suis-je pas plutôt son ami ? Ses beaux cheveux, qui surpassent l'or fin
745 tant ils reluisent, me font tant souffrir. La colère me transperce de ses
aiguillons quand je les vois rompus et arrachés. Et les larmes qui tombent de ses yeux ne pourront donc pas se tarir ? Comme cela
m'afflige : tout pleins de larmes qu'ils soient, jamais plus beaux yeux
ne furent. Ses pleurs me désolent et rien ne m'emplit d'une plus
750 grande détresse comme de la voir se blesser au visage sans qu'il le
mérite, puisque jamais je n'en vis de si bien dessiné, d'un teint si frais
et d'une si belle carnation. Quand je la vois s'étrangler de la sorte, cela
me brise le cœur. Certes, elle ne peut faire semblant de s'imposer le
pire. Pourtant, nul cristal, nulle glace ne sont aussi parfaits ni aussi
755 polis que sa gorge brutalisée. Dieu ! pourquoi manifester une si
.   grande folie ? Pourquoi tordre ses belles mains ? Et se frapper la poitrine ? Et s'égratigner ? Ne serait-elle pas une pure merveille à contem-
pler si elle était heureuse, alors qu'elle est magnifique dans sa triste
colère. Oui, vraiment, je peux le jurer : jamais Nature* n'a pu encore
760 offrir une telle démesure de beauté et, ici, elle s'est surpassée.
Comment donc cela a-t-il pu advenir ? Peut-être n'y œuvra-t-elle pas ?
Alors, d'où une si grande beauté vient-elle donc ? Jadis, Dieu la conçut
de sa main nue pour étonner Nature qui pourrait user de tout son
temps à vouloir imiter ce modèle sans jamais y parvenir. Même Dieu,
765 je crois, s'Il voulait se mettre en peine, ne saurait jamais en reproduire
une autre, en dépit des efforts qu'Il y déploierait. »

Ainsi messire Yvain dépeint celle qui se déchire de douleur, et je ne
crois pas qu'il soit jamais arrivé qu'un homme emprisonné aimât de
si folle manière, sans qu'il puisse espérer faire, lui-même ou un autre
770 pour lui, une demande en mariage.

Yvain reste à la fenêtre jusqu'à ce qu'il voie la dame s'en aller et qu'on ait descendu les deux portes coulissantes. Un autre en aurait été dolent* et aurait préféré une délivrance à un emprisonnement, mais pour lui il en est autrement : qu'on ouvre ou ferme les portes lui indif-
775 fère. Il ne s'en irait sûrement pas si elles lui étaient ouvertes ou si la dame lui accordait son congé même si, lui ayant pardonné tout bonnement la mort de son seigneur, elle le laissait tranquillement s'éloigner. C'est qu'Amour et Honte[1] le retiennent chacun de son côté : d'une part, il serait honteux, s'il s'en allait, car nul ne croirait jamais à son
780 exploit, d'autre part, il ressent un tel désir de regarder la belle dame, faute de pouvoir en obtenir plus, qu'il se soucie peu de sa prison. Il préférerait mourir plutôt que de partir.

Mais la demoiselle revient, voulant lui tenir compagnie, le consoler, le divertir et lui procurer et apporter tout ce qu'il souhaite à
785 son gré. Elle le trouve pensif et distrait à cause d'Amour qui en lui s'est niché, aussi elle lui dit :

« Messire Yvain, comment avez-vous passé le temps aujourd'hui ?

— De telle façon, fait-il, que cela m'a beaucoup plu.

— Plu ? Par Dieu ! Dites-vous la vérité ? Comment peut-il avoir du
790 bon temps celui qu'on recherche pour le tuer ? À moins qu'il ne désire sa propre mort ?

— Certes, ma douce amie, fait-il, je ne voudrais surtout pas mourir, mais Dieu le sait, ce que j'ai vu m'a beaucoup plu. Et cela me plaît encore et me plaira toujours.

795 — Alors, laissons en paix tout cela, fait-elle, car je sais bien entendre à quoi ces paroles tendent. Je ne suis ni assez niaise ni assez sotte pour ne pas comprendre de tels propos, mais pour lors suivez-moi : je vais sans tarder prendre des mesures pour vous libérer de prison. Je vous mettrai à l'abri de tout. »

800 Et il répond :

« Soyez certaine que ce n'est ni comme un voleur ni en cachette que je me tirerai d'ici un jour. Quand les gens* seront tous rassemblés, là-dehors, au milieu de ces rues, alors je sortirai, et avec plus d'honneur que je ne le ferais nuitamment. »

questions
_____

1. Amour et Honte : allégories. Les divinités Amour et Honte se disputent Yvain.

805 À ces mots, Yvain suit la demoiselle dans la chambrette. Cette dernière, futée comme une Bretonne, s'applique à le servir et lui fait
crédit et dépense de tout ce qui lui convient. Et, en temps et lieu, elle
se souvient bien de ce qu'il lui a confié : que ce qu'il avait vu lui avait
beaucoup plu quand, dans la grand-salle*, il était recherché par ceux
810 qui voulaient sa mort. Et la demoiselle, qui est au mieux avec sa dame,
n'a rien qu'elle redoute de lui dire, même si la chose importe, car elle
est sa gouvernante et sa confidente. Pourquoi donc craindrait-elle de
réconforter sa dame et de lui donner de bons conseils ? Une première
fois, en privé, elle lui dit :

815 « Ma dame, je m'étonne beaucoup de vous voir agir follement.
Croyez-vous que votre deuil, ma dame, vous redonnera votre seigneur ?

— Non, fait-elle, mais si cela relevait de mon vouloir, je serais déjà
morte de douleur.

— Pourquoi ?

820 — Pour aller près de lui.

— Près de lui ? Dieu vous en garde ! Et qu'Il vous rende un aussi
bon seigneur, comme Il en détient le pouvoir.

— Jamais tu n'as aussi bien menti : Il ne pourrait m'en donner un
aussi bon.

825 — Si vous le voulez, Il pourrait vous en offrir un meilleur, et je
vous le prouverai.

— Va-t'en ! Jamais je n'en trouverai un meilleur !

— Si fait, ma dame, si vous le souhaitez. Or, dites-moi donc, sans
vouloir vous fâcher, qui défendra votre terre quand le roi Arthur se
830 présentera, lui qui doit venir la semaine prochaine au perron* et à la
fontaine ? N'en avez-vous pas reçu le message de la Demoiselle
Sauvage[1] qui vous a envoyé une lettre ? Ah ! Est-ce que cela en valait
la peine ? Vous devriez maintenant veiller à défendre votre fontaine,
et vous ne cessez de pleurer ! S'il vous plaît, ma dame, ne perdez pas
835 de temps, car les chevaliers dont vous disposez, vous le savez bien, ne
valent pas mieux qu'une chambrière[2]. Jamais même celui qui s'estime
le plus n'ira prendre lance ou écu*. Des lâches, vous en avez beaucoup :
jamais aucun ne sera assez brave pour oser monter à cheval, et le roi,

---

1. La Demoiselle Sauvage : il s'agit probablement de la fée Morgane, sœur d'Arthur.

2. Chambrière : servante, femme de chambre.

840 qui arrive avec une grande armée, saisira tout sans rencontrer la moindre résistance. »

La dame le sait fort bien. Elle croit que sa demoiselle la conseille de bonne foi, mais elle a en elle cette folie, commune à toutes les femmes, par laquelle elles trouvent des excuses pour refuser ce qu'elles désirent :

« Va-t'en, fait-elle, laisse-moi en paix ! Si jamais je t'entends encore 845 parler de cela, tu le regretteras, à moins que tu ne t'enfuies ! Tant de paroles m'ont trop fâchée.

— À la bonne heure, ma dame, fait la demoiselle. On voit bien que vous êtes une femme pour vous vexer d'entendre quelqu'un vous conseiller de bien faire. »

850 Alors elle quitte la dame qui se ravise aussitôt et constate son très grand tort. Elle voudrait bien savoir comment sa demoiselle peut prouver qu'un chevalier meilleur que ne le fut jamais son seigneur puisse se trouver. Elle le lui entendrait dire très volontiers, bien qu'elle le lui ait défendu. En ce vouloir, elle attend que revienne la demoiselle 855 qui, sans tenir compte de l'interdiction, lui répète dès son entrée :

« Ah ! ma dame, est-ce à présent convenable de vous laisser ainsi mourir de douleur ? Par Dieu, reprenez-vous ! Cessez ! Ne serait-ce que par honte ! Un deuil si longuement maintenu ne sied* point à une dame d'un si haut rang. Souvenez-vous de votre honneur et de votre 860 grande noblesse. Croyez-vous que toute prouesse soit morte avec votre seigneur ? De par le monde, cent aussi bons chevaliers et cent meilleurs sont restés vivants.

— Si tu me mens, que Dieu te confonde ! N'importe, nomme-m'en un seul qui ait témoigné d'autant de vaillance que mon seigneur pen-865 dant toute sa vie.

— Jamais vous ne m'en sauriez gré. Vous vous offusqueriez et me réprimanderiez.

— Je n'en ferai rien, je te l'assure.

— Alors, que l'avenir vous réserve toujours le bonheur, s'il vous 870 tente à nouveau d'en avoir, et que grâce à Dieu cela vous plaise ! Je ne vois pas pourquoi je me tairais, puisque nul ne nous entend ni ne nous écoute. Vous allez sûrement, me semble-t-il, me juger insolente, mais je dirais bien ceci : quand deux chevaliers en viennent à s'affronter en combat singulier, lequel vaut mieux, croyez-vous, celui qui

875 est vaincu ou l'autre ? Pour moi, je donne le prix au vainqueur. Et vous, que feriez-vous ?

— Il m'est avis que tu me tends un piège et que tu veux me prendre au mot.

— Par ma foi, vous pouvez comprendre que je m'en vais droit à la
880 vérité, et je vous prouve par évidence que celui qui a vaincu votre seigneur vaut mieux que lui : il l'a dominé et pourchassé jusqu'ici, si bien qu'il l'a enfermé dans sa propre maison.

— Voilà, fait-elle, que j'entends le propos le plus déraisonnable qui ne fut jamais prononcé. Va-t'en, fille du diable ! Va-t'en, garce folle et
885 odieuse ! Ne dis plus jamais de telles sottises et ne t'en viens plus jamais devant moi, si c'est pour me parler de lui !

— Certes, ma dame, je devinais bien que jamais vous ne m'en sauriez gré et je vous l'avais prédit. Mais vous m'aviez promis que vous ne m'en tiendriez pas rigueur et que vous ne seriez pas fâchée. Et voici
890 ce qui m'advient : vous avez exprimé votre désir, et j'ai perdu une bonne occasion de me taire. »

Elle retourne alors dans sa chambre, là où messire Yvain séjourne, et qu'elle garde bien à l'aise, or il n'y a rien qui lui plaise, parce qu'il ne peut voir la dame. De la querelle, il n'a pris garde et n'en sait pas
895 un mot.

Toute la nuit, la dame a une grande discussion avec elle-même, car elle s'inquiète de ne pouvoir protéger sa fontaine. Aussi commence-t-elle à se repentir d'avoir blâmé, insulté et méprisé celle qui, elle en est tout à fait sûre et certaine, ni pour l'argent, ni pour une récompense,
900 ni pour l'amour qu'elle aurait ressenti envers Yvain, s'est mise tantôt à si bien plaider en sa faveur. Et puis la demoiselle l'aime, elle, plus que lui, et ne lui conseillerait jamais rien pour sa honte ou son malheur, étant sa trop loyale amie.

Et voici la dame toute changée : de celle qu'elle a injuriée, elle n'au-
905 rait jamais cru, à aucun prix, devoir l'aimer de si bon cœur. Celui que la dame a refusé, la demoiselle lui a justement trouvé des excuses conformes à la raison et au droit : il ne lui a causé aucun tort. Et, tout comme s'il comparaissait devant elle, la dame argumente, puis commence un plaidoyer :

910 « Va, fait-elle, peux-tu nier que, par toi, fut tué mon seigneur ?

— Cela, fait-il, je ne puis le démentir et je vous l'octroie.

— Dis donc pourquoi? L'as-tu fait pour me blesser ou par haine ou par mépris?

915 — Que n'ai-je de répit que par la mort si jamais j'ai agi pour vous heurter!

— Donc, tu n'as commis aucune faute envers moi et, envers lui, tu n'as eu aucun tort, parce que s'il l'avait pu, il t'aurait tué. C'est pourquoi, en ma conscience, je crois que j'ai bien jugé et à bon droit. »

Ainsi se prouve-t-elle, selon le bon sens et la raison qu'elle y 920 trouve, qu'elle n'a pas le droit de le haïr. Elle se dit ce qu'elle désire entendre et s'embrase d'elle-même, comme la bûche qui fume jusqu'à ce que la flamme s'allume sans que nul souffle l'attise. À présent, si la demoiselle revenait, la dame dénouerait la querelle où elle a exposé ce long plaidoyer et l'a si bien offensée.

925 La demoiselle revient au matin et recommence son latin[1] là où elle l'avait laissé. La dame tient la tête baissée, se sachant coupable de l'avoir insultée. Mais là, elle veut s'amender et demander le nom, le rang et le lignage[2] du chevalier. Comme un sage, elle s'humilie et dit :

« Je vous demande pardon pour le grand outrage et les mots 930 orgueilleux que, telle une folle, je vous ai proférés. Désormais, je serai à votre école. Mais précisez-moi, si vous le savez, le chevalier, dont vous m'avez si longuement entretenu : quel genre d'homme est-il et de quelle famille ? Si son rang égale le mien et que lui-même ne s'y oppose pas, je le ferai, je vous l'octroie, seigneur de ma terre et de moi. 935 Mais il conviendrait qu'on évite de mentionner à mon propos : "C'est celle qui épousa celui qui tua son seigneur."

— Au nom de Dieu, ma dame, il en sera ainsi. Vous aurez le seigneur le plus noble, le plus franc et le plus beau qui jamais ne fut tiré du lignage d'Abel[3].

940 — Quel est son nom ?

— Messire Yvain.

---

1. Son latin : son discours. Comme dans l'expression « en perdre son latin », en perdre ses idées.
2. Lignage : généalogie, hérédité, origines ancestrales d'une famille.
3. Abel : dans la Bible, second fils d'Adam et Ève, assassiné par son frère Caïn. Abel représente le bon fils ; Caïn, le mauvais.

— Par ma foi, il ne s'agit pas d'un vilain*. Au contraire, il est de haute noblesse, je le sais bien : il est le fils du roi Urien.

— Ma foi, ma dame, vous dites vrai.

945 — Et quand pourrons-nous le rencontrer ?

— D'ici cinq jours.

— C'est trop tarder ! Selon mon vouloir, il serait déjà arrivé. Qu'il vienne ce soir ou demain au plus tard !

— Ma dame, je ne crois pas qu'un oiseau pourrait en un jour voler
950 autant, mais je ferai y envoyer un de mes valets qui court très vite et qui arrivera bien à la cour du roi Arthur, je l'espère, avant demain au soir. Jusque-là, on ne pourra pas le rejoindre.

— Ce délai est bien trop long ! Les jours sont interminables ! Dites-lui donc qu'il soit ici, de nouveau, demain au soir. Qu'il aille donc plus
955 vite qu'à l'habitude ! S'il veut s'y efforcer, il peut accomplir deux journées en une : lorsque, cette nuit, la lune luira, qu'il fasse de la nuit le jour, et je lui donnerai à son retour tout ce qu'il souhaitera.

— Confiez-moi cette tâche, et vous l'aurez entre vos mains d'ici trois jours, à tout le moins. Dans l'intervalle, convoquez vos gens* et
960 demandez-leur conseil à propos du roi qui doit venir. Pour maintenir la coutume de défendre votre fontaine, il convient que vous écoutiez leur avis. Comme aucun ne sera assez courageux pour se vanter qu'il s'y rendra, vous pourrez alors annoncer, et à bon droit, que vous voudriez épouser un chevalier très renommé qui demande votre main,
965 mais que vous n'osez accepter à moins qu'ils n'y consentent tous. Je vous assure du résultat : je les connais. Ils sont si lâches que, pour charger autrui du fardeau dont ils seraient écrasés, ils tomberont à vos pieds et vous rendront grâce, parce qu'ils seront délivrés d'une grande inquiétude. Qui a peur de son ombre se dispense volontiers, s'il le
970 peut, de combattre à la lance ou au javelot, car c'est un mauvais jeu pour un couard*. »

Et la dame répond :

« Par ma foi, c'est cela que je veux et j'y consens. J'y avais déjà réfléchi d'ailleurs, tout comme vous l'avez décrit, et nous agirons de
975 cette façon. Mais pourquoi demeurez-vous ici ? Allez ! Ne tardez pas davantage ! Démenez-vous pour avoir ce chevalier ! Je resterai avec mes gens. »

Ainsi se termine la discussion. La demoiselle feint d'envoyer chercher messire Yvain sur ses terres. Chaque jour, elle le fait baigner, le
980 lave et le peigne. Elle lui prépare une cotte[1] d'écarlate* vermeille*, fourrée de vair*, avec la craie encore dessus[2]. Elle n'omet pas de lui procurer tout ce qui est requis pour le parer : un fermail[3] d'or, orné de pierres précieuses, pour agrafer son col et donner beaucoup de grâce à sa personne, une petite ceinture, une aumônière[4] d'un riche
985 brocart. Quand elle l'a tout bien préparé, elle annonce à sa dame le retour du messager qui a su se hâter.

« Comment ? fait-elle. Et quand viendra messire Yvain ?

— Il est déjà ici.

— Il est ici ? Qu'il se présente donc vite, discrètement et en
990 cachette. Gardez-vous qu'il s'ajoute quelqu'un, car je détesterai fort ce quatrième. »

La demoiselle revient vers son hôte, sans laisser paraître sur son visage la joie qu'elle porte en son cœur. Elle fait plutôt croire que sa dame a appris qu'elle l'a protégé :

995 « Messire Yvain, par Dieu, tenir le secret ne m'est plus possible. Votre situation est allée si loin que ma dame sait la chose, qu'elle m'en blâme, m'en déteste net et me le reproche. Mais elle m'a assurée que je peux vous conduire devant elle, sans qu'on vise à vous nuire. Je crois qu'elle ne vous maltraitera en rien, sauf (et je ne dois pas mentir,
1000 car là je trahirais) qu'elle vous désire en sa prison et, qui plus est, elle veut avoir le corps à condition que le cœur n'en soit pas absent.

— Certes, fait-il, j'y acquiesce bien, cela ne me pèsera en rien. Je consens bien à être en sa prison.

— Vous y serez par la main droite avec laquelle je vous tiens !
1005 Venez, à présent, mais prenez conseil de vous conduire avec simplicité en sa présence, afin qu'elle ne vous fasse pas un mauvais sort. Pour le reste, ne vous tourmentez pas, je ne crois pas que vous subirez un emprisonnement trop pénible. »

---

1. Cotte : tunique commune aux hommes et aux femmes, et qui recouvre le corps depuis les épaules jusqu'aux pieds.
2. La craie encore dessus : la craie que l'on répand pour conserver les fourrures neuves.
3. Fermail : agrafe.
4. Aumônière : sorte de bourse en cuir ou, comme ici, en brocart (soie rehaussée de motifs en fils d'or ou d'argent) qu'on attache à sa ceinture.

La demoiselle l'emmène ainsi : elle l'effraie, puis le rassure et lui
1010 parle à mots couverts de la prison où il sera mis. Et puisque nuls amis
n'existent sans prison, à bon droit, elle l'appelle prisonnier, car c'est
être captif que d'aimer.

La demoiselle conduit par la main messire Yvain, là où il sera très
tendrement aimé. Or il craint d'être mal reçu, et s'il le craint, ce n'est
1015 pas merveille. Ils trouvent la dame assise sur une couette vermeille.
Messire Yvain a grand-peur, je vous l'assure, quand, à l'entrée de la
chambre, il fait ainsi face à la dame qui ne dit mot. Et grandit encore
cette frayeur, qui le laisse muet, lorsqu'il croit être trahi. Aussi se tient-
il à l'écart, tandis que la demoiselle parle :

1020 « Cinq cents fois maudite soit l'âme de celle qui mène dans la
chambre d'une belle dame un chevalier qui ne s'en approche pas et
qui n'a ni langue, ni bouche, ni esprit pour savoir la saluer ! »

À ces mots, elle le tire par le bras et lui dit :

« Venez par ici, chevalier, et ne craignez pas que ma dame vous
1025 morde. Demandez-lui plutôt paix et concorde, et je la prierai avec
vous de vous pardonner la mort d'Esclados le Roux, son époux. »

Messire Yvain joint aussitôt les mains et, en véritable ami, se met à
genoux pour lui déclarer :

« Ma dame, jamais, en vérité, je ne solliciterai votre pitié, je vous
1030 remercierai plutôt de tout ce que vous voudrez me faire, car rien ne
saurait me déplaire.

— Non, sire ? Et si je vous tue ?

— Dame, grand merci, jamais vous ne m'entendrez soutenir
autre chose.

1035 — Jamais encore, dit-elle, je n'ai entendu rien de tel, car vous vous
mettez à discrétion, du tout au tout, en mon pouvoir, et sans même
que je vous y contraigne.

— Ma dame, nulle force ne se compare à celle qui, sans mentir, me
commande de consentir du tout au tout à votre bon vouloir. De ce
1040 qu'il vous plaît de m'ordonner, je ne redoute nulle chose. Et si je
pouvais réparer la mort, pour laquelle je ne reconnais aucune faute,
je la réparerais sans discussion.

— Comment? fait-elle. Dites-moi alors, et par là soyez quitte de toute réparation, que vous n'avez commis aucun méfait quand vous avez tué mon seigneur.

1045

— Ma dame, fait-il, de grâce! Quand votre époux m'assaillit, quel tort aurais-je eu de me défendre? Un homme veut en anéantir ou en capturer un autre; si celui qui se défend le tue, dites-moi, est-il moindrement coupable?

1050

— Nullement, si on observe bien le droit. Je crois que si je vous avais fait exécuter, cela n'aurait rien valu. Mais je voudrais très volontiers savoir d'où peut jaillir cette force qui vous commande de vous soumettre sans contredit à toutes mes volontés. Je vous tiens quitte de tous vos torts et méfaits, mais asseyez-vous et contez-moi comment vous êtes ainsi dompté.

1055

— Ma dame, fait-il, la force vient de mon cœur qui s'attache à vous. En ce vouloir, mon cœur m'a mis.

— Et votre cœur, qui l'a soumis, beau et doux ami?

— Dame, mes yeux!

1060

— Et les yeux, qui?

— La grande beauté qu'en vous je vis.

— Et la beauté, commit-elle un crime?

— Dame, celui de me faire aimer.

— Aimer? Et qui?

1065

— Vous, chère dame.

— Moi?

— Oui, vraiment.

— De quelle manière?

— D'une manière telle qu'il ne peut exister de plus grand amour, telle que mon cœur ne vous quitte pas et que jamais il ne peut se trouver ailleurs, telle que je ne peux penser à rien d'autre, telle que je me livre tout à vous, telle que je vous aime plus que moi-même, telle que pour vous, s'il vous plaît, selon vos désirs, je veux vivre ou mourir.

1070

— Et oseriez-vous entreprendre de défendre ma fontaine pour moi?

1075

— Oui, vraiment, ma dame, contre tout homme.

— Sachez donc bien que nous sommes réconciliés. »

Ainsi se réconcilient-ils rapidement. Et la dame, qui a déjà réuni le conseil de ses barons*, dit :

« D'ici, allons dans cette salle où sont mes gens* qui m'ont fourni
1080 leurs avis et conseils. Puisqu'ils en voient la nécessité, qu'ils m'accordent de prendre un mari, et je le ferai par devoir. Bien qu'ici même je me donne à vous, car je ne dois pas refuser pour seigneur un noble chevalier et un fils de roi. »

La demoiselle réalise donc bien ce qu'elle voulait entreprendre :
1085 messire Yvain est seigneur des lieux plus qu'il n'aurait jamais osé le penser ou le dire. Dans la salle déjà pleine de chevaliers et d'autres gens, la dame emmène messire Yvain, et tous le regardent, émerveillés, tant il est de noble allure. Tous se lèvent à son arrivée, le saluent en s'inclinant devant lui, et devinent bientôt :

1090 « C'est celui que notre dame prendra, maudit soit celui qui le lui défendra, car il semble à merveille un preux* chevalier. Certes, même l'impératrice de Rome serait à lui bien mariée. Puisse-t-il lui donner à présent sa foi, et elle à lui, la main dans la main ! Il pourrait l'épouser aujourd'hui ou demain. »

1095 Ainsi parlent-ils tous, l'un après l'autre.

Au fond de la salle se trouve un banc, où la dame va se placer, là où tous peuvent la voir. Messire Yvain est prêt à s'asseoir à ses pieds[1], quand elle le relève. Elle prie le sénéchal* de prononcer le discours officiel pour qu'il soit entendu de tous. Alors le sénéchal, ni rétif ni
1100 bègue, commence :

« Seigneur, fait-il, une guerre nous menace. Il n'est de jour que le roi ne passe à s'équiper, autant qu'il le peut dans sa hâte, afin de ravager nos terres. Avant que la quinzaine soit écoulée, tout sera livré au pillage, si n'intervient un bon défenseur. Quand ma dame se
1105 maria, il n'y a pas encore sept ans révolus, elle le fit sur nos conseils. Or son époux est mort, et elle en souffre. Il ne possède plus qu'une toise de terre[2], celui qui tenait tout ce pays et y régnait si bien. C'est grand-peine qu'il ait si peu vécu ! Mais une femme n'est faite ni pour

---

1. S'asseoir à ses pieds : en parfait chevalier courtois, Yvain adopte envers la dame de son cœur la même attitude de soumission que le vassal devant son roi.
2. Une toise de terre : ou six pieds de terre. Esclados le Roux ne possède plus que l'espace qu'occupe sa tombe.

porter l'écu* ni pour frapper avec une lance. Choisir un bon sei-
1110 gneur ne peut qu'améliorer son sort et rehausser sa valeur. Jamais
elle n'en a eu tant besoin. Afin que ne cesse la coutume qui, dans ce
château, a cours depuis plus de soixante ans, conseillez-lui tous de
prendre un mari. »

À ces mots, tous proclament d'une seule voix que ce qui doit être
1115 fait leur semble valable. Tous viennent se jeter aux pieds de la dame et
la presser d'accomplir ce qui est déjà son désir. Elle se fait tant prier
pour exécuter ce qu'elle veut bien, que c'est comme si elle accordait
malgré elle ce qu'elle aurait réalisé envers et contre tous. Elle dit :

« Seigneurs, puisqu'il vous sied*, ce chevalier assis auprès de moi
1120 m'a fort priée et requise. Il veut se consacrer à mon honneur et à mon
service. Je l'en remercie, et vous devriez le remercier vous aussi !
Certes, jamais encore je ne l'avais rencontré, mais j'avais beaucoup
entendu parler de lui : il est de haute naissance, sachez-le bien, c'est le
fils du roi Urien. Non seulement il est de haut lignage*, mais il
1125 démontre une si grande vaillance et manifeste tant de courtoisie* et
de sagesse qu'on ne doit pas m'en détourner. Vous avez tous, je crois
bien, entendu parler de messire Yvain : c'est justement lui qui
demande ma main et, le jour où cela sera fixé, j'aurai un seigneur plus
noble que je n'aurais pu espérer. »

1130 Tous renchérissent :

« Si vous agissez sagement, jamais ce jour ne passera sans que ce
mariage ait été célébré. Bien fou celui qui tarde plus d'une heure à
chercher son profit ! »

Devant cette insistance, la dame semble se résoudre à faire ce qu'au
1135 fond elle voulait, et Amour* lui commande d'accomplir ce pour quoi
elle leur demande avis et conseils. Elle prend donc mari avec un plus
grand honneur, parce que ses gens* l'approuvent. Et leurs prières ne
lui déplaisent point, mais l'incitent et l'encouragent à agir selon son
cœur, à suivre son penchant, comme un cheval au pas force l'allure
1140 dès qu'on l'éperonne*.

Devant tous ses barons*, la dame donne sa main à messire Yvain.
De la main d'un de ses chapelains, Yvain reçoit Laudine de Landuc, la

dame, fille du duc Landudet, au sujet duquel on chante un lai[1]. Il l'épouse sans délai, le jour même, et ils fêtent les noces. Il y a beau-
1145 coup de mitres[2] et de crosses[3], car la dame a convié ses évêques et ses abbés. Il y a aussi beaucoup d'invités et de richesse, et encore beau- coup plus de joie et de liesse que je ne saurais vous le conter, quand bien même je m'y serais longtemps préparé. Il vaut donc mieux me taire que d'en relater trop peu.

1150 Désormais, messire Yvain sera seigneur des lieux, et le mort, vite oublié : celui qui l'a tué a épousé sa femme, et ils couchent ensemble. Les gens aiment et estiment plus le vivant que le mort. Ils le servent fort bien à ses noces qui durent jusqu'à la veille de l'arrivée du roi Arthur à la merveille de la fontaine et du perron*.

1155 Le roi se retrouve avec ses chevaliers, et tous ceux de sa suite parti- cipent aussi à cette chevauchée : pas un ne reste au château. Messire Keu dit alors :

« Hé ! qu'est donc devenu Yvain ? Il n'est même pas venu, lui qui se vantait après manger qu'il irait venger son cousin. Bien sûr, c'était
1160 après le vin ! Il s'est enfui, je le devine. Pour ne pas perdre un œil, il n'aura pas osé se joindre à nous. Quel orgueil pousse ce grand vantard si effronté à s'élever de ce dont personne d'autre ne le loue, et qui n'a rien comme témoignage de sa réputation, sinon la louange forcée ! Quelle différence entre le lâche et le preux*! Le lâche, au coin du feu,
1165 dit de lui de grandes paroles et tient tous les gens pour sots, croyant qu'on ne le connaît pas. Le preux, lui, aurait grande angoisse s'il entendait dire à autrui ses prouesses. C'est pourquoi je suis certes d'accord avec le lâche : il n'a pas tort de se célébrer et de se vanter, car il ne trouvera personne qui mente pour lui. S'il ne dit rien, qui le fera ?
1170 Tous se taisent sur son compte, même le héraut[4] qui, des vaillants, encense le nom et, des lâches, le jette au rebut. »

---

1. Lai : chanson, accompagnée à la harpe, qui célèbre une légende. Ce genre celtique est à l'origine de la forme littéraire dont Marie de France donne au XIIe siècle les plus beaux exemples. Rappelons que Chrétien de Troyes raconte dans *Yvain* une histoire des temps anciens, donc antérieure au XIIe siècle.

2. Mitres : hauts chapeaux triangulaires portés par les prélats, notamment les évêques.

3. Crosses : bâtons recourbés en volute à leur extrémité supérieure, propres aux prélats.

4. Héraut : officier subalterne. Parcourant le royaume, il a pour fonction de diffuser tout message des autorités par de solennelles déclamations publiques.

Devant tous ses barons, la dame donne sa main à messire Yvain.

Ligne 1141.

MINIATURE DE *L'ÂTRE PÉRILLEUX*, XIIIe SIÈCLE.

BIBLIOTHÈQUE NATIONALE DE FRANCE, PARIS.

Ainsi parle messire Keu, et messire Gauvain intervient :

« Merci, messire Keu, merci ! Si messire Yvain n'est pas ici en ce moment, vous ne savez ce qui l'en empêche. Jamais, en vérité, il ne 1175 s'est avili à propager à votre sujet des vilenies*, tant la courtoisie* est son fait.

— Sire, fait-il, je me tais donc. Vous ne m'en entendrez plus parler, puisque je remarque que cela vous ennuie. »

Sur ce, le roi, pour voir la pluie, verse un plein bassin d'eau sur le 1180 perron* sous le pin, et il pleut aussitôt abondamment. Messire Yvain ne tarde pas longtemps : sans nul arrêt, il entre, armé, en la forêt et vient au grand galop sur un beau cheval imposant, fort, hardi et combattant. Messire Keu a l'intention de demander la bataille car, quelle qu'en soit l'issue, il veut toujours commencer les tournois et 1185 les combats, sans quoi il se fâche. Avant tous, il prie le roi de lui laisser cette joute[1].

« Keu, dit le roi, puisque cela vous plaît, et qu'avant tous vous l'avez réclamée, cette joute ne doit pas vous être refusée. »

Keu l'en remercie, puis monte à cheval.

1190 Si, à présent, messire Yvain, qui reconnaît très bien Keu à ses armes, peut lui faire un peu honte, il en sera heureux et le fera très volontiers. Il prend l'écu* par les courroies, et Keu, le sien. Ils s'élancent l'un contre l'autre, chevaux éperonnés*, lances abaissées qu'ils tiennent bien empoignées. Ils les ont un peu fait glisser, afin de les 1195 tenir par les manches en chamois et, dès qu'ils se croisent, ils s'évertuent à s'assener de tels coups que leurs deux lances se brisent et se fendent tout du long jusqu'au poing. Messire Yvain lui donne un coup si puissant que Keu culbute par-dessus sa selle et que son heaume* va heurter le sol. Messire Yvain ne cherche pas à lui causer plus d'ennuis : 1200 il met pied à terre et prend le cheval. Plusieurs apprécient cela, et assez pour savoir dire :

« Ha ! Ha ! comme vous voici étendu, vous qui avez déprécié les autres ! Et pourtant, il est bien juste qu'on vous le pardonne cette fois, parce que jamais cela ne vous est advenu. »

---

1. Joute : combat singulier entre adversaires à cheval et munis d'une lance.

1205   Entre-temps, messire Yvain s'approche du roi et, de sa main, mène le cheval par le frein[1], parce qu'il veut le lui rendre. Et il dit :

« Sire, récupérez ce cheval, car je serais fautif de ne rien retenir qui soit vôtre.

— Et qui êtes-vous ? demande le roi. Je ne vous reconnaîtrai jamais,
1210 si je ne vous entends vous nommer ou ne vous vois sans votre armure.

— C'est Yvain qu'ici vous trouvez ! »

Keu en est assommé de honte, défait, muet et déconfit, parce qu'il avait prétendu qu'Yvain s'était enfui. Mais les autres, en liesse, se réjouissent de l'honneur qui échoit à Yvain. Même le roi en éprouve
1215 une grande joie, et messire Gauvain, cent fois plus que nul autre, car il aime la compagnie d'Yvain plus que celle d'aucun chevalier de sa connaissance.

Le roi requiert alors Yvain et le prie de lui dévoiler, s'il lui plaît, comment il a réussi un tel exploit ; il a grand désir de savoir tout sur
1220 lui et comment il a pu en arriver là. Et Yvain leur conte tout, y compris le grand service et la bonté de la demoiselle à son égard. Il n'oublie rien et, après cela, prie le roi et tous ses chevaliers de venir se loger chez lui : qu'honneur et joie ils lui feraient, en acceptant d'y être hébergés. Et le roi promet qu'il accorde volontiers, pendant huit jours
1225 entiers, la joie et l'honneur de sa compagnie. Messire Yvain l'en remercie. Puis, sans plus attendre, tous remontent à cheval et s'en vont droit au château. Au devant d'eux, messire Yvain envoie un écuyer portant un faucon gruyer[2] pour que la dame ne s'étonne pas et que ses gens* embellissent les maisons.

1230   Quand la dame apprend la nouvelle du roi qui approche, elle en retire grande joie. Ceux qui l'ont entendue s'en réjouissent aussi : nul n'y reste indifférent. La dame les incite à aller à sa rencontre. Et eux ne chicanent ni ne rouspètent, car ils sont prêts, sans exception, à respecter sa volonté. Ils filent sur de grands chevaux d'Espagne à la ren-
1235 contre du roi de Bretagne*. D'abord, ils saluent à très haute voix le roi Arthur, puis toute sa compagnie :

« Bienvenue, font-ils, à cette troupe qui compte tant de preux*. Béni soit celui qui les amène et qui nous attire de si nobles hôtes. »

---

1. Frein : pièce du harnais d'un cheval ou d'une bête de somme.
2. Faucon gruyer : oiseau rapace entraîné pour chasser la grue.

Pour le roi, le château retentit de la joie qui déferle. Les draps de
1240 soie sont sortis, puis déployés comme ornements. Des tapis en guise
de pavé sont étendus par les rues pour le roi attendu. On installe aussi
des tentures qui couvrent les rues pour parer à la chaleur du soleil. Les
cors et le son des clairons font tant résonner le château qu'on n'y
entendrait pas Dieu tonner. Là dansent des pucelles*, sonnent des
1245 flûtes et des vielles[1], des tambourins, cymbales et tambours. Ailleurs,
d'agiles écuyers font montre de leur savoir-faire en exécutant des
cabrioles. Tous, sans exception, se livrent à la joie. C'est dans un esprit
de fête qu'ils reçoivent le roi, comme il se doit.

À son tour, la dame sort, vêtue d'une robe impériale, bordée d'her-
1250 mine[2] toute neuve et, sur sa tête, un diadème tout de rubis serti. Loin
d'avoir la mine coléreuse, elle resplendit par sa gaieté et son sourire et
paraît, à mon avis, plus belle qu'une déesse. Autour d'elle, la foule se
presse. Tous proclament à l'envi :

« Bienvenue au roi, au seigneur des rois et des seigneurs du monde ! »
1255 Le roi ne peut répondre à tous, d'autant qu'il voit s'approcher la
dame qui veut lui tenir l'étrier. Mais loin de souhaiter cela, il se hâte
de mettre pied à terre. Il descend donc dès qu'il l'aperçoit. Elle le salue
et lui dit :

« Cent mille fois bienvenue soit le roi, mon seigneur, et béni soit
1260 messire Gauvain, son neveu.

— Belle créature, fait le roi, que votre gracieux corps et votre esprit
connaissent allégresse et bonne fortune[3]. »

Puis le roi, en un geste noble et déférent, la prend dans ses bras par
la taille, et elle agit de même avec lui, à pleins bras. Je ne m'entretiens
1265 pas des autres et comment elle les traite, puisque jamais homme n'a
eu écho de gens aussi bien accueillis, honorés et servis. De cette joie,
je vous ai assez conté et, ma parole, je n'en veux plus gaspiller.

Je veux seulement faire un bref récit de la rencontre en privé entre
la lune et le soleil. Savez-vous de qui je vous parle ? Du seigneur des
1270 chevaliers, entre tous renommé, qui mérite de s'appeler « soleil ». C'est

---

1. Vielles : instruments de musique dont les cordes sont frottées par une roue à manivelle.
2. Hermine : petit animal semblable à la belette. Son pelage, blanc en hiver, donne une fourrure
   immaculée très recherchée.
3. Fortune : chance.

messire Gauvain que j'évoque ainsi. Il illumine la chevalerie comme le soleil au matin répand ses rayons et inonde de sa clarté tous les lieux où il brille. Et elle, je la compare à la lune, car il n'en existe qu'une, sans doute, de si grande sagesse et courtoisie*. Néanmoins, je
1275 ne dis pas cela seulement pour son bon renom, mais aussi parce qu'elle porte Lunete ① comme nom. La demoiselle, qui se nomme donc Lunete, est une avenante* brunette, très sage, très noble et très habile. Elle lie connaissance avec messire Gauvain qui fort l'estime et l'aime beaucoup, et qui l'appelle amie parce qu'elle a sauvé de la
1280 mort son compagnon et ami. Il lui offre de se vouer entièrement à son service, et elle lui conte et décrit comment à grand peine elle a convaincu sa dame de prendre messire Yvain pour mari, et comment elle le protégea des mains de ceux qui le recherchaient : parmi eux, il était, mais nul ne le voyait ! Messire Gauvain rit beaucoup de ce
1285 qu'elle lui relate et dit :

« Ma demoiselle, je vous donne, en cas de besoin comme sans nécessité, le chevalier que je suis. Ne me changez jamais pour nul autre, à moins de croire que vous y gagnez ! Je suis vôtre et vous, soyez dorénavant ma demoiselle !

1290   — Sire, grand merci ! » fait-elle.

Ainsi lient-ils connaissance et se promettent-ils l'un à l'autre, tandis que d'autres échangent de doux propos, car là se trouvent une centaine de demoiselles courtoises* de haut lignage*, sans exception belles et fines, nobles et vives, douces et sages. Et tout invite au plaisir
1295 de s'asseoir à leur côté, de leur parler, de les admirer, de les enlacer et de leur donner des baisers. Pour sûr, les chevaliers ne font pas moins que cela !

Messire Yvain a le cœur en fête de voir que chez lui le roi demeure. Et la dame les honore tant, tout un chacun, qu'il semble aux naïfs que
1300 les attentions dont elle les entoure et son bel accueil proviennent des effets de l'amour. On peut même les appeler fous, ceux qui croient qu'une dame veut les aimer, quand elle s'avère assez courtoise pour approcher des malheureux et leur faire une joie en les prenant par le cou. De belles paroles mettent un sot en liesse, et vite on s'en amuse.

---

1. Lunete : petite lune.

1305   Dans le plus grand ravissement se déroule la semaine entière. Les divertissements dans les bois et sur les rivières s'offrent à qui les désire. On veut explorer la terre conquise par messire Yvain qui a, la dame, prise. On va s'ébattre jusqu'à quatre, cinq ou six lieues[1] de là, dans les châteaux des alentours.

1310   Maintenant, le roi a passé un si long séjour qu'il refuse de rester davantage et fait tout régler pour le départ. Durant la semaine, tous ont prié et se sont mis en peine, autant qu'ils l'ont pu, pour emmener Yvain avec eux :

«Comment ? dit messire Gauvain. Compterez-vous donc parmi
1315   ceux qui, à cause de leurs femmes, valent moins ? Par la sainte Marie, honte à celui qui se marie pour se déprécier. Qui a pour amie ou pour femme une belle dame doit augmenter sa valeur. Il n'est pas juste qu'elle aime un chevalier dont le prix et la renommée s'amenuisent. Et vous perdrez bientôt son amour si vous vous affaiblissez, une
1320   femme ayant tôt fait de le reprendre, et elle n'a pas tort, quand elle méprise celui qui déchoit, si peu que ce soit, comme seigneur du royaume. Allons, votre prestige doit croître ! Rompez le frein et le licou[2] ! Nous irons courir les tournois avec vous. On ne saurait vous traiter de mari jaloux ! Non, ne rêvez plus ! Fréquentez les tournois et
1325   excellez à jouter[3], quoi qu'il doive vous en coûter. Qui s'abandonne trop à la rêverie ne veut plus bouger ! Certes, sans que je vous fournisse d'autres raisons, il vous faut venir. Prenez garde, cher compagnon, à ne pas briser notre amitié. Pour moi, il ne le faudrait pas ! N'est-ce pas merveille de voir comme on hésite à laisser un plaisir qui
1330   ne cesse de durer ? Pourtant, tout plaisir gagne à être repoussé. Plus doux est le petit bonheur qui tarde à se manifester que le grand qui se goûte fréquemment. Le bonheur d'amour qui arrive sur le tard ressemble à la bûche verte qui brûle et dégage une chaleur d'autant plus intense qu'elle a été lente à s'embraser. Sa vigueur la fait durer. On
1335   peut s'accoutumer à ce dont il est ensuite ardu de se défaire. Le veut-on qu'on ne le peut plus. Je n'affirme pas que, si j'avais une aussi belle amie que vous, sire compagnon, par la foi que je dois à Dieu et à tous

---

1. Lieues : unité de distance équivalant à environ quatre kilomètres.
2. Rompez le frein et le licou : Dégagez-vous de cet esclavage, libérez-vous. Le frein et le licou sont des pièces du harnais d'un cheval ou d'une bête de somme.
3. Jouter : participer à une joute, à un combat.

les saints, j'aurais très envie de m'en séparer ! Assurément, j'en serais
fou ! Mais on prodigue de bien bons conseils à autrui qu'on ne saurait
1340 se conseiller à soi-même, à l'image des prêcheurs déloyaux qui ensei-
gnent à être vertueux et qui ne le sont point. »

Messire Gauvain insiste tant, il supplie tant messire Yvain que
celui-ci promet d'en parler à sa femme. S'il peut obtenir son congé,
certes, il s'en ira. Que ce soit folie ou sagesse, Yvain tient à ce qu'elle
1345 lui permette de retourner en Bretagne* et, pour en discuter, il prend
à part la dame, qui ne se doute de rien, et lui dit :

« Ma très chère dame, vous, ma joie et mon âme, mon cœur, mon
bonheur, et mon bien, accordez-moi une chose pour votre honneur
et le mien. »

1350 La dame s'y engage immédiatement sans connaître son projet, et
lui dit :

« Beau sire ! Commandez-moi ce que bon vous semblera. »

Aussitôt, messire Yvain lui demande la permission d'accompagner
le roi en vue de se joindre à des tournois, afin qu'on ne le traite pas de
1355 lâche. Elle lui répond :

« Je vous accorde ce congé jusqu'à un terme fixé. Cependant,
l'amour que j'éprouve pour vous deviendra haine, soyez-en sûr, si
vous dépassez ce délai. Sur ce point, sachez que je ne saurais mentir :
si vous ne tenez votre parole, moi, je respecterai la mienne. Si vous
1360 voulez de mon amour, si je vous suis chère un tant soit peu, pensez à
revenir dans un an au plus tard, huit jours après la Saint-Jean, dont
on fête aujourd'hui l'octave[1]. Par mon amour, vous serez rendu mat*
et livide, si vous n'êtes à cette date-là ici auprès de moi. »

Messire Yvain pleure et soupire tellement qu'à grand-peine il
1365 réussit à dire :

« Dame, ce terme est trop long ! Si je pouvais me transformer en
colombe toutes les fois qu'il me sied*, avec vous très souvent je serais.
Et je prie Dieu que, selon Sa volonté, Il ne me laisse pas tant m'ab-
senter. Mais tel croit revenir bien vite qui ne connaît ce que lui réserve
1370 la suite. Et je ne sais ce qui m'arrivera : peut-être serai-je retenu par un

---

1. L'octave : la Saint-Jean enclenche une série de fêtes qui lui sont subordonnées et dont
   la dernière est l'octave, huit jours plus tard, le 1ᵉʳ juillet.

danger, une infection ou la prison. Aussi, comprenez-vous que vous me causez tort en ne mettant pas une clause d'exception pour empêchement physique !

— Sire, fait-elle, je l'ajoute. De plus, je vous promets bien, si Dieu
1375 vous préserve de la mort, que nul danger ne vous atteindra aussi longtemps que vous vous souviendrez de moi. Conservez à votre doigt cet anneau, le mien, que je vous prête. Sur les vertus de sa pierre, je vous révèle ceci, qu'il faut savoir : nul amant vrai et loyal ne croupit en prison, ne perd de son sang ou ne ressent du mal, pourvu qu'il porte
1380 et chérisse cette pierre en souvenir de son amie. Dans ce cas, la pierre devient dure comme le fer, et l'anneau agit comme un écu* et un haubert*. Jamais encore je n'ai voulu le prêter ou donner à un chevalier mais, par amour, à vous, j'en fais don. »

Ainsi, messire Yvain a son congé, mais au moment de le prendre, il
1385 pleure beaucoup, et la dame aussi. Le roi, quoi qu'on lui dise, refuse d'attendre. Il ordonne que tous les palefrois* soient amenés, fin prêts et harnachés. Aussitôt dit, aussitôt fait. Les palefrois sont avancés, il n'y a plus qu'à les enfourcher. Je ne sais si je dois vous conter comment messire Yvain s'en va, et tous les baisers, entremêlés de larmes et
1390 de douceur embaumées, qu'on lui donne. Du roi, dois-je vous préciser comment la dame l'escorte, avec ses demoiselles et tous ses chevaliers ? Non, je m'attarderais trop. Parce qu'elle pleure, le roi prie la dame de s'arrêter et de rentrer au château. Il l'enjoint tant de le faire qu'enfin, à grand-peine, elle s'en retourne et ramène ses gens*.

1395 À regret, de sa dame, messire Yvain s'éloigne, mais son cœur ne le suit pas. Le roi peut bien emmener le corps, mais il ne peut emporter le cœur, tant ce dernier reste attaché et lié à celui de celle qui demeure. Le roi ne détient pas le pouvoir de l'emmener. Comment un corps peut-il vivre dépossédé du cœur ? Un corps vivant sans son cœur, nul
1400 homme n'a jamais vu pareille merveille ! Pourtant, cela est advenu : le corps d'Yvain a retenu la vie, mais le cœur, qui y a longtemps résidé, n'a pas voulu le suivre. Le cœur a trouvé au château une meilleure résidence, et le corps ne vit plus que dans l'espérance de son retour. Ainsi le corps s'est conçu, et d'étrange manière, un cœur d'Espérance[1] qui,
1405 si souvent, trahit et fausse compagnie. Jamais, je crois, messire Yvain

---

1. Espérance : allégorie.

C'est ainsi que messires Yvain et Gauvain s'en vont participer
à des tournois, en tous ces lieux où il s'en produit.

Lignes 1410 et 1411.

DÉTAIL D'UN LINTEAU.

CATHÉDRALE D'ANGOULÊME, FRANCE.

questions

ne saura l'heure où Espérance* le trahira. Qu'il dépasse d'un seul jour le terme fixé et c'est non sans difficulté qu'il trouvera trêve ou paix auprès de sa dame. Or je crois qu'il le dépassera, car messire Gauvain ne le laissera jamais s'éloigner de lui.

1410   C'est ainsi que messires Yvain et Gauvain s'en vont participer à des tournois, en tous ces lieux où il s'en produit. Et c'est ainsi qu'un an complet s'écoule. Messire Yvain se démarque si bien pendant toute cette année-là que messire Gauvain se plaît toujours à l'honorer, et le fait tant tarder que l'année entière s'accomplit et une bonne partie de

1415   l'autre aussi, quand la mi-août survient, moment où le roi tient sa cour à Chester[1].

La veille, les deux compagnons sont revenus d'un tournoi auquel messire Yvain a pris part et dont il a remporté le premier prix. Et le conte dit, ce me semble, que tous deux, d'un commun accord, n'ont

1420   voulu en nul lieu descendre et que, hors de la ville, ils ont fait tendre leur pavillon pour y tenir leur cour. Jamais ils ne se sont rendus à la cour du roi. Et c'est ce dernier, un soir, qui se rend à la leur, car on trouve là le plus grand nombre de chevaliers et des meilleurs.

Or, au moment où le roi Arthur s'assoit parmi eux, Yvain devient

1425   tout pensif : depuis que sa dame lui a donné congé, jamais il ne s'est absorbé en de telles pensées et il se rend compte qu'il lui a menti et que le terme fixé est échu. À grand-peine, il ravale ses larmes, et seule la honte les lui fait retenir. Ainsi en est-il à se torturer l'esprit, quand il voit une demoiselle venir droit vers lui, à vive allure sur un palefroi*

1430   noir à balzanes[2]. Devant le pavillon, elle met pied à terre, sans que personne prenne son cheval ni l'aide à en descendre. Dès qu'elle aperçoit le roi, elle laisse choir[3] son manteau et, tête nue, entre dans le pavillon et se présente devant lui. Elle dit alors que sa dame salue le roi, et messire Gauvain, et tous les autres, hormis Yvain, le déloyal,

1435   le traître, le menteur et le fourbe, qui l'a trompée et abandonnée.

« Ma dame s'est bien aperçue de sa ruse. En effet, il se faisait passer pour un amant fidèle, mais c'est pour sûr un fourbe, un séducteur et

---

1. Chester : ville du nord-ouest de l'Angleterre, au sud de Liverpool.

2. Balzanes : taches blanches aux pieds d'un cheval de robe foncée.

3. Laisse choir : laisse tomber. À la cour, laisser choir un manteau signale qu'on est chargé d'une mission.

un voleur. Ma dame a été séduite. Elle ne soupçonnait pas en lui tout ce mal et ne le croyait pas capable de lui voler son cœur. Ceux qui
1440 aiment ne dérobent pas les cœurs. Quand on les traite de voleurs, c'est qu'on est aveugle à l'amour et qu'on n'y connaît rien. Car le vrai ami prend le cœur de son amie sans le lui ravir d'aucune façon et il le protège des larrons qui jouent les hommes d'honneur. Ce sont ces larrons hypocrites et traîtres qui s'efforcent de voler des cœurs
1445 dont, en plus, ils ne se soucient même pas ! L'ami véritable, où qu'il aille, chérit le cœur qu'il a pris et sait le rapporter. Yvain, lui, a voulu voir ma dame morte, puisqu'elle lui a dit qu'il lui gardait son cœur et qu'il ne le lui a pas rapporté avant que l'année ne soit passée. Yvain ! Comme ta mémoire est faible ! Pourquoi n'as-tu pas pu te souvenir
1450 que tu devais revenir à ma dame au bout d'un an ? Jusqu'au jour de la Saint-Jean, elle t'accorda un répit, et toi, tu l'as tenue en tel mépris que jamais tu ne t'en es souvenu. En sa chambre, ma dame a fait peindre les jours et les saisons. Quiconque est amoureux ressent toujours de grandes inquiétudes et ne peut trouver le doux sommeil : sa
1455 nuit se passe à calculer et additionner les jours qui viennent et qui vont. Sais-tu ce que font les amants ? Ils comptent chaque moment et chaque instant. Ma dame ne se plaint donc pas sans raison ni avant son heure. Pourtant, je ne viens pas réclamer justice : tout ce que je dis, c'est que tu nous a trahies quand tu épousas ma dame. Maintenant,
1460 Yvain, ma dame n'a plus cure de toi et, par moi, elle te demande de ne jamais revenir auprès d'elle et de remettre son anneau. Par moi, que tu vois à présent, elle exige que tu le lui renvoies. Rends-le-lui, tu le dois ! »

Yvain ne peut lui répondre, le sens et la parole lui font défaut. Alors
1465 la demoiselle s'élance et lui ôte du doigt l'anneau, puis elle recommande à Dieu le roi et tous les autres, hormis celui qu'elle laisse dans un grand désarroi. Et ce trouble toujours s'accroît. Tout ce qu'il voit le tourmente. Tout ce qu'il entend l'afflige. Il voudrait fuir, seul, sur une terre sauvage au point que personne, homme ou femme, ne sache où
1470 le chercher ou quoi que ce soit de lui, comme s'il eût été s'abîmer au fin fond de l'enfer. Il ne hait rien autant que lui et il ne sait à qui quémander du réconfort, dès lors qu'il s'est lui-même mis à mort. Il voudrait perdre l'esprit plutôt que de ne pouvoir se venger de ce lui-même

qui lui a ravi tout bonheur. D'entre les barons* assemblés, il se lève
1475 bientôt car, parmi eux, il craint de divaguer. Nul ne s'en offusque et on
le laisse partir, seul. Tous comprennent que, de leurs paroles et d'eux-
mêmes, il ne se soucie guère.

Il marche si longtemps qu'il est fort éloigné des tentes et des pavil-
lons quand lui monte à la tête un tourbillon si puissant qu'il en devient
1480 forcené*. Alors, il arrache et déchire ses vêtements et fuit par champs
et vallées, laissant ses gens* désemparés, car ceux-ci s'inquiètent de ne
savoir où il est. Ils le cherchent partout, dans les logis des chevaliers,
dans les haies, dans les vergers : en somme, là où il n'est pas. Car lui, il
s'en va, s'esquivant à toute allure, jusqu'à ce qu'il croise, près d'un parc,
1485 un valet qui porte un arc et cinq flèches barbelées[1], très larges et très
acérées. À Yvain, il reste juste assez de sens pour dérober son arc au
valet. De ce qu'il fait ensuite, il ne se souviendra plus.

Dans les bois, Yvain, aux aguets, tue les bêtes et mange la
venaison[2] toute crue. À errer comme un forcené et un sauvage qu'il
1490 est devenu, il finit par trouver la maison basse et très petite d'un
ermite. L'ermite est à défricher et, quand il aperçoit celui qui tout nu
s'approche de lui, il devine que, sans nul doute, cet homme ne possède plus tout son sens. Et, en effet, il pense juste ! La peur qu'il en ressent le pousse vite dans sa maisonnette où, par charité, il prend de son
1495 pain et de l'eau pure pour les déposer dehors sur une fenêtre étroite.
L'autre vient là, convoitant fort le pain qu'il saisit pour mordre
dedans. Je pense qu'il n'en a jamais goûté de si aigre ni de si dur. La
farine dont est fait ce pain ne vaut pas deux sous le setier[3]. C'est de
l'orge pétri avec de la paille, plus sur que du levain et, de plus, moisi
1500 et sec comme une écorce. Mais la faim le tourmente et l'oppresse tant
que ce pain lui semble une tendre bouillie car, à tous repas, la faim est
la mieux mijotée et la plus piquante des sauces. Messire Yvain mange
donc tout le pain de l'ermite, qu'il déguste, et boit de l'eau froide à
même le pot. Après manger, il se jette de nouveau dans le bois, en
1505 quête de cerfs et de biches. Le saint homme le redoute beaucoup et,
quand il le voit s'en aller, il prie Dieu de protéger ce fou, mais aussi

---

1. Barbelées : avec des pointes de fer semblables aux barbes d'un épi.
2. Venaison : chair, viande de gros gibier (cerf, daim, chevreuil, sanglier, etc.).
3. Setier : ancienne mesure de capacité pour le grain et la farine.

d'empêcher qu'il revienne de ce côté. Mais il n'existe aucune créature, douée d'un peu de sens, qui ne revienne très volontiers là où on lui a fait du bien. Aussi, tant qu'Yvain reste en sa folie, pas un jour entier
1510 ne passe sans qu'il dépose à la porte quelque bête sauvage. Ainsi va la vie ! Le saint homme s'occupe d'écorcher la bête et de mettre assez de venaison* à cuire. Et le pain et l'eau dans la cruche sont toujours sur la fenêtre pour repaître l'homme forcené* qui sait qu'il y a là à manger et à boire, de la venaison sans sel et sans poivre et de l'eau froide de
1515 la fontaine. En sus, le saint homme se met en peine de vendre les peaux pour acheter du pain d'orge, d'avoine ou d'autre grain, afin que le fou reçoive sa pleine ration : du pain à satiété et de la venaison.

   Longtemps tout cela continue, jusqu'au jour où une dame et ses deux demoiselles de compagnie découvrent, dans la forêt, Yvain
1520 endormi. L'une des trois court aussitôt vers l'homme nu qu'elles voient, et descend de cheval. Elle le regarde longuement avant de trouver sur lui ce qui peut permettre de l'identifier. Pourtant, elle l'a déjà vu très souvent et l'aurait vite reconnu si seulement il avait été comme autrefois richement vêtu. Elle tarde donc beaucoup à y par-
1525 venir, bien qu'elle l'examine attentivement. À la fin, elle remarque sur son visage une cicatrice identique à celle de messire Yvain ; n'était-elle pas certaine de l'avoir déjà vu ! Grâce à la cicatrice, elle s'aperçoit que c'est lui et elle n'en doute plus. Mais elle s'étonne de constater ce qui lui est advenu et de le trouver ainsi pauvre et nu. Elle se signe* et en
1530 est fort bouleversée, pourtant elle ne le secoue pas ni ne l'éveille. Elle reprend son cheval, y remonte et revient vers les autres pour leur conter, tout en pleurs, son aventure. Et je ne me sens pas très à l'aise de continuer à décrire la douleur qu'elle en ressent[1]. En pleurant, elle dit à sa dame :
1535   « Dame, j'ai trouvé Yvain, le chevalier le plus éprouvé et le mieux accompli du monde. Or je ne sais par quel péché un grand malheur a frappé cet homme courageux. Peut-être a-t-il souffert d'un chagrin qui l'a poussé à agir ainsi, car la douleur peut rendre forcené. Et selon ce qu'on a pu constater et déduire, il n'a plus toute sa raison, sinon

---

1. *Yvain* était lu à haute voix devant un cercle d'auditeurs. Cette phrase est un probable
   vestige d'une interpellation au public correspondant à la fin d'une séance de lecture
   (environ 1000 vers par séance). ·

1540 jamais il ne se serait si honteusement comporté, à moins d'avoir
perdu le sens. Ah! vraiment, quelle chance, si Dieu lui rendait ses
esprits au mieux de ce qu'il n'eut jamais et si, par la suite, il consen-
tait à vous venir en aide! Les attaques du comte Alier, qui ne cesse de
vous faire la guerre, vous ont jusqu'ici causé de grands dommages. Or,
1545 dans cette guerre, c'est vous et non lui qui connaîtriez une fin à votre
honneur, si Dieu vous donnait la chance de rétablir Yvain, afin qu'il
entreprenne de vous porter secours. »

La dame dit:

« N'ayez point de soucis! À moins qu'Yvain ne s'enfuie, j'estime
1550 qu'avec l'aide de Dieu, certes, nous chasserons de sa tête toute rage et
toute tempête. Mais il faut nous dépêcher. Je me souviens d'un
onguent que me donna Morgane, la sage, qui m'a assurée que de l'esprit il ôte la rage. »

Elles s'en vont aussitôt au château, non loin, à moins d'une demi-
1555 lieue* de marche, selon la mesure de ce pays-là où, comparées aux
nôtres, deux lieues équivalent à une, et quatre, à deux. Yvain demeure
là, tout seul, dormant, alors que la dame va quérir l'onguent. Elle ouvre
un de ses coffres, en retire la boîte et la confie à la demoiselle, la priant
de ne pas utiliser trop d'onguent. Qu'elle lui en frotte les tempes et le
1560 front, mais inutile d'en mettre ailleurs, qu'elle garde bien l'excédent.
Donc, seulement sur les tempes, car son mal ne se situe point autre
part qu'à la cervelle. Elle lui fait emporter aussi une cotte* de vair*, un
surcot[1] et un petit manteau de soie rouge. La demoiselle prend le tout
et mène par la main droite un très bon palefroi*. De plus, elle s'occupe
1565 elle-même d'ajouter des chemises, des braies[2] de fine étoffe et des
chausses[3] neuves et bien taillées: avec tout cela, elle se met en route.

La demoiselle retrouve Yvain encore endormi, là où elle l'avait
laissé. Elle place les chevaux dans un enclos, les attache, les lie solidement et se dirige avec la cotte et l'onguent vers le lieu où il dort.
1570 Faisant preuve de grande hardiesse, elle s'approche du forcené à
pouvoir le tâter et le toucher et l'enduit d'onguent tant et si bien qu'en

---

1. Surcot: chemisette de parure qu'on met par-dessus la cotte ou la chemise.
2. Braies: culottes larges et bouffantes.
3. Chausses: longs bas ou jambières, destinés aux hommes.

la boîte il n'en reste point. Elle souhaite tellement le guérir qu'elle se
hâte d'enduire tout le dormeur. Elle y dépense la boîte entière, sans se
soucier de la défense, dont elle ne se souvient plus. Elle en use plus
1575 qu'il ne faut mais, à son avis, en fait bon emploi. Elle lui en frictionne
les tempes, le visage et tout le corps jusqu'aux orteils. Elle le frotte partout si longtemps au chaud soleil que la rage et la mélancolie lui sortent de la cervelle. Quelle folie que de lui enduire tout le corps! Il n'en
avait nul besoin! Mais aurait-elle disposé de cinq barils d'onguent
1580 qu'elle aurait agi, je crois, pareillement. Elle emporte la boîte, se sauve
et se poste près des chevaux. Elle laisse les vêtements parce que, si
Dieu redonne la raison à Yvain, elle veut qu'il les prenne et s'en revête.
Derrière un gros chêne, elle se cache donc, le temps qu'ayant assez
dormi il se guérisse et se rétablisse.

1585   Au réveil, Yvain recouvre sa raison et sa mémoire, alors il se voit nu
comme un ivoire[1] et en éprouve grande honte, et plus grande encore
d'ignorer par quelle aventure il s'est retrouvé ainsi. Or il ne sait rien
de plus et, devant lui, il aperçoit la cotte* neuve et s'émerveille du mys-
tère par lequel elle a été déposée là. Il reste ébahi et troublé de se voir
1590 nu et il se dit qu'il est perdu si quelqu'un de sa connaissance le voit et
le reconnaît dans cette condition. Maintenant, il s'habille et regarde
par la forêt s'il ne verrait pas un homme venir. Il tente de se lever, de
se mettre debout mais, incapable, il ne peut s'en aller. Il lui faut
trouver de l'aide, quelqu'un qui le soutienne et le guide, car son grand
1595 mal l'a si fort atteint qu'à peine peut-il se tenir sur ses pieds. La
demoiselle, qui ne veut plus s'attarder, est remontée en selle et passe
de son côté, comme si elle ignorait sa présence. Et lui, qui a besoin
d'aide, peu importe de qui, mais pourvu qu'on le mène jusqu'à un
logis où il puisse refaire ses forces, déploie de grands efforts pour l'ap-
1600 peler. Alors la demoiselle va, observant les environs, comme si elle ne
savait qui l'appelle. Elle feint l'étonnement et va çà et là, car elle ne
veut pas se diriger droit vers celui qui redouble ses appels:

«Demoiselle, par ici! Par ici!»

Vite, vers lui, la demoiselle guide enfin son palefroi* et lui fait
1605 croire par cet artifice qu'elle ne sait rien de lui et que jamais elle ne l'a

---

1. Un ivoire: un objet fait d'ivoire. Petite sculpture ou bibelot taillés dans l'ivoire.

vu, agissant en cela avec finesse et courtoisie*. Quand elle est devant lui, elle le questionne :

« Sire chevalier, que voulez-vous ? Pourquoi m'appelez-vous avec insistance ?

1610   — Ha ! fait-il, sage demoiselle, je ne comprends pas par quelle malchance je me suis retrouvé en cette forêt. Par Dieu et par votre foi, je vous prie de me prêter ou de me faire don de ce palefroi que vous menez et que je vous revaudrai.

— Volontiers, sire, et venez donc avec moi là où je m'en vais.

1615   — Et de quel côté est-ce ?

— Hors de ce bois, en un château près d'ici.

— Demoiselle, dites-moi donc, puis-je vous être utile ?

— Oui, fait-elle, mais je crois que vous n'êtes pas bien vaillant. Et que, pendant quinze jours au moins, vous devriez vous reposer. Mais
1620 prenez ce cheval que je mène à droite, et nous irons jusqu'au logis. »

Lui, qui ne demandait pas mieux, le prend et se met en selle. Puis, ils chevauchent jusqu'à ce qu'ils arrivent au milieu d'un pont sous lequel coule une eau furieuse et bruyante[1], et la demoiselle y jette la boîte vide qu'elle portait. Ainsi imagine-t-elle pouvoir s'excuser
1625 devant sa dame pour son onguent, car elle prétendra qu'en passant sur le pont elle eut le malheur de laisser choir* la boîte dans l'eau. Lorsque, sous elle, son palefroi trébucha, la boîte lui échappa des mains, et elle-même faillit tomber à sa suite. Combien plus grande la perte eût-elle été ! Et c'est avec ce mensonge qu'elle voudra feindre
1630 quand elle se présentera devant sa dame.

Ils font route ensemble jusqu'au château où la dame accueille messire Yvain avec hospitalité. À sa demoiselle, seule à seule, elle demande sa boîte et son onguent, et l'autre, qui n'ose lui avouer la vérité, lui récite son mensonge, tout comme elle l'a inventé. La dame en ressent
1635 une très grande déception et dit :

« C'est là une très grave perte, car je suis sûre et certaine qu'elle ne sera jamais retrouvée. Mais, puisque la chose est perdue, il n'y a qu'à s'en priver. Quelquefois, on désire construire son bonheur et on ne réussit que son malheur ! Ainsi, de ce chevalier j'attendais bienfait et

---

1. Il s'agit de la frontière humide entre le monde des vivants et l'Autre Monde.

1640 joie tandis que je perds le meilleur et le plus cher de mes biens. En dépit de cela, je vous prie, servez-le comme il se doit.

— Ah! dame, voilà qui est bien parlé, car ce serait un trop mauvais sort que d'un malheur en engendrer deux. »

À l'avenir, de la boîte, elles ne parlent plus. Elles s'attachent plutôt 1645 à combler messire Yvain en tout ce qu'elles peuvent et savent faire : elles le baignent, lui lavent la tête, lui coupent les cheveux et lui rasent la barbe car, sur sa face, certes, on aurait pu l'empoigner à pleines mains! On ne lui refuse rien : veut-il une armure, on l'en revêt, veut-il un cheval, on lui en fait monter un grand, vif, fort et hardi.

1650   Yvain séjourne ainsi jusqu'à ce qu'un mardi[1] le comte Alier s'approche du château avec ses hommes d'armes et ses chevaliers, pour piller et mettre le feu. Ceux du château, cependant, montent à cheval et prennent les armes. Avec ou sans armure, ils font une sortie et finissent par rattraper les pillards qui, sans daigner fuir à leur approche, 1655 les attendent dans un passage étroit. Messire Yvain frappe dans la mêlée. Lui qui s'est si longtemps reposé, a bien recouvré toutes ses forces. Il frappe avec tant de violence sur l'écu* d'un chevalier qu'il ne fait qu'un monticule, ce me semble, du cheval et du chevalier tout ensemble. Jamais plus ce dernier ne se relèvera, puisque son échine 1660 s'est brisée en deux et que le cœur a crevé dans sa poitrine.

S'étant un peu reculé, messire Yvain revient à la charge. Fort bien couvert de son écu, il éperonne* pour dégager le passage. En moins de temps qu'il n'en faut pour compter un, deux, trois, quatre, et même plus vite et plus aisément, il abat quatre chevaliers de suite. Quant à 1665 ceux qui sont avec lui, ils acquièrent à ses côtés une grande hardiesse, car tout cœur faible et lâche, quand il voit un vaillant risquer devant lui pareil exploit, est soudain saisi par la honte du déshonneur. Cette honte chasse le faible cœur hors du corps où il battait et se trouve remplacé promptement par un cœur hardi et valeureux. C'est ainsi 1670 que ces gens*, tous devenus preux*, savent maintenant combattre et tenir leur place au plus fort de la mêlée.

Dans son château, la dame est montée tout au haut de la tour, d'où elle observe la bataille et les assauts lancés pour disputer et conquérir le passage. Elle remarque bien aussi des malheureux, des blessés et des

---

1. Le mardi est le jour de Mars, dieu de la guerre.

1675 corps gisant sur le sol. Elle en compte parmi les siens tout comme chez
ses ennemis, mais un plus grand nombre chez ceux-ci, grâce au courtois*, au preux, au noble Yvain qui leur fait demander grâce, comme
le faucon soumet les sarcelles. Et tous ceux, hommes et femmes, au
château, qui regardent la bataille disent :

1680 « Hé ! quel vaillant chevalier ! Comme il fait ployer ses ennemis !
Comme il les attaque rudement ! Il s'élance parmi eux comme le lion
parmi les daims quand la faim le tenaille et l'obsède. Tous nos chevaliers en deviennent plus hardis et plus fiers. Sans lui, et lui seul, jamais
ils n'auraient su briser une lance ou tirer l'épée pour frapper. Ah ! un

1685 homme de pareille valeur, comme on doit l'aimer et le chérir ! Voyez
donc comme il s'éprouve ! Voyez donc comme il sait tenir son rang !
Voyez comment se teintent de sang sa lance et son épée nue ! Voyez
comme il les chasse ! Voyez comme il les ceint, comme il fond sur eux,
puis s'écarte, fait vite demi-tour et se hâte de revenir les affronter !

1690 Oui, c'est toujours sans retard qu'il amorce son retour. Voyez, quand il
se mêle au combat, comme il se préoccupe peu de son écu, comme
il le laisse se faire pourfendre*. De pitié, il n'en a point. Tout ce qu'il
veut, c'est se venger des coups qu'on lui donne. Lui aurait-on taillé des
lances avec tout le bois d'Argonne[1] qu'il n'en resterait, je crois, plus

1695 une à présent. Autant lui met-on de lances sur le bourrelet de feutre[2],
autant en brise-t-il pour en redemander. Et voyez le résultat lorsqu'il
dégaine son épée ! Jamais, avec Durendal, Roland[3] ne fit un si grand
massacre des Turcs[4] à Roncevaux, en Espagne. Messire Yvain aurait-
il eu l'appui d'un aussi valeureux compagnon que le traître de qui

1700 nous nous plaignons n'aurait pu que s'en aller, dès cette nuit, en
déroute, ou demeurer ici pour sa plus grande honte. »

Et ils ajoutent qu'elle serait bien née[5] celle qui obtiendrait l'amour
de celui qui, si brillant aux armes, se distingue entre tous, comme la

---

1. Bois d'Argonne : vaste forêt de montagnes, au nord-est de la France. Elle existe toujours.
2. Bourrelet de feutre : support permettant de caler et de mieux contrôler la lance.
3. Allusion à *La Chanson de Roland*, chanson de geste (1100). Au col de Roncevaux, village
   espagnol des Pyrénées, Roland, le neveu de Charlemagne, tient tête à toute une armée de
   Turcs, avec l'aide unique de son épée Durendal.
4. Turcs : depuis les croisades, les Turcs désignent sans distinction tous les musulmans, ennemis
   des chrétiens.
5. Bien née : née sous une bonne étoile, née avec de la chance.

lune parmi les étoiles, et le soleil devant la lune. Messire Yvain a si
1705 bien conquis les cœurs de chacun et de chacune que tous voudraient,
en raison des prouesses qu'il a accomplies, le voir prendre la dame
pour épouse et être placés, comme tout le pays, sous son autorité.

Ainsi, tous et toutes font son éloge et ils ne disent que vérité, car il a
si bien secoué les ennemis que ceux-ci fuient à qui mieux mieux. Il
1710 les talonne de près, avec tous ses compagnons qui, à ses côtés, se sentent rassurés et comme entourés d'un mur élevé, large et de pierres
dures. Cependant, la poursuite, qui a duré longtemps, cesse quand les
fuyards s'épuisent, et que ceux qui les pourchassent les taillent en
pièces et éventrent leurs chevaux. Les survivants roulent sur les morts,
1715 se blessent et, pris de folie, se massacrent entre eux. Quant au comte,
il prend la fuite. Or messire Yvain ne le lâche pas : il l'assaille, le serre
de près et le rattrape en bout de course au pied d'une haute colline,
tout près de l'entrée d'un de ses repaires fortifiés. C'est là que le comte
est capturé, car nul ne peut plus le secourir. Sans trop longuement
1720 plaider, messire Yvain sur la foi d'un serment obtient que, du moment
que le comte est entre ses mains et qu'ils sont seuls, face à face, il n'est
plus question de s'échapper, de s'esquiver ou d'attaquer. Le comte jure
donc qu'il se rendra à la dame de Noiroison, se placera en sa prison et
conclura la paix selon toutes les conditions. Quand messire Yvain l'a
1725 enfin contraint à ce serment, il lui fait ôter le heaume* de sur sa tête,
l'écu* à son cou et lui fait rendre son épée nue. Et c'est à messire Yvain
qu'échoit l'honneur suprême d'emmener le comte prisonnier et de le
livrer à ses ennemis qui ne modèrent pas leur joie ! La nouvelle s'étant
déjà répandue dans le château bien avant leur arrivée, tous et toutes
1730 s'avancent à leur rencontre, la dame la première. Messire Yvain tient son
prisonnier par le bras et il le lui offre. Sur la foi d'un serment et de
promesses, le comte assure qu'il se plie entièrement à la volonté et
au bon plaisir de la dame. Il lui donne des garanties et lui jure qu'il
veut établir une paix immuable avec elle et réparer toute perte dont
1735 elle pourra fournir la preuve, puis rebâtir à neuf les maisons abattues.

Dès que ces choses ont été réglées à la convenance de la dame, messire Yvain lui demande son congé. Elle ne le lui aurait pas accordé s'il
avait voulu la prendre pour amie ou pour femme et l'épouser. Mais
il part aussitôt et reprend le chemin par où il est venu, refusant même

1740 d'être suivi ou escorté d'un seul pas. Toute prière reste inutile. Et il laisse la dame dans un chagrin aussi profond que la joie qu'il lui a procurée. Tout comme il l'a rendue heureuse, maintenant il l'afflige et la déçoit, parce qu'il refuse de demeurer. Elle aurait tant souhaité l'honorer et faire de lui, s'il l'avait voulu, le seigneur de tous ses biens, ou

1745 encore, elle l'aurait gratifié, pour son service, de grandes récompenses, et autant qu'il en aurait désiré. Mais sans prêter attention aux dires de tout un chacun et malgré le déplaisir que la dame et ses chevaliers en retirent, on ne peut le retenir plus longtemps.

Messire Yvain, pensif, chemine ainsi jusqu'au moment où il entre
1750 dans une forêt. Au cœur des bois, il entend soudain un très aigu cri de douleur. Il se dirige vers le lieu d'où il provient et, quand il y parvient, il voit un lion dans une clairière et un serpent qui le tient par la queue et lui brûle toute la croupe de sa flamme ardente. Messire Yvain ne s'éternise pas à regarder cette merveille. Il réfléchit en lui-même pour
1755 savoir lequel des deux il aiderait et il se dit que son secours ira au lion, car on ne doit heurter que le venimeux et le cruel. Or le serpent est venimeux, et le feu qui lui sort de la gueule, d'une grande cruauté. Aussi messire Yvain décide-t-il qu'il le tuera le premier. Il tire l'épée, s'avance et met l'écu devant sa figure pour se garder du mal que
1760 pourrait lui causer la flamme jaillissant d'une gueule aussi large qu'une marmite. Si le lion l'assaille ensuite, il lui livrera bataille. Mais quoi qu'il advienne par après, il veut ici le protéger, car Pitié l'enjoint et le prie de porter secours et d'aider la franche et noble bête. Avec son épée éclatante et lumineuse, il attaque le serpent maléfique. Il le
1765 tranche en deux moitiés et le tronçonne jusqu'en terre. Il frappe et frappe encore, et tant lui en donne qu'il le hache menu et le met en pièces. Mais de la queue du lion, il est obligé de couper le bout que la tête du serpent cruel a mordu. Il en enlève juste ce qu'il convient, mais impossible d'en trancher moins!

1770 Une fois le lion délivré, messire Yvain pense qu'il lui faut le combattre et repousser ses attaques. Mais jamais la bête n'a pareilles intentions. Écoutez plutôt ce que fait le lion et comment il se conduit avec noblesse et franchise. Il commence en donnant l'impression qu'il va se jeter sur le chevalier, mais il tend vers lui ses pattes jointes et, vers
1775 la terre, incline sa tête. Puis, il se dresse sur ses pattes de derrière et

s'agenouille de nouveau. Par sentiment d'humilité, toute sa face se mouille de larmes. Messire Yvain, en vérité, sait que le lion le remercie de cette façon et que, devant lui, il lui rend grâce de l'avoir délivré de la mort en tuant le serpent. Cette aventure plaît beaucoup à messire

1780 Yvain. De son épée, il essuie le venin et l'ordure du serpent, puis il la remet au fourreau avant de reprendre son chemin. Or à ses côtés le lion se place et jamais plus il ne le quittera, car toujours il sera là pour le servir et le protéger.

Le lion part en tête et, chemin faisant, a tôt flairé sous le vent,
1785 puisqu'il va devant, des bêtes sauvages en pâturage. La faim et son instinct le poussent à poursuivre sa proie et à chasser pour assurer sa pitance. Ainsi le veut la loi de Nature*. Sur la piste, il s'avance un peu pour indiquer à son maître qu'il a senti et repéré le fumet et l'odeur d'une bête sauvage. Il regarde alors messire Yvain et s'arrête : il veut le

1790 servir selon son gré et il n'irait nulle part contre sa volonté. Messire Yvain perçoit à son regard que le lion lui montre qu'il l'attend. Il s'en rend bien compte et comprend que, s'il ne bouge pas, le lion se comportera de même, mais que, s'il avance, le fauve saisira le gibier flairé. Aussi, il le lance et l'excite de ses cris, comme on procéderait avec un

1795 braque* et, aussitôt, le lion met le nez au vent.

Son flair ne lui a pas menti. À moins d'une portée d'arc, dans une vallée, il aperçoit un chevreuil seul au pâturage et veut l'attraper, selon son désir. Au premier bond, il l'agrippe et boit son sang tout chaud. L'ayant achevé, il le jette sur son dos et l'emporte ainsi jusque devant

1800 son maître. Depuis lors, en raison de cette preuve de vive amitié que le lion lui a fournie, messire Yvain le tient en grande affection et il en fait son compagnon pour tous les jours de sa vie.

Comme la nuit approche, messire Yvain juge bon de s'arrêter en ce lieu et de dépouiller le chevreuil de tout ce qu'il veut en manger. Il

1805 commence donc à l'écorcher. Il fend la peau sur les côtes et retire de la longe un morceau lardé. Puis, d'une pierre à feu, il tire des étincelles qu'il fait prendre avec du bois sec. Il pique d'une broche sa pièce de viande et se hâte de la rôtir, jusqu'à ce qu'elle soit bientôt tout à fait cuite. Pourtant, de ce manger, il ne jouit point, car ne l'accompagnent

1810 ni pain, ni sel, ni nappe, ni couteau, ni rien d'autre [1]. Pendant qu'il se sustente, son lion reste couché devant lui. Il ne remue pas, mais regarde constamment Yvain jusqu'à ce que ce dernier ait pris et mangé de la viande à satiété. Alors le lion dévore les restes du chevreuil jusqu'aux os. Toute la nuit, le chevalier, la tête sur son écu*, prend
1815 comme il le peut quelque repos. Et le lion, ayant bien assez d'intelligence, veille et garde le cheval qui paît là de l'herbe qui le nourrit peu.

Au matin, ils repartent ensemble et ils mènent pareille vie pendant, ce me semble, une bonne quinzaine de jours, jusqu'à ce que le hasard les amène à la fontaine sous le pin. Là, quand il s'approche, et de la
1820 fontaine, et du perron*, et de la chapelle, il s'en faut de peu que messire Yvain ne perde de nouveau l'esprit. Mille fois, il se traite de lâche et de dolent*, si bien qu'il tombe évanoui tant sa douleur l'étourdit. Or son épée, mal assujettie, s'échappe du fourreau, et la pointe pénètre les mailles du haubert*, à l'endroit du cou, près de la joue.
1825 Toutes les mailles se fendent et, sous le haubert tout blanc, l'épée tranche assez de chair du cou pour qu'il en coule du sang. À voir cela, le lion croit son noble ami et seigneur blessé à mort. Jamais n'entendrez-vous conter ou décrire une douleur aussi profonde que celle qu'il ressent alors ! Il se tord, se griffe et il hurle. Il lui vient même
1830 l'idée de se tuer avec l'épée qu'il croit coupable de la mort de son maître. Avec ses dents, il lui retire l'épée et l'appuie sur un tronc d'arbre couché. Puis, il la coince sur un autre tronc, derrière, de peur qu'elle ne dévie ou ne glisse quand il s'en transpercera la poitrine. Il est sur le point d'exécuter son dessein quand son maître revient de
1835 son évanouissement. Et le lion se retient, lui qui était bien décidé et qui courait à la mort comme un sanglier forcené* qui fonce sans prendre garde.

Ainsi messire Yvain, qui s'était évanoui près du perron, revient à lui. Il s'accuse et se blâme d'avoir dépassé le délai d'un an. Voilà pour-
1840 quoi sa dame le hait tant, et il dit :

« Pourquoi ne meurt-il pas, ce lâche qui s'est ravi à lui-même toute joie ? Malheureux, tu devrais te hâter de me tuer. Comment puis-je

---

1. Au XIIe siècle, l'essor de la pensée courtoise influe grandement sur les mœurs assez grossières en vigueur en France depuis l'époque de la Gaule. La façon de se comporter à table (propreté, ustensiles, usages et politesse) devient un des raffinements obligés de la vie courtoise.

supporter d'avoir sous les yeux tout ce qui appartient à ma dame ?
Pourquoi mon âme s'attache-t-elle à mon corps ? Que fait-elle dans
1845 un corps si dolent* ? Elle aurait dû le quitter. Elle ne souffrirait plus un
tel martyre ! Oui, je dois me blâmer et me déprécier encore et encore.
Et c'est bien fait ! Qui perd son bonheur par ses propres torts doit se
détester à mort. Oui, se haïr et se tuer. Et puisque nul ne me voit,
pourquoi m'épargner la mort ? N'a-t-il pas ressenti, ce lion, une si
1850 grande douleur pour moi qu'il voulait se transpercer le corps de mon
épée, en pleine poitrine ? Et moi, je refuserais la mort, moi qui ai
changé tout mon bonheur en douleur ? Et quel bonheur ? Puis-je en
dire quelque chose ? En parler maintenant est inutile. Mon bonheur
assuré était le meilleur et il s'est trop tôt envolé. Or celui qui, par ses
1855 propres méfaits, en a causé la perte peut-il en espérer le retour ? »

Tandis qu'il se plaint de la sorte, une captive, une malheureuse,
enfermée dans la chapelle, observe et entend tout à travers une fissure
du mur. Et puisque le chevalier s'est relevé de son évanouissement,
elle l'appelle :

1860   « Dieu, fait-elle, qui est là ? Qui est-ce qui se lamente ainsi ? »
Et il lui répond :
« Et vous, qui êtes-vous ?
— Je suis, fait-elle, la captive la plus malheureuse qui vive. »
Et il répond :

1865   « Tais-toi, folle ! Ta douleur est bonheur, tes maux sont bienfaits
auprès de ceux qui me font languir. Plus un homme a pris goût à la
vie dans le plaisir et la joie, plus la douleur l'égare et le perd quand elle
surgit, tout comme un fort gaillard ne pourrait supporter un lourd
fardeau auquel l'habitude aurait accoutumé un homme frêle.

1870   — Par ma foi, fait-elle, je sais bien que cette parole est toute vérité.
Mais pourtant, cela ne me convainc pas que vous êtes plus malheureux que moi. Je le suppose parce que, à mon avis, vous pouvez aller
où bon vous semble, alors que moi, je suis emprisonnée et que, selon
le délai qui m'a été fixé, demain on viendra ici me saisir et me livrer
1875 au bûcher.

— Ha ! Dieu, fait-il, et pour quel forfait ?

— Sire chevalier, que Dieu n'ait jamais pitié de mon âme si je ne
l'ai en aucune façon mérité. Et pourtant, je vous avouerai toute la

vérité et jamais je ne mentirai. Pourquoi suis-je en prison ? Parce
1880 qu'on m'accuse de trahison. Et si, d'ici demain, je ne trouve quelqu'un
pour me défendre, je serai brûlée vive ou pendue.

— À présent, fait-il, puis-je vous assurer que ma douleur et mon
désespoir dépassent les vôtres ? Car ne pourriez-vous pas être délivrée
de ce péril par quelqu'un ?

1885 — Oui, mais je ne sais encore par qui ! Ils ne sont que deux au
monde qui, pour me défendre, oseraient mener bataille contre trois
chevaliers.

— Comment, fait-il, sont-ils donc trois ?

— Oui, sire, je vous le jure. Ils sont trois à m'accuser de trahison.

1890 — Et qui sont-ils, ceux qui vous aiment au point que l'un ou
l'autre serait assez hardi pour se battre contre trois hommes armés
afin de vous sauver et de vous protéger ?

— Je vous le révélerai sans mentir. L'un est messire Gauvain et
l'autre, messire Yvain, celui-là même à cause duquel, demain, à tort,
1895 je serai livrée au martyre et à la mort.

— À cause de qui ? fait-il. Qu'avez-vous dit ?

— Sire, que Dieu me vienne en aide, à cause du fils du roi Urien !

— Cette fois, je vous ai bien entendue, et vous ne mourrez pas sans
lui. Je suis moi-même Yvain, celui à la source de votre malheur. Et
1900 vous êtes celle, je crois, qui m'avez protégé dans la grand-salle* et qui
m'avez sauvé la vie quand, pris entre deux portes coulissantes, j'étais
pensif et dolent, désorienté et plein d'angoisse. J'eusse été tué ou pris,
si je n'avais reçu votre aide précieuse. Or dites-moi, ma douce amie,
qui sont ceux qui vous accusent de trahison et qui vous ont recluse en
1905 cette prison.

— Sire, je ne vous le cacherai plus, puisqu'il vous plaît que je vous
le dise. En vérité, je n'ai jamais hésité à vous aider en toute loyauté, et
c'est grâce à mon insistance que ma dame vous reçut comme seigneur. Elle se fia à tous mes avis et conseils. Mais, par le Notre Père, je
1910 pensais le faire, et je le pense toujours, pour son bien plus que pour le
vôtre. Et sur mon salut, je peux bien vous le confier maintenant, je
cherchais à concilier son honneur et votre désir. Mais quand vous
eûtes dépassé le terme d'un an après lequel vous deviez revenir ici
auprès de ma dame, elle devint très courroucée* et crut que je l'avais

1915 trompée, que je lui en avais fait accroire. Quand le sénéchal* le sut, ce
traître, ce fourbe, ce déloyal qui m'enviait fort parce que ma dame,
dans maintes affaires, m'accordait plus de confiance qu'à lui, vit très
bien qu'il pouvait la dresser contre moi. En pleine cour, devant tous,
il m'accusa de l'avoir trahie pour vous. J'étais démunie, sans aide ni
1920 conseils, et seule ma conscience savait que jamais je n'avais envisagé
de trahir ma dame. Mais dans mon désarroi, sans réfléchir, je
répondis que je me ferais défendre par un chevalier contre trois, et
jamais le sénéchal ne fut assez courtois* pour daigner refuser. Quoi
qu'il advenait, je n'avais plus la possibilité de me rétracter. Il m'avait
1925 prise au mot, et il me fallut convenir de produire un chevalier pour
combattre contre trois, dans un délai de quarante jours[1]. Je me suis
rendue dans maintes cours, notamment à celle du roi Arthur, où je
n'ai trouvé d'aide de personne, et comme on était sans nouvelles de
vous, je n'appris rien propre à me consoler.

1930   — Et messire Gauvain, le franc, le doux ami, dites-moi, où est-il
donc ? Jamais il n'a refusé de porter secours à une demoiselle venue
chercher protection auprès de lui.

     — Si je l'avais trouvé à la cour, rien de ce que j'aurais jamais pu lui
demander n'aurait été repoussé. Mais la reine a été enlevée par un
1935 chevalier, m'a-t-on dit, car le roi a commis la folie de permettre qu'elle
le suive, et Keu, je crois, l'escortait quand le chevalier l'a ravie. Messire
Gauvain est à sa recherche : jamais il ne prendra un jour de repos, tant
qu'il ne l'aura pas retrouvée[2]. Enfin, voilà toute l'exacte vérité sur
mon aventure et, demain, je mourrai d'une mort honteuse, je serai
1940 brûlée sans sursis, parce qu'on vous hait et qu'on vous méprise. »

     Et il répond :

     « À Dieu ne plaise que l'on vous inflige le moindre mal à cause
de moi ! Aussi longtemps que je vivrai, vous ne mourrez ! Demain,
vous pouvez m'attendre. Armé de toutes mes forces, je serai prêt à ris-
1945 quer ma vie pour votre délivrance, ainsi que je le dois faire. Mais

---

1. Quarante jours : le droit féodal autorise ce délai.
2. Allusion à *Lancelot* ou *Le Chevalier de la charrette*. Les deux romans furent écrits par
   Chrétien de Troyes au même moment, vers 1175, et l'auteur s'est plu à mêler *Lancelot*
   à l'intrigue d'*Yvain*.

n'allez pas conter ou révéler aux gens* qui je suis ! Quelle que soit l'issue du combat, gardez-vous bien que l'on me reconnaisse !

— Certes, sire, sous aucune torture je ne révélerai votre nom. Je souffrirai plutôt la mort, si vous le voulez. Toutefois, je vous supplie 1950 de ne pas revenir ici pour moi. Je m'oppose à ce que vous entrepreniez une bataille aussi déloyale. Grand merci de la promesse que vous y combattriez volontiers, mais soyez-en tout à fait quitte, car il vaut mieux que je meure seule, plutôt que de les voir se réjouir de votre mort et de la mienne, car je n'y échapperai pas, pour sûr, dès qu'ils 1955 vous auront tué. Il vaut donc mieux que vous restiez en vie, plutôt que de nous voir, tous deux, trouver la mort.

— Chère amie, vous me faites grande injure, fait messire Yvain. Peut-être ne voulez-vous pas être délivrée de la mort ? Ou bien méprisez-vous le réconfort et l'aide que je vous offre ? Vous vous êtes 1960 déjà tant dévouée pour moi que je ne saurais faillir à vous secourir en toute circonstance. Inutile de plaider plus longtemps ! Je sais bien que l'inquiétude vous ronge mais, s'il plaît à Dieu en qui je mets toute ma confiance, vos trois accusateurs seront déshonorés. Pour lors, je n'ai plus qu'à m'en aller chercher un abri en ce bois car, près d'ici, je ne 1965 connais pas de logis.

— Sire, fait-elle, que Dieu vous donne un bon château et une bonne nuit et qu'il vous garde, comme je le désire, contre toute menace. »

Aussitôt messire Yvain s'éloigne, toujours suivi du lion.

Ils cheminent tant qu'ils arrivent aux abords du château fort d'un 1970 baron*, ceint tout autour d'une haute muraille, très épaisse et solide. Le château ne doit craindre aucun assaut ni d'un mangonneau ni d'un pierrier[1], car il est fortifié de grande façon. Toutefois, hors de ses murs, la place est si bien rasée qu'il ne reste debout ni chaumières ni maisons. La raison de cela, vous la saurez une autre fois, quand le 1975 temps sera venu[2].

---

1. Ni d'un mangonneau ni d'un pierrier : deux types de catapultes géantes. Ces machines de guerre lançant des projectiles étaient utilisées au cours d'un siège pour abattre les fortifications ou les murs du château.

2. Autre exemple d'une interpellation au public annonçant la fin d'une séance de lecture (voir note 1, p. 58).

Messire Gauvain est à sa recherche : jamais il ne prendra
un jour de repos, tant qu'il ne l'aura pas retrouvée.

Lignes 1936 à 1938.

DÉTAIL D'UNE MINIATURE DE LANCELOT
DANS LA CHARRETTE INFAMANTE.

BIBLIOTHÈQUE DE L'ARSENAL, PARIS.

Messire Yvain se rend au château fort par le chemin le plus court. Sept solides et agiles écuyers s'avancent vite à sa rencontre, après lui avoir abaissé le pont-levis. Mais voyant le lion à ses côtés, ils en sont fort effrayés et lui demandent de bien vouloir le laisser à la porte, 1980 ayant peur qu'il ne les blesse ou ne les tue. Et messire Yvain répond :

« Ne me demandez pas cela, car je n'entre pas sans lui. Ou nous logeons ici tous deux ou je m'accommode du dehors, car je l'aime autant que moi-même. Mais ne craignez rien de lui, je m'en porte garant, vous êtes en parfaite sécurité.

1985   — À la bonne heure ! » répondent-ils.

Ils pénètrent dans le château et voient venir à leur rencontre des chevaliers, des dames et d'avenantes* demoiselles, qui saluent messire Yvain, l'aident à descendre de cheval et s'entendent à le désarmer. Ils lui disent :

1990   « Beau sire, soyez le bienvenu parmi nous ! Puisse Dieu vous accorder d'y rester à demeure ou de vous en retourner comblé de joie et d'honneur ! »

Du plus noble au plus humble, tous lui font fête et l'entourent de soins. Un joyeux cortège l'accompagne dans la grand-salle* du châ-1995 teau. Or ces gens* n'ont pas sitôt manifesté leur joie qu'une douleur les désole et la leur fait oublier. Ils se mettent alors à pleurer, à crier et à se lacérer. Et toujours, ainsi, ils se montrent d'abord joyeux pour ensuite pleurer, honorant leur hôte par leur joie, sans pour autant qu'elle paraisse sincère. C'est que ces gens sont troublés par une aven-2000 ture qui, le lendemain, les attend — ils en sont sûrs et certains — et qu'ils devront vivre avant que midi sonne.

Messire Yvain, ébahi de les voir changer si souvent de sentiments et exprimer tour à tour plaisir et tristesse, en demande la raison au seigneur et maître des lieux :

2005   « Par Dieu, fait-il, cher et beau doux sire, vous plairait-il de m'expliquer pourquoi vous me faites tant d'honneur et de joie, si c'est pour tant pleurer après cela ?

      — Oui, si vous le désirez, toutefois vous devriez plutôt préférer qu'on vous le cache et qu'on vous le taise. Jamais, de mon plein gré, je 2010 ne vous annoncerai une nouvelle qui pourrait vous attrister. Laissez-nous vivre notre chagrin et ne le prenez pas à cœur.

— En aucune façon, je ne pourrais, sans le prendre à cœur, vous voir subir un tel tourment. Et je désire fort tout savoir, dussé-je en éprouver quelque chagrin.

2015 — Alors, fait-il, je vais vous le dire. Un géant me cause de grands dommages. Il voulait que je lui donne ma fille qui, en beauté, surpasse toutes les pucelles* du monde. Ce géant cruel — Dieu le punisse ! — s'appelle Harpin de la Montagne. Nul jour ne passe sans qu'il s'en prenne à mes biens, saisissant tout ce qu'il peut. Personne plus que

2020 moi n'a de raisons de s'en plaindre, d'en avoir du chagrin et de l'exprimer jusqu'à en devenir fou, car j'avais six fils chevaliers, les plus beaux du monde que je sache, et le géant les a tous faits prisonniers. Sous mes yeux, il en a tué deux et, demain, il tuera les quatre autres, si je ne trouve personne qui ose le combattre pour les délivrer ou si je

2025 ne consens à lui livrer ma fille. Or il affirme que, quand il la détiendra, il l'abandonnera au bon plaisir des plus vils* et des plus crasseux valets de sa maison, puisqu'il ne la désire nullement pour lui-même. Et c'est demain que j'attends ce malheur, si Dieu ne me vient en aide ! Aussi, cher beau sire, n'est-ce pas merveille si nous pleurons ! En votre

2030 honneur, cependant, et autant que nous le pouvons, nous reprenons courage et gardons bonne contenance, car il est fou celui qui accueille un homme de valeur sans lui rendre les honneurs, et vous me semblez tel. Voilà ! Je vous ai bien tout raconté de notre immense détresse. Dans le château et dans la forteresse, le géant ne nous a rien laissé,

2035 hormis ce que nous possédons ici. Vous-même avez bien constaté ce soir, si vous y avez pris garde, qu'il ne nous a épargné rien qui vaille un œuf, hors ces murs, qui sont tout neufs. Il a rasé le bourg [1] en entier car, après y avoir dérobé ce qui le tentait, il a mis le feu à ce qui restait. Ainsi m'a-t-il encore porté un préjudice abominable. »

2040 Messire Yvain écoute bien ce que son hôte lui conte et, quand il a tout entendu, il prend la parole pour lui exprimer son sentiment :

« Sire, fait-il, je suis aussi révolté qu'ému de votre malheur. Mais une chose m'étonne, c'est que vous n'ayez pas demandé conseil auprès de la cour du puissant roi Arthur. Nul ennemi n'est de si

2045 grande force qu'à cette cour ne se puisse trouver un chevalier désireux d'éprouver sa propre force contre la sienne. »

---

1. Bourg : agglomération, ville ou village construits hors et autour du château ; les maisons les plus rapprochées s'appuient sur les murs d'enceinte.

Le noble seigneur lui découvre et confie alors qu'il aurait obtenu une aide certaine, s'il avait su où trouver messire Gauvain :

« Il n'aurait pas considéré l'affaire en vain, ma femme étant sa
2050 propre sœur, mais un chevalier d'une terre étrangère a séquestré l'épouse du roi. Il est allé la réclamer à la cour et jamais il n'aurait réussi à l'en sortir, en dépit de tous ses efforts, sans Keu qui embrouilla si bien le roi que celui-ci lui confia la reine, aussitôt mise sous sa garde. Ce fut une sottise de la part du roi et une imprudence
2055 de la part de la reine que de s'en remettre à sa protection[1]. De cela, à présent, les dommages et les pertes se révèlent pour moi très graves car, bien évidemment, messire Gauvain, le preux*, serait venu ici à vive allure défendre sa nièce et ses neveux s'il avait eu vent de leur aventure. Mais il l'ignore. Il est allé poursuivre celui qui — Dieu
2060 veuille bien l'en punir ! — a enlevé la reine. Et moi, je me sens si abattu que pour peu mon cœur se briserait. »

Pendant l'écoute de tout cela, messire Yvain ne cesse de soupirer, saisi de pitié, et il répond :

« Cher et beau doux sire, j'affronterais volontiers le péril en cette
2065 aventure si le géant et vos fils venaient demain assez tôt, afin qu'ils ne me retardent pas trop, car je dois être ailleurs qu'ici demain à l'heure de midi, comme je l'ai promis.

— Beau sire, fait le digne seigneur, pour votre offre, je vous remercie cent mille fois de suite. »
2070 Et tous les gens* du château lui tiennent aussi de semblables propos. Sortant alors d'une chambre, la pucelle paraît. Elle est gracieuse de corps et d'un visage beau et charmant, mais ses tourments lui font garder une attitude effacée, abattue et silencieuse, la tête inclinée vers le sol. Sa mère l'accompagne. Le seigneur les a fait
2075 appeler pour leur présenter son hôte. Elles viennent, enveloppées dans leurs manteaux afin de couvrir leurs larmes. Mais il les prie d'en ouvrir les pans et de relever la tête, et dit :

« Ce que je vous prie de faire ne doit pas vous peser, puisque Dieu et la bonne fortune* ont conduit ici un homme de valeur et fort
2080 généreux qui m'assure vouloir combattre le géant. Allez donc sans plus attendre vous jeter à ses pieds !

---

1. Nouvelle allusion à *Lancelot* ou *Le Chevalier de la charrette* (voir note 2, p. 70).

— Que Dieu ne me laisse jamais voir cela ! fait aussitôt messire Yvain. En vérité, il ne me serait nullement agréable que la sœur et la nièce de messire Gauvain se jettent à mes pieds ! Que Dieu me pré-
2085 serve d'être jamais étouffé d'un orgueil qui se satisfasse d'une pareille chose ! Je n'oublierais jamais la honte que j'en éprouverais. Allons ! Je constaterais de meilleur gré qu'elles se sentent réconfortées jusqu'à demain, où elles verront si Dieu consent à les soutenir. Quant à moi, il ne convient plus de me prier car, si le géant arrive assez tôt, je ne
2090 serai pas obligé de manquer à ma parole. En effet, pour rien au monde je ne voudrais faillir à être, demain midi, sur les lieux de l'épreuve la plus importante à laquelle il m'ait jamais été donné, croyez-moi, de participer. »

Ainsi, il ne veut pas les rassurer entièrement. Il redoute que le géant
2095 ne vienne pas assez tôt et qu'il ne puisse arriver à temps auprès de la demoiselle enfermée dans la chapelle. Néanmoins, il leur en promet assez pour leur donner bon espoir. Tous et toutes l'en remercient. Ils ont une grande confiance en sa vaillance. Et la compagnie du lion, couché à ses côtés aussi simplement qu'un agneau, leur confirme, si
2100 besoin est, qu'il s'agit d'un homme de haute valeur. L'espérance qu'ils placent en lui les tranquillise donc et les réjouit, de sorte qu'ils cessent de se lamenter.

Quand c'est l'heure, ils l'emmènent se coucher dans une chambre bien éclairée. La demoiselle et sa mère assistent toutes deux à son cou-
2105 cher [1], car elles ressentent déjà beaucoup d'amitié pour lui et en auraient eu cent mille fois plus si elles avaient bien connu sa cour- toisie* et sa grande vaillance. Lui et le lion dorment tous deux seuls dans cette chambre et se reposent, car personne n'ose la partager avec eux ; mieux, on ferme si bien la porte qu'ils ne peuvent en sortir avant
2110 l'aube du lendemain matin.

Quand la chambre est rouverte, le chevalier se lève et entend la messe, puis il attend jusqu'à prime [2] pour tenir la promesse qu'il leur a faite. Il appelle alors le seigneur du château et, devant tous, lui dit :

« Seigneur, je n'ai plus de répit et je vais partir, ne m'en veuillez pas,
2115 mais je ne saurais m'attarder davantage. Vraiment, sachez-le bien, si ce n'était de l'importance de l'affaire et si ce n'était pas si loin, volontiers

---

1. Être présent au coucher d'un hôte est une marque insigne de politesse.
2. Prime : six heures du matin.

et de bon cœur je demeurerais encore un moment pour les neveux et pour la nièce de messire Gauvain, que j'aime beaucoup.»

Sous le coup de la peur, la pucelle*, la dame et son seigneur sentent
2120 leur sang frémir et bouillir dans leurs cœurs. Ils ont si peur qu'il parte qu'ils s'apprêtent à se jeter, de toute leur hauteur, à ses pieds, quand ils se souviennent soudain que cela ne lui plairait nullement. Alors le seigneur lui offre ses biens, ses terres, même de l'argent, s'il veut en avoir, pourvu qu'il attende encore un peu. Mais le chevalier lui répond :
2125 «Dieu me défende de ne jamais rien accepter de vos biens!»

Et la pucelle, affolée, commence à pleurer à chaudes larmes et le prie instamment de demeurer. En proie à l'angoisse et au désarroi, elle le supplie, au nom de la reine glorieuse des anges du ciel[1], au nom de Dieu et aussi au nom de son oncle, qu'il dit connaître, aimer et
2130 estimer, de ne pas s'en aller et d'attendre encore un peu. Alors une immense pitié le saisit quand il l'entend se réclamer de la reine du ciel, de Dieu, miel et douceur de miséricorde[2], et surtout de l'homme qu'il aime le plus au monde. D'angoisse, il laisse échapper un soupir car, pour tout le royaume de Tarse, il ne voudrait pas que soit brûlée
2135 vive celle qu'il a assurée de son aide. Il se tuerait ou deviendrait fou s'il n'arrivait pas à temps. Toutefois, à la pensée de ne pouvoir rester, le souvenir de la grande noblesse de caractère de messire Gauvain, son ami, le plonge dans une telle détresse que pour peu son cœur se fendrait en deux.

2140 Cependant, il ne part pas encore, il demeure, il attend, si bien qu'à vive allure arrive enfin le géant, qui traîne à sa suite les chevaliers. À son cou pend un pieu énorme et carré, pointu à un bout, dont il les bat souvent. Les malheureux n'ont sur le dos rien qui vaille un fétu[3], seulement des chemises sales et puantes. Ils ont les pieds et les mains
2145 solidement liés par des cordes et ils montent quatre rosses[4] faibles, ensellées[5], efflanquées et qui boitent. Ils viennent chevauchant le long du bois. Un nain, bossu et enflé tel un crapaud, a noué queue à queue

---

1. La reine glorieuse des anges du ciel : la Vierge Marie.
2. Miséricorde : pitié par laquelle on absout un coupable ; sensibilité aux malheurs, à la misère d'autrui.
3. Fétu : brin de paille. Rien qui vaille un fétu : pas grand-chose.
4. Rosses : mauvais chevaux ; animaux vieux, débiles ou malades.
5. Ensellées : exagérément creusées au dos. Un cheval ensellé semble posséder une selle «naturelle» à la hauteur des reins.

les bêtes[1] et, côtoyant les jeunes hommes, n'en finit pas de les battre d'un fouet à plusieurs nœuds, un acte qu'il estime digne d'un preux*. Il les frappe jusqu'au sang. C'est de cette façon ignoble que s'effectue leur chevauchée entre le géant et le nain.

Devant la porte, au milieu de la place, le géant s'arrête et crie au noble seigneur qu'il le défie : il mettra ses fils à mort s'il ne lui livre pas sa fille, afin qu'il la contraigne à être débauchée par ses valets, parce qu'il ne l'aime pas plus qu'il ne l'estime pour daigner s'avilir avec elle. Des garçons pouilleux et nus comme des ribauds[2] et des boueurs[3], elle en aura un millier, qui abuseront d'elle assidûment et lui paieront tous leur écot[4]. Quand le noble seigneur entend dire du géant qu'il fera de sa fille une putain ou que, sinon, sous ses yeux, ses quatre fils seront aussitôt tués, peu s'en faut qu'il ne devienne fou de rage. Dans ce désespoir d'un homme qui préférerait la mort à la vie, il se traite sans relâche de misérable, et pleure, et souvent aussi soupire. Alors messire Yvain, doux et franc, s'emploie à lui dire :

« Seigneur, ce géant cruel et insolent se gonfle de trop d'orgueil ! Je prie Dieu que jamais Il ne tolère ni ne veuille que votre fille tombe en son pouvoir ! Comme il la méprise et l'avilit ! Quel grand malheur ce serait si une créature aussi belle, née d'un si haut lignage*, était abandonnée à des valets. Çà ! Mes armes et mon cheval ! Abaissez le pont-levis et laissez-moi le franchir ! Il faudra que l'un de nous deux, lui ou moi, je ne sais lequel, soit abattu. Si j'humiliais ce barbare cruel qui vous persécute, de sorte qu'il libère vos fils et s'amende des insultes proférées, je vous recommanderais alors à Dieu et j'irais à mon affaire. »

Ils vont lui chercher son cheval et lui apportent toutes ses armes. Ils s'affairent, sans hésiter, à bien l'armer et, bientôt, il est fin prêt. Il ne reste plus qu'à abaisser le pont-levis et à le laisser passer. On le lui descend et il sort, suivi du lion qui, en aucune façon, n'aurait renoncé à l'escorter. Et ceux qui sont restés en arrière le recommandent au Sauveur, car ils ont grand-peur que ce démon, que ce diable, qui a

---

1. On attachait ainsi les montures pour empêcher les prisonniers de fuir pendant un déplacement.
2. Ribauds : débauchés.
3. Boueurs : éboueurs, vidangeurs, souillons.
4. Écot : contribution, ration, charge.

2180 déjà tué beaucoup de chevaliers sous leurs yeux, au milieu de cette place, ne lui fasse subir le même sort. Aussi prient-ils pour que Dieu le protège contre la mort, le leur rende sain et sauf et lui accorde d'anéantir le géant. Et chacun prie très humblement Dieu d'exaucer ses vœux.

2185   Le géant, l'air féroce, s'approche et le menace :

« Par mes yeux ! Celui qui t'envoie ici ne t'aimait point. S'il voulait se venger de toi, il ne pouvait choisir mieux et il a fort bien su tirer vengeance de tous les torts que tu lui as causés.

— Inutile de discuter, fait celui qui ne le redoute en rien, fais de ton
2190 mieux, et moi, je ferai de même, car tes paroles vides me fatiguent. »

Messire Yvain, à qui il tarde de pouvoir partir, s'élance aussitôt et veut frapper le géant au centre de la poitrine, sur la peau d'ours qui le protège. De son côté, avec son pieu, le géant arrive sur lui au galop. Et messire Yvain réussit à le toucher d'un tel coup en pleine poitrine
2195 qu'il transperce la peau et que, dans le sang, comme dans une sauce, il trempe le fer de sa lance. Mais le géant abat son pieu sur lui avec tant de fureur qu'il le fait ployer sur ses arçons*. Messire Yvain tire son épée, dont il peut frapper de grands coups. Confiant en sa force, le géant n'a pas daigné revêtir une armure et se retrouve sans protection.
2200 Messire Yvain court sur lui, l'épée au poing et, du tranchant, non du plat, lui porte un coup qui lui retire une tranche de la joue. Et l'autre réplique avec une violence qui aplatit le chevalier sur l'encolure de son destrier[1]. À ce coup, le lion se hérisse. Il s'apprête à aider son maître. Furieusement, il bondit et, de toutes ses forces, s'accroche au
2205 géant, dont il griffe et fend, comme d'une écorce, la peau velue. Sous la peau, il lui arrache un bon morceau de la hanche et lui tranche les nerfs et les muscles. Le géant lui échappe soudain, cependant, il beugle et mugit comme un bœuf, car le lion l'a grièvement blessé. Élevant le pieu à deux mains, il pense en frapper le lion, mais manque
2210 son coup, la bête reculant d'un bond. Le coup se perd et va choir* tout près de messire Yvain, sans que quiconque soit atteint. Messire Yvain lève alors son arme et, de deux coups, entrelarde la chair du géant. Avant que l'autre s'en fut protégé, il lui a, du tranchant de l'épée, découpé l'épaule du buste. Au coup suivant, sous le sein, il lui

---

1. Destrier : cheval fougueux et léger, propre aux combats et aux déplacements rapides.

2215 enfonce la lame de l'épée dans le foie. Le géant tombe, la mort l'aspire. La chute d'un grand chêne n'aurait pas créé, je crois, plus grand fracas que le géant n'en fit en s'écroulant.

Tous ceux qui sont aux créneaux[1] veulent voir le coup de grâce. On note bien alors qui est le plus rapide, car tous se ruent à la curée[2], 2220 comme des chiens qui, après avoir chassé le gibier, viennent s'en emparer. Ainsi, tous et toutes courent à en perdre haleine vers le lieu où est étendu le géant, la gueule grande ouverte. Le seigneur lui-même s'y précipite et avec lui tous les gens* de sa cour, et même la fille accourt accompagnée de sa mère. Après avoir tant souffert, les quatre frères sont 2225 ivres de joie ! Tous sont persuadés maintenant qu'ils ne pourront plus retenir messire Yvain, quoi qu'il advienne. Aussi le prient-ils de revenir pour se divertir et se reposer, dès qu'il aura terminé cette affaire où il va. Ce à quoi il répond qu'il n'ose le garantir, car il ne saurait deviner si l'affaire finira bien ou mal. Seulement, il requiert du seigneur que ses 2230 quatre fils et sa fille capturent le nain et qu'ils aillent trouver messire Gauvain quand ils le sauront de retour ; il veut qu'on lui annonce et lui conte comment il s'est illustré, car rien ne vaut de rendre service, si on refuse que ce soit proclamé. Et ils disent :

« Ce grand service ne sera pas tu, ce serait trop injuste. C'est pour- 2235 quoi nous ferons tout ce que vous voudrez, mais dites-nous, beau sire, ce que nous devrons dire et de qui nous devrons vanter les mérites quand nous serons devant lui, car nul ne sait votre nom. »

Et il répond :

« Quand vous serez en sa présence, dites que je vous ai affirmé 2240 avoir pour nom celui de Chevalier au lion. Et je vous prie d'ajouter, de ma part, qu'il me connaît bien, comme moi je le connais, même s'il ignore pour l'instant qui je suis. Je ne vous en demande pas davantage. Maintenant, il me faut partir, rien ne m'effraie autant désormais que de m'être ici trop attardé. Avant que midi soit passé, 2245 j'aurai bien assez à faire ailleurs, et je dois y arriver à temps. »

Et sans plus demeurer, il s'en va, bien qu'auparavant et de belle manière le seigneur l'ait enjoint d'emmener ses quatre fils, ceux-ci se

---

1. Créneaux : ouvertures pratiquées au sommet d'une fortification ou de l'enceinte d'un château.

2. À la curée : à la fin d'une chasse, récompense, portion du gibier, qu'on donne aux chiens.

proposant à tout sacrifice pour le servir selon ses désirs. Mais il
décline cela et, refusant toute compagnie, c'est seul qu'il quitte la
2250 place, à toute allure et aussi vite que son cheval peut l'emporter vers
la chapelle. La route étant belle et bien droite, il prend garde de s'en
écarter. Mais avant qu'il puisse gagner la chapelle, la demoiselle en a
été retirée, et le bûcher, où elle devait être placée, a été dressé. Toute
nue sous sa chemise et bien ligotée, elle est tenue devant le feu par
2255 ceux qui l'accusent à tort de ce dont elle n'a jamais eu la pensée. À son
arrivée, quand messire Yvain l'aperçoit devant le feu où on allait la
jeter, il est envahi d'une insoutenable angoisse ; celui qui en doute un
tant soit peu n'est ni sensé ni courtois*. Mais s'il s'avère qu'il ressent
une insoutenable angoisse, il met toute sa confiance en Dieu, car Dieu
2260 et Justice seront de son côté et l'assisteront. À ces compagnons-là, il se
fie entièrement, de même qu'à son lion.

À toute allure, il avance vers la foule en criant :

« Laissez-la, laissez la demoiselle, misérables gens ! Vous n'avez pas
le droit de l'envoyer au bûcher, car elle n'a commis aucun méfait. »

2265 Et la foule, aussitôt, fuit de toute part, en désordre, pour lui livrer
passage. Lui, très pressé de voir de ses yeux celle qu'il ne cesse de voir
dans son cœur, où qu'elle soit, la cherche partout du regard, finit par
l'apercevoir et, là, impose à son cœur une épreuve : il doit le retenir
et le refréner avec autant de peine qu'il en aurait à tirer sur la bride
2270 d'un cheval ardent. Cependant, tout en soupirant, il la contemple
avec grand plaisir, mais ses soupirs restent discrets puisque, de peur
qu'on ne les remarque, il s'efforce de les retenir.

Une immense pitié le saisit à voir et à entendre de pauvres femmes
qui, cherchant une écoute, expriment leur très profonde douleur,
2275 en disant :

« Ha ! Dieu, comme tu nous as oubliées ! Comme nous serons
abandonnées maintenant que nous perdons une si bonne amie qui
représentait pour nous un appui et une aide si précieuse à la cour !
Grâce à ses conseils, ma dame nous habillait de ses robes de vair*. Or
2280 la situation va changer du tout au tout, plus personne maintenant ne
pourra plaider en notre faveur ! Que Dieu maudisse ceux qui nous
l'enlèvent ! Maudit soit celui par qui nous la perdons, car nous en
subissons de graves dommages ! Il n'y aura plus personne pour dire

et suggérer : "Ce manteau de vair*, ce surcot* et même cette cotte*,
2285 chère dame, donnez-les donc à cette noble femme ! Vous verrez, si
vous les lui envoyez, qu'ils seront fort bien employés, car elle en a
grand besoin." Jamais plus de telles paroles ne seront dites.
Maintenant personne ne se montre franc et courtois*, personne ne
pense aux autres. C'est chacun pour soi, et chacun veut de tout même
2290 sans nécessité. »

Ainsi se lamentent-elles, et messire Yvain, parmi elles, a bien
entendu leurs plaintes ni exagérées ni feintes. Et il voit aussi Lunete, à
genoux, avec sa seule chemise sur le dos. Elle a fait sa confession à Dieu,
a demandé le pardon de ses péchés et a battu sa coulpe[1]. Et lui, qui la
2295 porte en si grande affection, s'approche d'elle, la relève et lui dit :

« Ma demoiselle, où sont ceux qui vous blâment et accusent ? À
l'instant, à moins qu'ils ne le refusent, je les défie au combat. »

Et elle, qui ne l'avait pas encore vu ni aperçu, lui dit :

« Sire, grâce à Dieu vous venez à mon secours ! Ceux qui colportent
2300 le faux témoignage sont ici, impatients de s'en prendre à moi. Si vous
aviez tardé un peu plus, je n'aurais plus été que charbon et cendre.
Vous visez à me défendre, puisse Dieu vous en accorder la force, car
sachez que je n'ai point de part dans ce crime dont on m'accuse. »

Ces paroles, le sénéchal* et ses deux frères les ont entendues :

2305 « Ha ! femme, fait le sénéchal, créature chiche de vérité et prodigue
de mensonges. Bien fou celui qui, te croyant sur parole, se mettrait en
frais pour toi. Bien insensé le chevalier qui, seul tandis que nous
sommes trois, viendrait mourir pour toi. Je lui suggère plutôt de s'en
retourner avant que l'aventure tourne mal pour lui. »

2310 Messire Yvain, fort irrité, répond :

« Que celui qui aurait peur s'enfuie ! Je ne redoute pas tant vos trois
écus* que de m'en aller, vaincu, sans m'être battu ! Je serais un incapable si, alors que je suis sain de corps et d'esprit, je te laissais la place
et le champ libres. Tant que je serai vivant, jamais je ne me défilerai
2315 devant tes menaces. Je te conseille plutôt de proclamer innocente la
demoiselle que tu as eu grand tort à calomnier. Elle l'affirme, et je m'y
fie, car elle me l'a assuré sur sa foi et au péril de son âme, que jamais

---

1. A battu sa coulpe : s'est repentie de ses péchés. Après avoir obtenu son pardon, le chrétien doit
se mortifier, faire pénitence.

elle n'a eu envers sa dame d'actions, de paroles ou de pensées de trahison. Et je crois fermement en tout ce qu'elle m'a relaté. Aussi, si je le
2320 peux, et que son bon droit me vient en aide, je la défendrai. À dire
vrai, Dieu se tient du côté de la Justice, car Dieu et Justice ne font
qu'un, et puisqu'ils se rangent de mon côté, j'en obtiens meilleure
compagnie et meilleur secours que toi. »

Et l'autre, très fanfaron, répond qu'il peut bien user de tout ce
2325 qu'il lui plaît et lui convient, pourvu que le lion ne les attaque pas.
Yvain lui signale que le lion n'a pas été amené à titre de champion, et
que nul autre que lui-même ne participera à la mêlée. Toutefois, ne
pouvant lui garantir que son lion ne viendra pas l'attaquer, qu'il se
défende de son mieux. Ce à quoi l'autre rétorque :

2330 « Quoi que tu dises, si tu ne retiens pas ton lion et si tu ne l'obliges
pas à rester en paix, tu ne dois pas demeurer. Va-t'en ! Tu agiras ainsi
sagement car, dans ce pays, tous savent que cette demoiselle a trahi sa
dame, aussi n'est-ce que justice que son mérite lui soit rendu dans le
feu et les flammes.

2335 — Par le Saint-Esprit ! Non ! dit celui qui connaît toute la vérité. Que
Dieu ne me prête plus aucune joie tant que je ne l'aurai pas délivrée ! »

Il ordonne alors au lion de se reculer et de se coucher sans bouger,
et la bête à cet ordre, sans hésitation, se retire non loin de là. Aussitôt,
on met un terme à toute parole et on s'éloigne les uns des autres. Puis,
2340 les trois ensemble s'élancent au galop vers messire Yvain qui, lui,
s'avance au pas à leur rencontre, ne voulant pas trop se presser
et s'épuiser dès les premiers coups. Il leur laisse rompre leurs lances et
conserve intacte la sienne ; car il leur présente en quintaine[1] son écu
et chacun casse sa lance dessus. Puis, il pique des deux et s'écarte d'un
2345 arpent. Il n'a cure de tarder et, prenant son élan, il fonce au combat.
À ce retour, il atteint le sénéchal, qui précède ses frères. Il lui brise la
lance sur le corps et le jette par terre. Le coup porté est si violent que
l'autre reste assommé un long moment, sans plus pouvoir nuire. Alors
les deux autres fondent sur lui et, de leurs épées élevées et nues, lui
2350 donnent de grands coups. Ils en reçoivent toutefois de plus grands de
lui car, tout bien considéré, un des siens vaut deux des leurs. Il se

---

1. En quintaine : comme s'il était le poteau ou le mannequin mobile (quintaine) sur lequel les
chevaliers s'exerçaient à frapper de la lance en prévision des tournois et des combats.

défend si bien contre eux qu'ils ne peuvent le dominer jusqu'à ce que
le sénéchal* se relève et l'assaille de toutes ses forces. Avec lui, les
autres se démènent tant qu'ils l'écrasent et le mettent en péril. Le lion
2355 qui voit cela ne tarde plus à venir en aide à son maître qui, lui semble-
t-il, en a pressant besoin. Et les femmes, qui aiment bien la demoiselle,
invoquent toutes et sans cesse Dieu et l'implorent de tout leur cœur
de ne souffrir à aucun prix que soit vaincu ou tué celui qui s'est lancé
pour elle dans la mêlée. Elles lui portent secours de leurs prières
2360 — leurs seules armes — tandis que le lion accourt à son aide et, dès la
première attaque, se jette avec tant de férocité sur le sénéchal, à pied,
qu'il fait voler les mailles du haubert*, tels des fétus* de paille. Il le tire
si fort vers le sol qu'il lui arrache l'épaule et tout le flanc. Ce qu'il peut
mordre, il le déchire si bien que les entrailles apparaissent. Ce coup,
2365 les deux autres le paient cher, car les adversaires sont maintenant à
égalité. À la mort le sénéchal ne peut échapper, lui qui se vautre et
se tort dans le flot vermeil* d'un sang chaud qui lui jaillit du corps. Le
lion attaque les frères. Par des coups et des menaces, messire Yvain
tente en vain de le faire reculer. Sans nul doute, le lion pressent que
2370 son maître, loin de le haïr, ne l'aime que plus en raison de son aide.
Aussi assaille-t-il furieusement ceux qui bientôt se plaignent de ses
coups et lui infligent blessures et plaies en retour. Quand messire
Yvain voit son lion blessé, une vive colère lui remplit le cœur au point
de concentrer tous ses efforts à le venger, et ce n'est pas un tort. Aussi
2375 ses coups redoublent-ils, et si étroitement qu'il réduit bientôt ses
adversaires au désespoir : ceux-ci ne se défendent plus, se rendent à sa
merci, et tout cela, grâce à l'aide du lion qui maintenant se lamente,
car il compte de nombreuses blessures qui l'ont tout ébranlé. Quant
à messire Yvain, il ne s'en tire pas mieux, avec son corps couvert de
2380 plaies. Mais il ne se désole pas tant pour lui-même que pour son lion
qui pâtit.

Ainsi donc messire Yvain, comme il le voulait, a délivré la demoiselle à qui la dame, délaissant sa colère, pardonne de tout son cœur.
Et les accusateurs, sur le bûcher allumé pour elle, sont tous brûlés.
2385 C'est un principe de justice : celui qui accuse à tort autrui doit mourir
du supplice même auquel il voulait le condamner.

À présent, Lunete est gaie et joyeuse, puisqu'elle est réconciliée avec sa dame. Il règne partout une telle allégresse que nul n'en vit jamais de comparable. Tous, comme il se doit, offrent leurs services à leur
2390 seigneur, sans toutefois le reconnaître. Même la dame, qui possède son cœur et l'ignore, le prie instamment de rester, si tel est son bon plaisir, jusqu'à ce que lui et le lion se rétablissent. Et il dit :

« Dame, ce ne sera pas aujourd'hui que je demeurerai en ce lieu. Il faut avant tout que ma dame me pardonne et qu'elle renonce à son
2395 irritation et à sa colère. Alors seulement mes épreuves prendront fin.

— Certes, fait-elle, j'en suis peinée et je ne tiens pas pour courtoise* la dame qui vous garde rancune. Elle ne devrait pas interdire sa porte à un chevalier de votre valeur, sauf si la faute s'avère trop grave.

— Dame, fait-il, en dépit de la peine dont je souffre, tout ce qui lui
2400 sied* me plaît. Mais ne m'en entretenez pas plus longuement. Pour rien au monde, je ne révélerais ni l'offense ni la faute, hormis à ceux qui les connaissent bien.

— On les connaît donc hors de vous deux ?

— Oui, vraiment, dame !

2405 — Et votre nom, beau sire, dévoilez-le-moi donc, ensuite vous pourrez vous en aller, tout à fait quitte.

— Tout à fait quitte, dame, impossible. Je dois plus que je ne pourrais rendre. Mais je ne vous cacherai pas pour autant comment je me fais désigner : jamais du Chevalier au lion vous n'entendrez parler
2410 sans qu'il s'agisse de moi. Et c'est à ce nom qu'on doit faire appel.

— Par Dieu, beau sire, comment expliquer que jamais encore nous ne vous ayons rencontré ou que nous n'ayons entendu votre nom ?

— Dame, à cela vous pouvez juger que je ne suis guère renommé. »

Alors la dame insiste de nouveau :

2415 « Encore une fois, si ce ne vous était un embarras, je vous prierais de demeurer.

— Certes, dame, je n'oserais qu'en sachant avec certitude que j'ai retrouvé la faveur de ma dame.

— Or donc, partez et Dieu vous garde, beau sire ! Que votre peine et
2420 votre tristesse, si c'est Sa volonté, se changent en joie.

— Dame, fait-il, que Dieu vous entende. »

Puis dans un souffle, entre ses dents, il murmure :

« Dame, vous emportez la clef ! Vous détenez la serrure et l'écrin de mon bonheur et vous ne le savez même pas ! »

2425 Ainsi, une grande angoisse au cœur, il s'en va. Nul ne le reconnaît, sauf bien sûr Lunete, qui l'accompagne longuement. Chemin faisant, il la prie que jamais par elle ne soit divulguée l'identité de son champion.

« Sire, fait-elle, cela n'arrivera pas. »

Peu après, il la prie de nouveau de ne pas l'oublier et d'intercéder 2430 pour lui auprès de sa dame, si elle en trouve une bonne occasion. Et Lunete l'enjoint de se taire, puisque pas un jour elle ne cessera d'user de toute son habilité en cette affaire. Il l'en remercie cent fois, puis il s'en va. Il est triste et inquiet de son lion qu'il lui faut porter, la bête ne pouvant le suivre. En son écu*, il lui fait une litière de mousse et de 2435 fougères et, une fois la couche prête, il y dépose l'animal, qu'il emporte tout étendu.

Ainsi, messire Yvain transporte son lion dans son écu jusqu'à ce qu'il arrive devant un beau manoir fortifié, dont il trouve la porte fermée. Il appelle et, sans qu'il ajoute un seul mot, le portier lui ouvre 2440 aussitôt, saisit les rênes et lui dit :

« Beau sire, entrez donc ! Je vous offre le logis de mon seigneur, s'il vous plaît d'y arrêter.

— Cette proposition, fait-il, je l'accepte volontiers, car j'en ai très grand besoin et je ne désire rien tant que d'être hébergé. »

2445 Une fois la porte franchie, il voit toute la maisonnée rassemblée. Ils viennent tous à sa rencontre, le saluent et l'aident à descendre de cheval. Les uns posent sur un palier son écu avec le lion, d'autres s'occupent de son cheval et le mettent à l'écurie, enfin d'autres encore, comme il se doit, prennent et reçoivent son armement.

2450 Dès le moment que le seigneur des lieux en apprend la nouvelle, il gagne la cour pour saluer le chevalier. La dame arrive peu après avec tous ses fils et ses filles. Puis d'autres gens* encore l'accueillent avec joie. Ils voient bien qu'il est souffrant, aussi le logent-ils dans une chambre paisible et prouvent encore leur grande bonté quand ils installent avec 2455 lui son lion. Deux pucelles*, filles du seigneur des lieux et très savantes en chirurgie, entreprennent de le guérir. Je ne sais combien de jours il repose. Au moins autant qu'il en faut pour que lui et son lion se réta-blissent et puissent repartir.

* * *

Entre-temps, il arriva au seigneur de la Noire Épine d'avoir avec la
2460 Mort un très grave démêlé. La Mort s'attaqua à lui avec tant d'achar-
nement qu'il lui fallut mourir. Après le décès, voici ce qu'il advint :
une dispute éclata entre ses deux filles. L'aînée affirmait vouloir garder
toutes les terres sans restriction et jusqu'à sa mort, sans que sa sœur
en obtienne jamais une part. Et l'autre répliqua qu'elle irait à la cour
2465 du roi Arthur chercher de l'aide pour faire valoir ses droits sur son
domaine. Quand l'aînée vit que sa sœur ne lui céderait en aucune
façon les terres sans contestation, elle s'en inquiéta et pensa que, si
elle était bien avisée, elle atteindrait la cour la première. Aussi, elle
se prépara et s'apprêta et, voyageant sans tarder ni se reposer, se pré-
2470 senta la première à la cour. La cadette, qui se mit en chemin après elle,
se hâta de son mieux, mais en pure perte, car l'aînée avait déjà plaidé
sa cause devant messire Gauvain qui lui accorda ce dont elle l'avait
prié. Toutefois, il fut convenu entre eux que, si elle révélait à
quelqu'un ce pacte, jamais il ne prendrait les armes pour elle. Elle y
2475 consentit. C'est à ce moment que la cadette arriva à la cour, vêtue
d'un court manteau d'écarlate* doublé d'hermine*. Depuis trois
jours, la reine, avec tous les autres prisonniers, était revenue de sa cap-
tivité dans laquelle Méléagant l'avait maintenue. Et Lancelot, victime
de trahison, était enfermé dans la tour[1]. Ce jour même où la cadette
2480 vint à la cour, on apprit aussi la nouvelle de la mort en combat du
géant barbare et cruel tué par le Chevalier au lion. C'est de sa part que
messire Gauvain fut salué par ses neveux, et sa nièce raconta le grand
service que ses valeureux exploits lui avaient rendu. Elle ajouta qu'il
le connaissait, même s'il ignorait pour l'instant qui il était. Ces paroles
2485 qu'entendit la cadette, désespérée, préoccupée et inquiète, lui firent
espérer trouver ailleurs qu'à la cour une aide et des conseils que le
meilleur de tous lui eut ici refusés. Car autant par des prières que par
des appels à l'amitié, elle tentait d'en convaincre messire Gauvain,
mais il lui répétait :
2490   « Amie, vous m'implorez en vain, car je ne puis vous satisfaire. J'ai
entrepris une autre affaire que je ne saurais abandonner. »

---

1. Dernière allusion à *Lancelot* ou *Le Chevalier de la charrette* (voir note 2, p. 70).

Alors la cadette le quitta et se présenta devant le roi :

« Roi, fait-elle, je viens à toi et à ta cour pour chercher secours, et je n'en trouve pas ! Je suis bien étonnée de ne pouvoir y obtenir
2495 aucune aide. Mais je n'obéirais pas à la politesse si je m'en allais sans prendre congé. Que ma sœur sache néanmoins que, par amitié, elle peut s'approprier ce qu'elle veut de mon bien, mais jamais par la force. Et pourvu que je trouve assistance et soutien, je ne lui céderai pas mon héritage.

2500 — Vous parlez sagement, fait le roi, et puisque votre sœur est ici, je lui conseille, je l'enjoins et je la prie de vous laisser la part qui vous revient de droit. »

Mais l'aînée, assurée du meilleur chevalier au monde, répondit :

« Sire, que Dieu me punisse si jamais de ma terre je lui concède
2505 château, ville, plaine, bois, champ ou quoi que ce soit. Mais s'il existe un chevalier, peu importe lequel, qui ose prendre les armes pour elle et veuille défendre sa cause, qu'il se présente à l'instant !

— Ce que vous proposez n'est point acceptable, fait le roi. Il lui faut plus de temps pour qu'elle puisse trouver à mieux se défendre,
2510 soit un délai d'au moins quarante jours*, selon la règle commune à toute cour. »

Et l'aînée répondit :

« Beau sire roi, vous pouvez établir vos lois à votre guise et comme bon vous semble. Il ne serait pas convenable et il ne m'appartient pas
2515 de devoir vous contredire sur ce point, aussi me faut-il accepter ce délai, si elle le requiert. »

Et la cadette affirma le vouloir, le demander et le souhaiter ardemment. Très vite, elle recommanda le roi à Dieu et quitta la cour. Elle projetait de consacrer toute sa vie, s'il le fallait, à chercher sur toutes
2520 les terres le Chevalier au lion qui s'évertue à secourir celles qui sollicitent son aide.

questions

* * *

Lancée dans sa quête, la cadette traverse rapidement bien des contrées, mais sans jamais recueillir sur le Chevalier au lion la moindre information. À la longue, elle en ressent un tel décourage-
2525 ment qu'elle finit par tomber malade. Heureusement, elle se présente

chez un de ses amis, où elle est très aimée. Là, on s'aperçoit bien vite à sa mine qu'elle ne se porte pas très bien. On s'efforce donc de la retenir, si bien qu'elle révèle toute son affaire. Et alors, pendant que la cadette demeure en repos, une jeune fille se charge de poursuivre
2530 la route entreprise et de se mettre en quête du chevalier.

Tout le long du premier jour, la jeune fille voyage, toute seule, au grand galop, jusqu'à ce que tombe la nuit obscure. Et la nuit l'effraie beaucoup, et son effroi redouble du fait qu'il pleut avec toute la violence dont notre Seigneur Dieu peut être capable. Elle est alors au
2535 cœur profond des bois. Et la nuit et les bois lui font terriblement peur, mais pas autant que la pluie, car le chemin devient si mauvais que souvent son cheval s'enfonce dans la boue presque jusqu'aux sangles[1]. Quel peut être le désarroi de cette jeune fille, isolée et sans guide, par mauvais temps et par nuit mauvaise ? On l'imagine bien,
2540 d'autant qu'il fait si noir qu'elle ne voit même pas le cheval sur lequel elle est assise ! Aussi implore-t-elle sans cesse d'abord Dieu, ensuite Sa mère et enfin tous les saints et toutes les saintes — car elle récite cette nuit-là maintes prières — pour qu'elle puisse trouver un abri et sortir de la forêt. Elle est à prier quand, soudain, elle entend un cor. Elle s'en
2545 réjouit fort, pensant découvrir là-bas un abri, si elle peut se rendre jusqu'à lui. Aussi, pour se diriger vers le son, dont elle perçoit le souffle — par trois fois déjà, le cor a résonné haut et fort —, elle s'engage sur un chemin pavé qui y mène tout droit. Et elle poursuit si bien sa route qu'elle dépasse bientôt une croix, à la droite du chemin. Là,
2550 pense-t-elle, le cor et celui qui en sonne ne doivent pas se trouver loin. Elle éperonne* sa monture et approche bientôt d'un pont, avant d'apercevoir les murs blancs et la barbacane[2] d'un petit château rond. Ainsi, le hasard la guide à ce château et celui qui l'y a attirée, un guetteur qui se tient sur les remparts et qui sonne du cor, l'aperçoit aus-
2555 sitôt, la salue et descend prendre la clef de la porte pour lui ouvrir. Il lui dit :

« Bienvenue, jeune fille. Qui que vous soyez, cette nuit, vous serez ici bien logée.

---

1. Sangles : larges bandes de cuir qui maintiennent la selle en place.
2. Barbacane : bâtiment servant d'avant-poste de défense.

— Je ne demande rien de mieux cette nuit », fait la jeune fille qui
2560 se laisse conduire.

Après la fatigue et l'émotion cumulées ce jour-là, ce logis est un
ravissement, et la jeune fille y reçoit un fort bon accueil. Après
manger, son hôte lui adresse la parole pour lui demander où elle va et
ce qu'elle cherche. Aussi lui répond-elle :

2565 « Je cherche quelqu'un que je n'ai jamais vu, que je sache, et que je
ne connais pas non plus, mais un lion l'accompagne, et on m'a
affirmé que, si je le trouve, je peux me fier en tout à lui.

— J'en ai moi-même été témoin, fait-il. Il y a peu de temps, alors
que je souffrais d'une situation très difficile, Dieu me l'envoya. Bénis
2570 soient les sentiers par où il vint à mon château ! Il me vengea de mon
ennemi mortel et me combla de joie en le tuant sous mes yeux. À
cette porte là-dehors, vous pourrez voir demain le cadavre d'un
grand géant si vite exécuté par lui que l'autre n'eut guère le temps
d'en transpirer.

2575 — Par Dieu, sire, fait la jeune fille, parlez-moi donc de lui, dites-
moi si vous savez où il est parti et si, en un lieu, il a séjourné.

— Je l'ignore, fait-il, puisse Dieu m'en être témoin, mais demain
sans faute, je vous montrerai le chemin par où il s'en alla.

— Puisse Dieu me conduire là où j'aurais de lui de fraîches nou-
2580 velles car, si je le trouve, j'en serai très heureuse. »

Ils parlent ainsi longuement et puis finissent par aller se coucher.

Au point du jour, la demoiselle est déjà levée tellement elle brûle
d'impatience de trouver celui qu'elle recherche. Le seigneur de la
maison et tous ses compagnons se lèvent à leur tour et ils lui indi-
2585 quent le chemin menant droit à la fontaine sous le pin. Elle se hâte de
suivre ce beau parcours bien droit et, sitôt arrivée au château de la
dame, elle demande aux premières gens* rencontrés s'ils sauraient lui
enseigner où trouver le lion et le chevalier qui voyagent de compagnie. Ils répondent qu'ils les ont vus vaincre trois chevaliers, là, sur ce
2590 champ de bataille. Et elle leur dit à l'instant :

« Par Dieu, puisque vous m'en avez tant raconté, ne me cachez pas
ce que vous pouvez m'en livrer davantage.

— Non point, font-ils, nous n'en savons rien de plus que ce que
nous vous en avons dit. Nous ignorons ce qu'il est devenu. Si celle

2595 pour qui il a combattu ne vous en donne pas plus de nouvelles, personne ici ne vous en apprendra plus. Et si vous voulez l'entretenir,
vous n'avez pas à aller loin, car elle est entrée se recueillir et entendre
la messe dans cette église. D'ailleurs, elle y est déjà tant demeurée
qu'elle doit avoir assez prié. »

2600   Pendant qu'ils discutent ainsi, Lunete sort de l'église, et ils
s'écrient :

«Voyez ! C'est elle ! »

La jeune fille se porte à sa rencontre et, les saluts échangés, s'en-
quiert aussitôt des nouvelles désirées. Lunete répond qu'elle va faire
2605 seller son palefroi*. Elle souhaite l'accompagner pour lui montrer
l'enclos où, près de là, elle a laissé le chevalier. L'autre l'en remercie de
tout cœur. Le palefroi, prêt sans tarder, est donc amené et Lunete y
monte. En chevauchant, elle raconte à la jeune fille comment elle a été
accusée et inculpée de trahison et comment le bûcher, où elle devait
2610 être jetée, a été allumé au moment où il lui survint cette aide indis-
pensable. Tout en parlant ainsi, elle l'accompagne jusqu'au chemin où
elle a quitté messire Yvain. Elle lui dit :

« Suivez ce chemin et vous finirez bien par aboutir dans un lieu où,
s'il plaît à Dieu et au Saint-Esprit, on vous donnera des nouvelles plus
2615 fraîches que les miennes. Je me souviens bien de l'avoir laissé en ces
lieux mais, depuis, nous ne nous sommes point revus. Je ne sais ce
qu'il advint de lui. Certes, quand il me quitta, il avait grand besoin de
soins. Je vous envoie par cette route après lui, que Dieu vous accorde
de le trouver rétabli et, s'il vous plaît, aujourd'hui et non demain.
2620 Allez maintenant ! Que Dieu vous garde, car je ne cheminerai pas plus
loin, de peur de fâcher ma dame. »

Alors elles se séparent : l'une s'en retourne et l'autre part toute seule.

La jeune fille tombe bientôt sur le manoir où messire Yvain a
séjourné jusqu'à son entière guérison. Devant la porte, elle voit des
2625 gens : des chevaliers, des dames, des valets ainsi que le seigneur des
lieux. Elle les salue et leur demande s'ils sauraient la renseigner et lui
indiquer où trouver le chevalier qu'elle cherche.

« Qui est-ce ? font-ils.

— Celui qui jamais ne va sans son lion, selon la rumeur.

2630 — Par ma foi, pucelle*, fait le sire, il vient de nous quitter à l'instant. Vous pouvez encore le rattraper si vous savez suivre ses traces, mais gardez-vous de trop tarder !

— Sire, fait-elle, Dieu m'en préserve ! Mais dites-moi par où dois-je m'engager ? »

2635 Et ils répondent :

« Par ici, tout droit. »

Et ils la prient de bien le saluer de leur part, mais c'est peine perdue, car déjà elle ne les écoute plus et se lance au grand galop, le trot lui semblant trop lent, bien que son palefroi* allât au trot le plus
2640 vif. Ainsi galope-t-elle dans la boue ou sur la route plate et unie, jusqu'à ce qu'elle aperçoive au loin celui qui chemine en compagnie d'un lion. Toute à la joie, elle s'écrie :

« Dieu, aidez-moi ! Enfin, je vois celui que j'ai tant cherché ! Je l'ai bien suivi et retracé, mais maintenant que me vaudra de l'avoir
2645 poursuivi et rattrapé, s'il ne veut pas m'écouter ? Pour dire vrai, par ma foi, rien ou presque ! Si je ne l'emmène pas avec moi, j'aurai donc perdu ma peine. »

En réfléchissant ainsi tout haut, elle se hâte tant que son palefroi en est couvert de sueur. Puis elle rejoint et salue le chevalier qui lui
2650 répond aussitôt :

« Dieu vous garde, la belle, et vous délivre de vos peines et soucis !

— À vous aussi, sire, en qui j'ai espoir de trouver celui qui pourra m'en libérer. »

Alors elle va à ses côtés et dit :

2655 « Sire, je vous ai longtemps cherché. Pour le grand renom de votre valeur, je me suis épuisée à vous poursuivre et à traverser bien des contrées. J'ai mis tant d'ardeur à cette quête que, Dieu merci, je vous rejoins ici. Et si, pendant tout ce temps, j'ai pu souffrir, cela ne me pèse pas du tout — je ne m'en plains pas, ni ne m'en souviens —,
2660 enfin je vous ai retrouvé, et tout mon corps s'en allège, comme de toute douleur délesté. Pourtant, ce n'est pas à moi que vous devez rendre service, c'est pour meilleure que moi, pour une demoiselle de haut rang et de mérite supérieur. Et si elle ne peut compter sur vous, alors votre renommée l'aura trahie, puisqu'elle n'attend nul secours
2665 d'ailleurs. Hormis vous, nul autre n'osera se mêler, pense cette

demoiselle, de régler la querelle l'opposant à sa sœur qui la déshérite. On ne saurait lui faire croire qu'on peut l'aider autrement, et vous, en défendant son héritage, vous allez conquérir et gagner l'amitié de la déshéritée et accroître votre réputation de vaillance. Elle vous
2670 cherchait elle-même, espérant trouver en vous un appui, et personne d'autre ne serait ici, si une grave maladie ne l'avait retenue et forcée à s'aliter. Répondez-moi maintenant, s'il vous plaît : voulez-vous lui venir en aide ou y renoncez-vous ?

— Non point, fait-il, renoncer ne mène nul homme à la gloire, et
2675 moi, loin de me reposer, je vous suivrai volontiers, ma douce amie, là où il vous plaira de me conduire. Si celle qui vous envoie me chercher a si grand besoin de moi, ne désespérez pas : je ferai tout en mon pouvoir pour l'aider. Que Dieu m'accorde le courage et la grâce que, selon la bonne fortune*, je puisse défendre ses droits. »

2680 Les deux chevauchent ensemble, en parlant, jusqu'à ce qu'ils approchent du château de Pire Aventure. Ils n'ont cure de passer outre, car le jour décline. Ils prennent donc le chemin du château, et les gens* qui les voient venir clament tous au chevalier :

« Malvenu, sire, vous êtes le malvenu ! Ce logis vous a été indiqué
2685 pour endurer le malheur et la honte. Un abbé pourrait le jurer.

— Hé ! fait-il, gens stupides et vilains*, gens tout pleins de méchanceté et dépourvus de qualité, pourquoi m'assaillir de la sorte ?

— Pourquoi ? Vous l'apprendrez assez vite si vous avancez encore un peu et n'en saurez jamais rien si vous vous abstenez d'aller là-haut
2690 dans cette forteresse. »

Aussitôt messire Yvain se dirige vers la tour, et les gens de pousser des cris et de dire, tous ensemble et à haute voix :

« Hou ! Hou ! Malheureux, où vas-tu ? Si jamais en ta vie tu as rencontré la honte et l'outrage, là où tu vas, tu en subiras au point que tu
2695 n'oseras jamais le raconter.

— Gens sans honneur et sans bonté ! fait messire Yvain qui les écoute. Gens méchants et insolents ! Pourquoi m'agresser ? Pourquoi me harceler ? Que me reproche-t-on ? Que me veut-on pour grogner ainsi après moi ?

2700 — Ami, tu ne dois pas te courroucer*, fait une dame d'un certain âge, très courtoise* et sage. En t'invectivant, ils ne pensent certes pas

Les deux chevauchent ensemble, en parlant, jusqu'à ce
qu'ils approchent du château de Pire Aventure.

Lignes 2680 et 2681.

DONJON.

PROVINS, FRANCE.

à mal, ils veulent au contraire t'avertir — sauras-tu le comprendre ? —
de ne pas aller là-haut te loger. Ils n'osent t'expliquer le pourquoi,
mais s'ils te chargent et t'injurient, c'est qu'ils visent à te faire peur.
2705 C'est par coutume qu'ils agissent ainsi avec tous les survenants[1] afin
qu'aucun d'eux n'aille là-haut. Et par coutume aussi que, hors de la
tour, ici, il nous est interdit, quoi qu'il advienne, d'héberger dans nos
maisons un chevalier étranger. Maintenant, le reste est à toi ; je ne te
barre plus le chemin. Rends-toi là-haut, si tu veux, mais tu ferais
2710 mieux de t'en retourner.

— Dame, fait-il, si je suivais votre conseil, je gagnerais honneur et
profit, mais je ne saurais en quel lieu trouver un abri pour la nuit.

— Par ma foi, fait-elle, sûr, je me tais. Après tout, moi, cela ne me
regarde pas. Allez où bon vous semblera ! Pourtant, bien que cela ne
2715 saurait arriver, je serais bien contente que vous reveniez de là-haut
sans avoir subi trop de honte.

— Dame, fait-il, Dieu vous bénisse ! Mais mon cœur sans raison me
pousse vers ce lieu, et j'écouterai donc ce que mon cœur commande. »

Aussitôt, il se rend à la porte avec son lion et la jeune fille. Le por-
2720 tier l'interpelle :

« Venez vite ! Venez ! Vous êtes arrivés en un lieu où vous serez bien
retenus. Et malheur à vous d'y être venus ! »

Ainsi le portier l'invite et le presse de monter, mais comme son
invitation l'insulte, messire Yvain passe-t-il devant lui sans lui
2725 répondre pour découvrir une grand-salle* haute et neuve et, au-
devant, un préau[2] cerné de gros pieux de chêne pointus. Dans cet
enclos, entre les pieux, il voit près de trois cents pucelles* occupées à
divers ouvrages. Chacune, de son mieux, tisse avec du fil d'or et de
soie. Une telle pauvreté règne là que plusieurs sont tête nue et sans
2730 ceinture et, à cause de cette misère, leurs cottes* laissent paraître leurs
seins et leurs coudes, et leurs chemises sont crasseuses à l'encolure. La
faim et les privations leur ont donné des corps grêles et des visages
émaciés. Il les regarde, et elles de même, et alors toutes baissent la tête,
puis pleurent et demeurent ainsi longtemps, incapables de rien faire,
2735 sans pouvoir relever les yeux de terre tant elles sont affligées. Quand

---

1. Survenants : étrangers, voyageurs qui surviennent, qui apparaissent dans la région.
2. Préau : cour intérieure.

messire Yvain les a quelque peu observées, il fait demi-tour et va droit
à la porte, mais le portier bondit à sa rencontre et s'écrie :

« Inutile, mon beau maître ! Vous ne sortirez plus d'ici maintenant.
Ah ! vous voudriez être dehors à présent mais, par ma tête, c'est en
2740 vain ! Vous avez été mal avisé, quand vous êtes entré ici. Il n'est plus
question de sortir avant que vous n'ayez subi la pire honte que vous
ne puissiez supporter.

— Telle n'est pas mon intention, cher frère, fait-il, mais sur l'âme
de ton père, dis-moi, les demoiselles que j'ai vues dans ce préau*, celles
2745 qui tissent des étoffes de soie brodées d'or, d'où proviennent-elles ?
Leurs ouvrages me plaisent beaucoup, mais ce qui me déplaît fort, ce
sont leurs corps et leurs visages maigres, pâles et dolents*. Il m'est
avis qu'elles seraient fort belles et distinguées si elles avaient tout ce
qu'elles désirent.

2750   — Est-ce à moi de vous répondre ? fait-il. Cherchez quelqu'un
d'autre qui vous l'apprenne !

— C'est ce que je ferai, puisque je ne peux le savoir autrement. »

Il cherche alors et trouve la porte du préau où les demoiselles tis-
saient. Il se présente devant elles, les salue toutes ensemble et voit les
2755 larmes couler à grosses gouttes de leurs yeux tant elles pleurent. Puis
il dit :

« Que Dieu veuille bien effacer de vos cœurs cette peine, dont
j'ignore la cause, pour la changer en joie. »

L'une d'elles répond :

2760   « Que Dieu exauce votre prière, Lui que vous invoquez ! Je ne vous
cacherai pas qui nous sommes et de quel pays. Peut-être voulez-vous
l'entendre ?

— Je ne suis pas ici pour autre chose, dit-il.

— Sire, il advint, il y a bien longtemps, que le roi de l'Île-aux-Pucelles*
2765 s'aventura, par soif de nouveautés, dans toutes les cours de tous les
pays. À voyager ainsi, comme un fou enragé, il tomba dans ce piège.
Quel malheur qu'il y soit venu ! Nous, ici captives, nous en éprou-
vons humiliation et souffrances, sans les avoir jamais méritées. Et,
sachez-le bien, vous-même pouvez vous attendre à pareille honte, si
2770 on refuse de prendre votre rançon. Mais, tout étant ainsi, mon seigneur vint en ce château où habitent deux fils de diable. Ne tenez pas

cela pour un conte, car ils sont nés d'une femme et d'un netun[1].
Contre eux deux, le roi devait combattre, et son angoisse était grande,
car il n'avait que dix-huit ans, et ils allaient bien le pourfendre*
2775 comme ils l'auraient fait d'un tendre agnelet. Aussi le roi, très effrayé,
s'en sauva du mieux qu'il put en jurant qu'il enverrait ici chaque
année, aussi longtemps que nécessaire, trente pucelles de son île. Il
fut libéré au moyen de ce tribut. Mais il fut aussi convenu par serment
que le tribut devait être honoré tant que vivraient les deux démons,
2780 et que le jour même où ils seraient vaincus ou tués en combat, le roi
serait quitte de cette redevance, et nous serions délivrées, nous qui
sommes livrées ici à la honte, au travail et à la misère. Et je viens tout
juste de dire une bien grande sottise quand j'ai mentionné notre délivrance, car jamais nous ne sortirons d'ici, jamais nous ne connaîtrons
2785 le moindre plaisir. Toujours nous tisserons la soie et jamais nous ne
serons mieux vêtues. Toujours nous resterons pauvres et nues et toujours nous aurons faim et soif, car jamais nous ne gagnerons assez
pour avoir mieux et plus à manger. Du pain, nous en recevons de
maigres rations, peu le matin, et le soir encore moins. Jamais nous ne
2790 tirerons de quoi vivre de l'œuvre de nos mains : quatre deniers de la
livre[2], c'est trop peu pour nous procurer de la viande et des vêtements ! Or même celle qui rapporte au maître vingt sous[3] la semaine
n'est pas à l'abri du besoin car, sachez-le bien, pas une seule d'entre
nous ne récolte ses vingt sous. Avec un tel profit, même un duc serait
2795 riche ! Et nous, nous vivons dans la misère quand celui pour qui nous
travaillons s'enrichit de notre produit. Une grande partie de la nuit et
pendant tout le jour, nous nous évertuons à accroître son bien-être,
car dès que nous nous reposons, il menace de nous mutiler : nous
n'osons donc plus nous arrêter. Mais que vous dire de plus ?
2800 Nous cumulons tant de malheurs et de honte que je ne saurais vous en
révéler le cinquième. Pourtant, ce qui nous rend folles de désespoir,

---

1. Netun : le netun est un démon. Le mot provient du dieu romain Neptune, à l'origine du dieu
   celtique Nudd-Nodons, le protecteur tyrannique des pêcheurs. Ses deux fils, Gwynn et Edern,
   sont ici les responsables de la séquestration des pucelles.
2. Quatre deniers de la livre : cette expression se rapproche de quat'sous, soit une somme
   dérisoire. Une livre vaut 240 deniers.
3. Vingt sous : une livre vaut 20 sous. Un sou vaut 12 deniers. Une pucelle ne gagne donc
   que le soixantième de ce qu'elle rapporte au seigneur.

c'est de voir que si souvent meurent de nobles et valeureux chevaliers au cours de combats contre les deux démons. C'est payer trop chèrement leur logis, et vous, vous le paierez aussi demain puisque, bon gré
2805 mal gré, il vous faudra, seul et de vos mains, lutter contre ces deux vilains* et y perdre votre nom.

— Puisse Dieu, le pur Esprit, fait messire Yvain, m'en préserver et vous rendre honneur et joie, si telle est Sa volonté ! Pour lors, il convient que j'aille rencontrer ces gens* qui sont d'ici pour savoir quel
2810 accueil ils me réservent.

— Allez-y, sire ! Et que vous garde Celui qui donne et dispense tous les biens ! »

Messire Yvain accède donc à la grand-salle*, mais n'y trouve personne à qui adresser propos méchants ou aimables. Et pour s'occuper
2815 des chevaux, personne n'en a non plus dit un mot. Sachez toutefois qu'ils furent bien mis à l'écurie et reçurent de l'avoine, du foin et de la litière jusqu'au ventre, tout cela grâce à ceux qui croyaient pouvoir en hériter. Or je sais que leurs espoirs furent vains, car les maîtres de ces bêtes sont encore sains !

2820 Messire Yvain, avec derrière lui la jeune fille et le lion, traverse ainsi toute la maison et arrive finalement devant un verger où il pénètre. Il y voit un seigneur, appuyé sur son coude et allongé sur un drap de soie et, devant lui, une pucelle* qui lit un roman dont j'ignore le héros. Pour écouter le roman[1], une dame, la mère, est
2825 venue s'accouder auprès d'eux. Le seigneur est le père. Tous deux peuvent fort bien se réjouir de regarder et d'écouter ce qui est là leur seule enfant. Elle n'a pas encore dix-sept ans et, pourtant, elle est si belle et si gracieuse que, s'il l'avait vue, le Dieu Amour* lui-même se serait voué à son service et aurait fait en sorte qu'elle n'aime personne
2830 d'autre que lui. Pour la servir, il se serait métamorphosé en homme, abandonnant sa nature divine, et se serait frappé lui-même au cœur de la flèche dont la plaie ne guérit jamais, sauf quand un mire* déloyal s'en occupe. Serait-il juste en effet qu'on guérisse de ce sentiment en l'absence de toute infidélité ? Qui guérit ainsi n'aime pas loyalement !
2835 S'il vous plaisait de m'écouter, j'aurais tant à dire sur cette plaie d'amour que je n'en finirais plus. Mais aussitôt quelqu'un prétendrait

---

1. Au Moyen Âge, on lit toujours à voix haute.

sûrement que je vous entretiens de futilités. Voyez comme les gens ne
sont plus amoureux ! Ils n'aiment plus comme jadis, car ils ne veulent
même plus en entendre parler ! Mais écoutez à présent de quelle
2840 manière, et de quel air, et de quel visage Yvain fut accueilli !

Tous ceux qui sont dans le verger, dès qu'ils le voient approcher, se
mettent debout et le saluent en disant :

« Par ici, beau sire ! Recevez la bénédiction sur vous et sur ceux que
vous aimez au nom de toutes les grâces que Dieu peut dispenser ! »

2845 J'ignore s'ils veulent le tromper, mais ils l'accueillent avec beaucoup de joie et font croire qu'il leur plaît qu'il soit logé très à l'aise
chez eux. Même la fille du seigneur le sert et s'empresse à l'honorer,
comme il se doit pour tout hôte de marque. Elle lui retire toutes ses
armes et, comble d'attentions, c'est elle-même, de ses propres mains,
2850 qui lui lave le cou et le visage. Le seigneur veut qu'on lui rende tous les
honneurs, et c'est bien ce qu'elle fait. D'un coffre, elle sort pour lui
une chemise plissée et de blanches braies*, puis du fil et une aiguille
pour les manches, dont elle le revêt et qu'elle lui coud sur les bras[1].
Fasse Dieu que tous ces égards et services ne lui coûtent pas trop
2855 cher ! Pour porter sur la chemise, elle lui tend un beau surcot* et lui
jette sur les épaules un manteau d'écarlate* en vair* et sans taillades[2].
Elle met tant de soins à le servir qu'il en est honteux et très gêné.
Mais la pucelle est si courtoise*, si franche et si généreuse qu'elle
estime en faire encore trop peu. Elle sait bien qu'il plaît à sa mère
2860 qu'elle ne néglige rien de ce qu'elle pense pouvoir lui convenir.

Le soir, à manger, tant de plats sont offerts que c'est vraiment
trop, et leur transport épuise les valets qui s'emploient au service. À la
nuit, tous les honneurs sont rendus au chevalier et on le couche dans
un bon lit, dont on ne s'approche plus. Seul son lion reste étendu à ses
2865 pieds, comme à l'accoutumée.

Au matin, quand Dieu a allumé par le monde son luminaire, au
plus tôt qu'Il peut, selon les règles de Sa volonté, messire Yvain et la
jeune fille se lèvent rapidement et entendent dans une chapelle une

---

1. Il est d'un haut raffinement de se faire ainsi ajuster les manches d'un vêtement.
2. Sans taillades : sans déchirures. Chrétien de Troyes ironise-t-il ici ? Les commentateurs
   se perdent en conjectures pour tenter d'expliquer autrement le fait qu'il souligne que le riche
   manteau offert est sans déchirures.

messe qui est célébrée très vite en hommage au Saint-Esprit. Après
2870 la messe, messire Yvain apprend une bien mauvaise nouvelle : alors
qu'il croyait pouvoir s'en aller sans autre difficulté, on ne lui en laisse
pas le choix. Quand il dit : « Sire, avec votre permission, s'il vous plaît,
je m'en vais », le seigneur des lieux répond : « Ami, je ne vous l'accorde
pas encore, pour la bonne raison que je ne puis le faire car, dans ce
2875 château, il est établi une coutume diabolique et cruelle qu'il me faut
observer. Ici, à l'instant, je vais convoquer deux de mes valets féroces
et puissants. À tort ou à raison, il vous faudra prendre les armes
contre eux. Si vous pouvez vous défendre, les vaincre et les tuer, ma
fille vous veut pour seigneur, et le fief[1] de ce château, avec tout ce qui
2880 en dépend, vous appartiendra.

— Sire, fait-il, je ne veux rien. Que Dieu ne me donne jamais rien
ainsi ! Gardez votre fille ! Elle est courtoise* et bien éduquée.
L'Empereur d'Allemagne lui-même serait très heureux de l'épouser.

— Taisez-vous, cher hôte ! dit le seigneur, il est inutile de tenter de
2885 vous défiler, car vous ne pourrez y échapper. Mon château, ma fille
pour épouse et toutes mes terres reviennent à celui qui pourra vaincre
ceux qui viendront bientôt vous assaillir. On ne peut, à sa guise,
décliner ou annuler ce combat. Mais je devine bien que la couardise*
vous fait refuser ma fille : vous croyez éviter ainsi la bataille. Or,
2890 sachez-le, il vous faut combattre. Nul chevalier qui couche ici ne peut,
sous aucun prétexte, s'y soustraire. C'est une coutume bien établie et
qui ne durera que trop longtemps, car ma fille ne se mariera pas tant
que je ne les verrai pas morts ou vaincus.

— Eh bien ! Il me faudra lutter contre mon gré mais, je vous
2895 l'avoue, je m'en abstiendrais volontiers : je livrerai ce combat qui me
pèse parce qu'il ne peut être évité. »

Surgissent aussitôt les deux fils du netun*, hideux et noirs. Chacun
s'avance, tenant au poing un bâton cornu de cornouiller[2], renforcé de
plaques de cuivre et cerclé de laiton[3]. Des épaules aux genoux, ils sont
2900 protégés d'une armure, mais ils ont la tête et le visage à découvert, et

---

1. Fief : domaine d'un seigneur, possessions ou terres sous sa souveraineté.
2. Bâton cornu de cornouiller : canne magique qui est un attribut habituel des démons.
   Le cornouiller, dont le bois rougit en vieillissant, s'est vu pour cette raison associé au diable.
3. De laiton : de fil de laiton. Le cuivre et le laiton réagissent très bien aux flammes… de l'enfer.

les jambes nues et pas du tout menues! Ils s'amènent ainsi armés et tiennent chacun un écu* rond, solide et léger, propre à escrimer[1].

Dès qu'il les aperçoit, le lion commence à gronder. Il sait et comprend très bien, par les armes qu'ils tiennent au poing, qu'ils viennent
2905 se battre contre son maître. Du coup, son poil se hérisse et sa crinière se dresse. Il tremble de colère et de hardiesse. Sa queue bat la terre, il veut se lancer au secours de son maître avant qu'ils le tuent. Mais quand les démons le voient, ils disent:

«Vassal*, ôtez de cette place votre lion qui nous menace ou
2910 déclarez-vous vaincu. Sinon, il convient de le mettre, c'est certain, en un lieu où il ne puisse se mêler de vous aider et de nous nuire car, s'il le pouvait, il s'exécuterait trop volontiers. Venez donc seul vous divertir avec nous!

— Vous qui le redoutez, ôtez-le vous-mêmes! fait messire Yvain. Moi,
2915 il me plaît bien de savoir que, s'il le peut, il vous blessera gravement, et il me sied* encore mieux de pouvoir compter sur son assistance.

— Par la foi, font-ils, c'est hors de question! Il ne doit pas vous aider. Faites du mieux que vous pourrez sans le concours d'autrui! Vous devez être seul, et nous, deux. Si le lion était avec vous et venait
2920 nous attaquer, vous ne seriez plus seul, mais vous seriez deux contre nous deux. Même si vous en êtes fâché, il faut donc, assurément, éloigner tout de suite votre lion d'ici.

— Où voulez-vous qu'il soit? fait-il. Où voulez-vous que je le mette?»
2925 Ils lui montrent alors une chambrette et ils disent:
«Enfermez-le là-dedans!
— Ce sera fait puisque vous l'exigez.»
Alors il y amène le lion et l'y enferme.

Cependant, on part chercher l'armure pour en revêtir le corps
2930 d'Yvain. On lui sort son cheval, on le lui donne et il y monte. Rassurés du fait que le lion est prisonnier dans la chambre, et voulant

---

1. Escrimer: se battre au corps-à-corps, et non à cheval. Les fils du netun possèdent le même équipement que les participants aux combats judiciaires du XIIe siècle, dont les bâtons n'étaient toutefois pas cornus. Est-ce ici un peu d'ironie faite aux dépens de ces hommes de main qui, à l'époque, étaient mal vus parce qu'ils adhéraient à toute cause pourvu qu'on les paye? À noter que, lorsqu'un chevalier était admis à combattre dans ces batailles, il pouvait être à cheval.

l'humilier et le couvrir de honte, les deux démons se jettent sur Yvain. Ils le frappent à grands coups de massue, de telle sorte que ni son écu* ni son heaume* ne lui offrent la moindre protection. Quand ils l'at-
2935 teignent sur le heaume, ils le cabossent et le disloquent. Et l'écu, tout percé, fond comme de la glace : il est si perforé qu'on pourrait passer les poings dans les trous. Ce sont des adversaires vraiment redouta-bles. Et Yvain, comment attaque-t-il ces deux démons ? Échauffé de honte et de crainte, il se défend de toutes ses forces, il s'éprouve et
2940 s'évertue à assener des coups lourds et puissants. Ils ne comptent plus les cadeaux qu'il leur rend au double des bontés données.

Or le lion séquestré dans la chambre a le cœur agité et dolent*, car il se souvient du grand service que lui a rendu avec générosité son maître, qui aurait maintenant grand besoin de son appui et de son aide.
2945 Il lui remettrait sans compter, par grands setiers* et par muids[1], tous ses bienfaits, s'il pouvait se sortir de là. Du regard, il fouille les lieux en tous sens, mais ne voit pas par où s'échapper. Il entend bien les coups de la bataille si périlleuse et vilaine que la très grande inquiétude qu'il en ressent l'enrage vif et le rend forcené*. En fouillant
2950 partout, il remarque que la porte pourrit près du sol et il se met à l'ar-racher jusqu'à ce qu'il s'y glisse et s'y fiche jusque près des reins.

Déjà l'épuisement gagne messire Yvain qui est tout couvert de sueur, car il découvre deux barbares aussi forts que cruels et endurcis. Il reçoit bien des coups et en rend autant qu'il peut, mais il ne les
2955 blesse en rien, car ils maîtrisent l'art de l'escrime, et leurs écus ne sont pas de ceux qu'une épée peut entamer, aussi tranchante et solide soit-elle ! Messire Yvain peut donc redouter la mort. Mais il tient bon, sans relâche, jusqu'à ce que le lion, à force de gratter le seuil, puisse s'échapper. Si les deux félons* ne sont pas là mâtés, ils ne le seront
2960 jamais car, tant que le lion les saura en vie, il ne leur accordera ni trêve ni paix. Il en saisit un et le jette par terre, comme du bois sec. Les monstres sont effrayés et, sur toute la place, pas un homme qui ne s'en réjouisse dans son cœur. Celui que le lion a renversé ne se relèvera jamais plus si l'autre ne vient à son secours. Aussi, son frère accourt
2965 vers lui tant pour l'aider que pour se défendre lui-même, puisque c'est à lui que le lion s'en prendra dès qu'il aura tué celui qui est

---

1. Muids : ancienne mesure de capacité qui équivaut à environ 268 litres.

tombé. C'est du lion plus que du maître dont le démon a grand-peur. Or dès que l'ennemi lui tourne le dos, messire Yvain serait bien fou si, à la vue du cou à découvert, il le laissait vivre plus longtemps.

2970 L'occasion est trop belle ! Le monstre lui abandonne sa tête et son cou nus, et messire Yvain lui donne un tel coup qu'il lui tranche la tête prestement du buste, si bien que l'autre n'en saura jamais un traître mot. Aussitôt, messire Yvain saute à terre, il veut secourir son adversaire et le retirer des griffes du lion. Mais c'est inutile : l'autre est en

2975 proie à de si grandes souffrances qu'un mire* n'arriverait jamais à temps. Dans son élan, le lion en colère l'a blessé et grièvement atteint. Repoussant son lion, le chevalier constate que toute l'épaule droite a été arrachée du tronc. Il n'a plus rien à craindre de son adversaire : le bâton repose à terre et le démon gît sur le côté, sans s'agiter ni remuer,

2980 comme mort. Il lui reste pourtant assez de force pour parler et, avec peine, demander :

« Éloignez votre lion, beau sire, s'il vous plaît, qu'il ne me touche plus, puisque désormais vous pouvez faire de moi ce que bon vous semblera. Qui demande et implore grâce doit l'obtenir par sa seule

2985 prière, à moins qu'il ne se trouve un homme sans pitié pour la lui refuser. Je ne me défendrai plus ni ne me relèverai jamais d'ici, aussi devez-vous m'accorder grâce et protection.

— Dis donc, fait-il, que tu t'avoues vaincu et que tu renonces au combat.

2990 — Sire, fait-il, n'est-ce pas évident ? Je suis vaincu malgré moi et je vous le concède, j'abandonne le combat.

— Tu n'as donc plus à me craindre, et mon lion de même. »

Aussitôt, la foule se précipite et entoure le chevalier. Le seigneur et la dame, tous deux, lui font fête, l'embrassent* et l'entretiennent de

2995 leur fille en lui disant :

« Ne serez-vous pas maintenant notre jeune seigneur et notre maître ? Et notre fille, ne deviendra-t-elle pas votre dame ? Car nous vous la donnons pour femme.

— Et moi, fait-il, je vous la redonne. Vous l'avez, gardez-la ! Je n'en

3000 ai cure. Je ne dédaigne en rien votre offre. Ne vous fâchez donc pas, si je ne l'épouse pas. Mais je ne le puis, ni ne le dois. Cependant, libérez-moi, s'il vous plaît, les prisonnières que vous détenez. Selon le pacte, vous le savez, elles doivent pouvoir librement s'en aller.

— Ce que vous dites est juste, fait le seigneur. J'accorde à toutes la
3005 liberté et, sans contredit, je vous les rends. Mais soyez raisonnable, prenez ma fille et tout mon avoir : elle est si belle, si gracieuse, si sage. Jamais vous ne ferez un aussi riche mariage, si vous refusez celui-ci.

— Sire, fait-il, vous ne connaissez pas ma situation et mes engagements, ce dont je n'ose vous informer. Sachez-le bien, j'ai conscience
3010 que je refuse ce que ne refuserait pas celui qui souhaite offrir son cœur et sa pensée à une aussi belle et gracieuse pucelle*. Si je le pouvais, si j'étais en droit de le faire, je l'épouserais volontiers. Mais je ne peux accepter ni elle ni une autre, c'est la pure vérité. Aussi laissez-moi en paix à ce propos. Une demoiselle m'attend, celle qui est venue
3015 ici avec moi. Elle m'a tenu compagnie, et je dois à présent agir de même, quoi qu'il puisse m'advenir.

— Vous voulez partir, beau sire ? Et comment ? Jamais, à moins que je ne l'ordonne ou n'en décide, ma porte ne vous sera ouverte, et vous resterez en ma prison. Que d'orgueil et de mépris ! Quand je vous prie
3020 de prendre ma fille, vous la dédaignez !

— Dédaigner ? Sire, par mon âme, jamais ! Mais je ne peux épouser une femme ni demeurer ici, à aucun prix ! La demoiselle qui m'emmène, je la suivrai ; il ne peut en être autrement. Mais, croyez-moi bien, je vous jure de ma main droite et vous le promets : aussi vrai que
3025 vous me voyez ici devant vous, si jamais je le peux, je reviendrai et j'épouserai alors votre fille, au moment que vous jugerez bon.

— Maudit soit qui vous réclame votre foi, votre parole ou vos promesses ! Si ma fille vous plaît, vous vous hâterez de revenir. Ni foi ni serments ne vous feront, je crois, revenir plus vite. Partez donc ! Je vous tiens
3030 quitte de toute promesse et de tout engagement. Si vous êtes retenu par la pluie ou le vent ou la grêle, peu m'importe ! Jamais je ne mépriserai ma fille au point de vous la donner de force. Allez donc à présent à votre besogne. Que vous partiez ou que vous restiez, tout m'indiffère ! »

Aussitôt messire Yvain s'éloigne et ne s'attarde pas plus longtemps
3035 au château. Devant lui, il mène les captives, libérées, que le seigneur lui a remises, pauvres et mal habillées. Mais à présent, elles sont riches, leur semble-t-il ! Toutes ensemble, deux par deux, elles précèdent

Yvain pour sortir du château, puis elles lui expriment leur joie. Et je ne crois pas que si le Créateur du monde était Lui-même descendu du ciel

3040 sur la terre, elles L'auraient autant fêté.

Tous les gens* qui l'avaient déjà insulté, et autant qu'ils avaient pu, viennent l'escorter et lui demander grâce et pardon. Mais lui prétend qu'il n'en a aucun souvenir :

« Je ne saisis pas, fait-il, ce que vous racontez, aussi je vous déclare

3045 tout à fait quittes, car autant que je m'en souvienne, jamais vous ne m'avez insulté. »

Ils sont très heureux de ce qu'ils entendent, louent sa courtoisie*, puis le recommandent à Dieu. Les demoiselles aussi, après l'avoir accompagné un bon moment, lui demandent congé et s'en vont. Sur

3050 le point de partir, elles s'inclinent toutes devant lui et lui adressent souhaits et prières pour que Dieu lui donne joie et santé et le garde sous Sa protection en quelque lieu qu'il aille. Il leur répond — lui que tout retard impatiente — que Dieu les garde aussi :

« Allez ! fait-il. Bonheur et santé ! Et que Dieu vous ramène dans

3055 vos pays. »

Alors, tout à la joie, elles se mettent en route et s'en vont et, du côté opposé, messire Yvain poursuit son chemin.

Tous les jours de la semaine, à vive allure, il ne cesse de chevaucher, guidé par la jeune fille qui connaît très bien le chemin et le refuge où

3060 elle a laissé la déshéritée, découragée et malade. Quand la cadette apprend l'arrivée de la jeune fille et du Chevalier au lion, c'est pour elle une joie sans égale que celle qu'elle ressent dans son cœur. Maintenant, elle croit que sa sœur lui cédera, de bon gré, une part de son héritage. La cadette est restée longtemps malade au lit et vient

3065 tout juste de se relever de son mal qui l'a grièvement affaiblie, comme cela paraît bien à son visage. Pourtant, la toute première, elle va sans tarder à leur rencontre. Elle les salue et les honore tant qu'elle le peut. Point n'est besoin de parler de la fête qui a lieu ce soir-là dans la maison. On n'en dira pas un mot, il y aurait trop à raconter. Et je vous

3070 fais grâce de tout ce qui se passe jusqu'au lendemain, quand ils montent à cheval pour s'en aller.

À force de chevaucher, ils aperçoivent bientôt le château où le roi Arthur séjourne depuis plus de deux semaines. Là se trouve aussi

l'aînée qui projette de déshériter sa sœur, car elle a suivi la cour pour
3075 y guetter le retour de la cadette qui, à présent, est toute proche.
L'aînée a peu d'inquiétude au cœur, ne croyant pas que l'autre puisse
trouver un chevalier capable de résister à messire Gauvain en combat
singulier. De plus, il ne reste qu'un seul jour sur les quarante* du délai
et, une fois ce jour écoulé, elle pourra obtenir, sans autre contestation et
3080 pour elle seule, l'héritage qu'elle aura gagné par sentence et par
jugement. Or elle ne sait pas qu'il lui reste bien plus à faire qu'elle ne
peut se l'imaginer.

Cette nuit-là, messire Yvain et la cadette dorment dans une petite
maison basse, hors des murs du château, où nul ne les reconnaît. S'ils
3085 avaient couché au château, tout le monde les aurait reconnus, et c'est
ce qu'ils veulent éviter. Le lendemain, ils partent dès l'aube naissante
et, avec mille précautions, demeurent à l'écart, cachés, jusqu'à ce qu'il
fasse grand jour.

De son côté, messire Gauvain s'est retiré de la cour depuis déjà
3090 plusieurs jours, je ne sais combien, et nul n'a de ses nouvelles, hormis
l'aînée pour qui il doit combattre. Il s'est éloigné de près de trois ou
quatre lieues* de la cour, et il y revient avec une armure conçue de telle
façon que même ceux qui l'ont sous les yeux depuis toujours ne peuvent le reconnaître aux armoiries qu'il porte. La demoiselle, qui
3095 commet une injustice évidente envers sa sœur, le présente à la cour
comme celui qui la soutient dans sa querelle — où elle n'est pas dans
son bon droit — et dit au roi :

« Sire, le temps file. Sous peu, ce sera la fin de l'après-midi, et c'est
aujourd'hui le dernier jour. Constatez que je suis prête à soutenir mon
3100 droit ! Si ma sœur veut revenir, elle ne doit plus tarder. Dieu merci, elle
n'est toujours pas revenue ! Il est évident qu'elle n'a pu faire mieux et
qu'elle s'est donné du mal pour rien. Moi, j'étais disposée tous les jours
jusqu'au dernier à défendre ce qui m'appartient. Ayant donc tout remporté sans bataille, il est maintenant juste que je m'en retourne jouir
3105 en paix de mon héritage, sans avoir de compte à rendre à ma sœur, tant
que je respirerai, et elle, qu'elle vive pauvre et malheureuse ! »

Le roi, qui sait bien que l'aînée pose un acte déloyal envers sa sœur, lui répond :

« Amie, en cour royale, on doit, par ma foi, patienter pendant que
3110 le tribunal du roi siège et délibère avant de rendre justice. Ne pliez pas bagages, d'autant que votre sœur dispose encore, j'en suis certain, de bien assez de temps pour revenir. »

Et avant que le roi ait fini de dire ces mots, il aperçoit le Chevalier au lion et la cadette à côté de lui. Ils arrivent, seuls tous les deux, car
3115 ils sont partis à l'insu du lion qu'ils ont laissé là où ils ont passé la nuit. Dès qu'il voit la cadette, le roi ne manque pas de la reconnaître, ce qui lui procure une grande joie car, soucieux de faire respecter la justice, c'est son parti qu'il prend dans la querelle. Tout joyeux, il lui dit dès qu'il peut :

3120 « Avancez, belle ! Dieu vous garde ! »

Lorsque l'aînée entend ces mots, elle sursaute, se retourne et, voyant la cadette et le chevalier qu'elle a amené pour reconquérir ses droits, elle devient plus noire que terre.

La cadette, accueillie aimablement par tous, se présente devant le
3125 roi, là où il siège, et quand elle s'y trouve, elle lui dit :

« Dieu protège le roi et sa suite ! Roi, s'il est vrai que mes droits et ma cause peuvent à présent être défendus par un chevalier, ils le seront donc par celui-ci qui — grâces lui soient rendues ! — m'a suivie jusqu'ici. Ce noble et généreux chevalier aurait pourtant fort à
3130 faire ailleurs, mais il a été pris de tant de pitié pour moi qu'il a délaissé toutes ses affaires pour la mienne. Maintenant, ma dame, ma très chère sœur, que j'aime autant que mon cœur, agirait avec courtoisie* et bienveillance si elle me cédait juste ce qui me revient de droit. Je ne lui demande rien de ce qui ne m'appartient pas, pour que la paix
3135 règne enfin entre elle et moi.

— Moi non plus, fait-elle, je ne veux rien de toi : tu ne possèdes rien et tu n'auras jamais rien. Tu peux prêcher tant que tu voudras, tu n'obtiendras rien avec tes sermons. Tu n'as plus qu'à sécher de chagrin. »

Et la cadette, courtoise* et sage, sait se montrer fort civile en lui
3140 répondant :

« Certes, je suis bien navrée à la pensée que, pour nous, vont se battre deux si parfaits chevaliers, alors qu'il ne s'agit que d'un différend plutôt

mesquin. Mais je ne puis y renoncer, car j'en ai trop grande nécessité. Aussi vous serai-je vraiment très reconnaissante de me rendre ce
3145 qui me revient de façon légitime.

— Certes, réplique l'aînée, elle serait bien folle, celle qui te répondrait. Que le feu et les flammes de l'enfer me brûlent toute vive si jamais je t'octroie ce qui t'aiderait à mieux vivre ! On verra plutôt les rives de la Seine[1] se rejoindre et prime* devenir midi, à moins que
3150 le combat ne te l'attribue.

— Que Dieu et mon droit, en qui je me fie et me suis toujours fiée dans cette cause jusqu'à aujourd'hui, viennent assister ce chevalier qui, par pitié et par bonté, s'est offert pour me servir, sans même savoir qui j'étais, et sans que nous nous connaissions. »

3155 Tant de paroles ont été échangées que la discussion est close. Les deux sœurs amènent les chevaliers au milieu de la cour, où le peuple se précipite, comme toujours en pareille occasion où les gens* désirent assister à de beaux coups et de belles passes d'armes. Or ceux qui veulent combattre ne se reconnaissent point, eux qui naguère se
3160 témoignaient une amitié si sincère. Est-ce donc qu'ils ne s'aiment plus à présent ? Je vous réponds « oui » et « non » et prouverai l'un et l'autre avec de bonnes raisons[2].

En vérité, messire Gauvain aime Yvain et, en tout lieu, l'appelle son compagnon, et Yvain aussi. Si l'un reconnaissait l'autre ici, il lui ferait
3165 fête et donnerait sa propre vie pour lui, et l'autre agirait de même, avant de lui causer le moindre mal. N'est-ce pas là un amour pur et noble ? Oui, certes. Mais la haine n'est-elle pas aussi évidente ? Certainement, car chacun veut sur-le-champ malmener l'autre et le couvrir de honte.

3170 Par ma foi, quelle merveille avérée que de trouver dans un même vaisseau Amour* et Haine mortelle ! Dieu ! Comment un même logis peut-il être le repaire de choses si contraires ? Elles ne peuvent, il me semble, être à la même enseigne, car l'une ne pourrait vivre avec l'autre sous un même toit sans qu'éclatent disputes et querelles, dès

---

1. La Seine : important fleuve de France qui traverse Paris et Troyes.
2. Le passage qui va suivre n'est destiné qu'à faire languir l'auditoire qui attend impatiemment la description du combat entre Yvain et Gauvain. Chrétien de Troyes parodie ici les casuistes qui aimaient disserter sur des paradoxes futiles.

3175 que l'une devinerait la présence de l'autre. Or, tout comme un corps
a plusieurs membres, une maison compte bien des loges et des cham-
bres. Les choses peuvent donc se présenter ainsi : Amour s'est enfermé
dans une chambre secrète pendant que Haine, dans l'intention d'être
vue, s'est installée dans une loge donnant sur la rue. Voici donc Haine
3180 aux aguets, qui éperonne*, pique des deux et s'élance contre Amour, à
toute allure. Et, Amour, lui, qui reste absent. Hé ! Amour, où te caches-
tu ? Sors donc ! Tu verras quel hôte les ennemis de tes amis t'ont
amené et opposé. Les ennemis sont ces chevaliers mêmes qui éprouvent l'un pour l'autre l'amour le plus saint, car un amour ni faux ni
3185 feint est une chose précieuse et sainte. Amour est donc tout à fait
aveugle, et Haine ne voit rien. Si Amour les avait reconnus, il aurait
dû défendre à chacun de s'en prendre à l'autre et de ne rien faire qui
représente une menace. La preuve qu'Amour est aveuglé, déconfit et
trompé, c'est bien que ceux qui sont siens de plein droit, il les a sous
3190 les yeux et ne les reconnaît pas. Et Haine, elle, ne sait dire pourquoi
l'un hait l'autre et veut les faire combattre à tort, si bien que chacun
hait l'autre à mort. Sachez-le bien, on n'aime pas l'homme qu'on veut
déshonorer et dont on désire la mort[1].

Comment ? Yvain veut-il tuer messire Gauvain, son ami ? Oui, et
3195 l'autre aussi. Messire Gauvain veut donc de ses propres mains tuer
Yvain, ou faire pire que je ne dis ? Non point, je vous le jure et
garantis. Au nom de Dieu qui a tant fait pour l'homme, aucun d'eux
ne voudrait causer injure et outrage à l'autre pour tout l'empire de
Rome. J'ai donc menti honteusement, car on constate bel et bien
3200 qu'ils sont sur le point de s'attaquer l'un l'autre, la lance en place sur
le feutre* : chacun veut blesser l'autre pour l'humilier et le rabaisser,
sans jamais épargner aucun effort. Mais dites-moi : de qui se plaindra
celui qui aura encaissé les pires coups, quand aura vaincu l'autre ? Car
s'ils en viennent à l'affrontement, j'ai grand-peur qu'ils ne fassent
3205 durer la bataille et la mêlée jusqu'à la victoire de l'un des côtés. Or s'il
est défait, Yvain pourra-t-il raisonnablement dire qu'il a subi honte et
outrage de celui qui est du nombre de ses amis et qui ne l'appela
jamais d'autres noms que ceux d'ami et compagnon ? Ou si, par aventure, il arrive que ce soit lui, Yvain, qui offense son ami Gauvain ou

---

1. La morale de cette dissertation se révèle un truisme qui souligne l'ironie de tout le passage.

[…] Amour s'est enfermé dans une chambre secrète pendant
que Haine, dans l'intention d'être vue, s'est installée
dans une loge donnant sur la rue.

Lignes 3177 à 3179.

L'Amour et la Haine, d'après *La Somme le Roi*,
FIN DU XIIIᵉ SIÈCLE.

BRITISH MUSEUM, LONDRES.

3210 même qu'il l'emporte sur lui, aura-t-il tort de se plaindre? Point du tout, ne sachant de qui se plaindre.

Puisqu'ils ne se reconnaissent pas, les chevaliers s'éloignent l'un de l'autre. Au premier choc, leurs fortes lances de frêne se cassent. Ils ne se disent pas le moindre mot. Or s'ils avaient parlé, ils auraient
3215 expérimenté une tout autre rencontre, où jamais il n'y aurait eu aucun coup de lance ou d'épée et, bien loin de chercher à se blesser, ils auraient couru se prendre par le cou et s'embrasser*, et non s'infliger les pires blessures. S'ils se blessent et s'entre-tuent, les épées n'y gagnent rien, pas plus que les heaumes* et les écus* tout cabossés
3220 et fendus. Et les épées s'émoussent et s'ébrèchent tant ils s'en donnent de grands coups du tranchant, et non du plat. Avec les pommeaux[1], ils s'acharnent aussi sur le nez, sur le cou, sur le front et sur les joues qui sont toutes livides et bleues, là où le sang coagule en dessous. Et les hauberts*, ils les ont à ce point déchirés, et les écus, si bien mis en
3225 pièces, que tous deux sont couverts de blessures. Ils s'épuisent et s'acharnent tant que peu s'en faut qu'ils ne perdent haleine. Ils se battent avec tellement d'ardeur que toutes les hyacinthes[2] et les émeraudes serties dans leur heaume sont broyées et moulues, car ils s'assènent des coups si violents de leurs pommeaux sur les heaumes
3230 qu'ils en sont tout étourdis et qu'ils se sortent quasi la cervelle du crâne. Leurs yeux lancent des étincelles. Leurs poings sont énormes et carrés, leurs os durs, leurs muscles puissants. Quand ils se cognent, c'est en serrant leurs épées d'une poigne solide, ce qui rend plus redoutable l'échange de leurs coups redoublés.

3235 Ils combattent si longtemps et leurs épées martèlent tant tout que les heaumes sont cassés, les hauberts démaillés et les écus fendus et fêlés : aussi se reculent-ils pour laisser reposer les battements de leurs veines et reprendre haleine. Mais loin de prolonger la pause, chacun court bientôt sur l'autre, et plus férocement que jamais. Et tous les
3240 gens* de dire qu'ils n'ont jamais vu deux chevaliers plus courageux :

« Lorsqu'ils se battent, ils ne plaisantent pas. Les récompenses qu'ils méritent pour ce combat ne leur seront jamais rendues. »

---

1. Pommeaux : têtes arrondies de la poignée des épées.
2. Hyacinthes : pierres précieuses jaune rougeâtre.

Pendant qu'ils s'entre-tuent, les deux amis entendent ces paroles. Ils entendent aussi qu'on parle de réconcilier les deux sœurs, mais 3245 qu'on ne peut faire accepter la paix à l'aînée. Si la cadette s'en est remise à la décision du roi sans jamais rien en contredire, l'aînée s'obstine à ce point que les chevaliers, le roi, les dames et les bourgeois, et même la reine Guenièvre, tous appuient la cadette. Et chacun vient prier le roi de remettre, en dépit de la sœur aînée, un tiers ou un 3250 quart du fief* à la cadette et de séparer les deux chevaliers. Ils démontrent une vaillance si grande que cela provoquerait une trop lourde perte si l'un blessait l'autre au point de lui faire perdre de son honneur. Le roi répond que jamais il n'imposera la paix, car la sœur aînée n'en a cure tant c'est une méchante créature. De nouveau, tout cela est 3255 entendu par les deux qui ne cessent de se malmener, de sorte que tous s'émerveillent que la bataille soit si égale qu'on ne saurait dire qui domine l'autre. Et même les deux combattants, qui conquièrent leur honneur par ce martyre, s'étonnent et s'ébahissent de se valoir si également, et chacun de se demander avec admiration qui peut bien être 3260 celui qui s'oppose à lui si fièrement.

Le combat dure si longtemps que le jour s'avance vers la nuit. Tous les deux ont les bras épuisés et le corps douloureux, et du sang tout chaud, à gros bouillons, sort de leurs plaies, en maints endroits, et coule sous leurs hauberts*. Est-ce surprenant s'ils veu- 3265 lent s'arrêter? Leurs douleurs sont atroces. Et chacun de se reposer et de penser en lui-même qu'il a enfin trouvé son égal, après tant de combats. Un bon moment, ils restent ainsi, à se reposer, n'osant reprendre les hostilités. Ce combat, ils n'en veulent plus, tant en raison de la nuit qui devient obscure que de la peur qu'ils ressentent 3270 l'un pour l'autre. Cela les pousse à se séparer et les incite à conclure la paix. Mais avant de quitter le champ de bataille, ils s'abordent et se saluent avec joie et pitié mêlées.

Messire Yvain, en chevalier preux* et courtois*, parle le premier. Mais, quand il s'adresse à lui, son noble ami ne le reconnaît pas. S'il 3275 ne le peut, c'est que l'autre murmure avec une voix rauque, frêle et cassée, à cause du sang perdu par les coups reçus.

« Sire, fait-il, la nuit approche. Je ne pense pas que nous encourions ni blâme ni reproches si la nuit nous sépare. Pour ma part, je tiens à

souligner que je vous crains et vous estime beaucoup. Jamais de ma
3280 vie je n'ai entrepris une bataille dont j'ai retiré autant de souffrances
et je ne croyais pas non plus, un jour, vouloir tant connaître un chevalier. Vous savez bien placer vos coups et aussi bien les assener. Nul
chevalier de ma connaissance ne sait payer d'autant de coups. Jamais,
selon mon désir, je n'en aurais encaissé autant que vous m'en avez
3285 prêté aujourd'hui. Vos coups m'ont tout étourdi.

— Par ma foi, fait messire Gauvain, vous n'êtes ni étourdi ni épuisé
autant, voire plus, que je ne le suis. Et peut-être ne seriez-vous pas
ennuyé si j'apprenais qui vous êtes. Si je vous ai prêté de mon bien,
vous m'en avez rendu le compte exact, avec intérêt et capital, car vous
3290 êtes plus généreux pour rembourser que je ne l'étais à récolter. Mais,
peu importe, puisqu'il vous plaît que je vous répète par quel nom je
suis appelé, jamais je ne vous le cacherai plus longtemps : j'ai pour
nom Gauvain, fils du roi Lot. »

À ces mots, messire Yvain reste ébahi et bouleversé. En proie à la
3295 colère et au chagrin, il jette par terre son épée ensanglantée et son
écu* déchiqueté. Il descend de cheval et met pied à terre en s'écriant :
« Hélas ! Quel malheur ! Par une affreuse méprise, nous avons participé à ce combat sans nous reconnaître. Or jamais, si je vous avais
reconnu, je ne me serais battu contre vous. Je me serais plutôt pro-
3300 clamé vaincu avant le premier coup, je vous le jure.

— Comment ? fait messire Gauvain. Qui êtes-vous donc ?

— Je suis Yvain, qui vous aime plus que nul homme au monde, si
loin qu'il s'étende à la ronde, ayant reçu de vous tant de marques
d'amitié et d'honneur dans toutes les cours. Mais je veux dans cette
3305 affaire vous rendre une telle amende d'honneur que je me déclare
totalement vaincu.

— Vous feriez cela pour moi ? fait messire Gauvain, très touché.
Mais je serais assurément bien insensé d'accepter cette amende
d'honneur. Jamais la victoire ne me reviendra avant qu'elle ne soit
3310 vôtre, puisque je vous l'abandonne.

— Ah ! Beau sire, taisez-vous ! Ce n'est pas possible. Je ne peux plus
tenir debout tant je suis épuisé et mal en point.

— Non, fait son ami et son compagnon, ne vous donnez pas tant
de peine ! C'est moi qui suis exténué et vaincu. Je ne le dis point pour

3315 vous glorifier. En ce monde, j'avouerais cela à n'importe quel étranger
pour ne plus souffrir de nouveaux coups.»

Tout en parlant, Gauvain descend de cheval. Tous deux se jettent
dans les bras l'un de l'autre et s'embrassent*, sans que chacun cesse
pour autant de se proclamer vaincu. Quand le roi et les barons*
3320 accourent de tous côtés, ce débat n'est pas terminé. Ils les voient se
démontrer tant d'amitié qu'ils brûlent d'apprendre ce qui peut bien
s'être passé : quels sont ces deux adversaires qui se manifestent une si
grande affection ?

«Seigneurs, questionne le roi, dites-nous d'où viennent soudain
3325 cette amitié et cette concorde entre vous, alors que jaillirent tant de
haine et de discorde toute la journée ?

— Sire, dit messire Gauvain, son neveu, nous ne tairons pas l'infortune[1] et la mésaventure à l'origine de ce combat. Puisque vous
voici venu pour l'entendre et pour l'apprendre, nous vous dévoilerons
3330 bien toute la vérité. Sire, je suis Gauvain, votre neveu, et je n'ai pas
reconnu mon compagnon, messire Yvain que voici, jusqu'à ce que
— grâces Lui soient rendues ! — Dieu voulut qu'il s'enquière de mon
nom. L'un a révélé son nom à l'autre, et nous nous sommes alors
reconnus, après nous être déjà bien battus. Car nous avons bien lutté
3335 et si nous avions combattu encore un peu plus longtemps, tout aurait
très mal tourné pour moi car, par ma tête, il m'aurait tué, grâce à
sa vaillance, mais aussi en raison de la cause injuste que j'ai servie par
les armes. Aussi, je préfère que mon ami m'ait vaincu et non achevé
au combat.»

3340 À ces mots, tout le sang de messire Yvain ne fait qu'un tour, et il
lui dit :

«Sire compagnon, que Dieu m'assiste, vous avez grand tort
d'affirmer cela. Que le roi, mon seigneur, sache bien que, dans cette
bataille, c'est moi, sans conteste, qui suis vaincu et réduit à sa merci.

3345 — Non, moi !

— Non, moi !» prétendent-ils l'un et l'autre.

Les deux sont si francs et nobles que chacun octroie la victoire et
la couronne à l'autre, et que ni l'un ni l'autre ne veut l'accepter.
Et chacun s'efforce de convaincre le roi et tous ses gens* qu'il est le

---

1. Infortune : malchance.

3350 vaincu et le battu. Et le roi ne met fin à leur dispute qu'après les avoir
écoutés un bon moment, car il lui plaît bien de les entendre et aussi
de les voir se donner des accolades, alors qu'ils se sont infligé tant de
graves blessures en maints endroits.

« Seigneurs, fait-il, entre vous deux règne une grande amitié.
3355 Vous le montrez bien quand chacun de vous se déclare vaincu. Mais
à présent, remettez-vous-en à moi ! J'amenderai cette cause pour
que l'honneur, je crois, vous en revienne et pour que tout le siècle[1]
m'en loue. »

Tous deux jurent alors de se soumettre à sa volonté, tout comme
3360 il l'ordonnera. Et le roi dit qu'il réglera la querelle selon l'équité et
la loyauté.

« Où est, fait-il, la demoiselle qui, par la force et sans pitié, a chassé
sa sœur hors de sa terre et l'a déshéritée ?

— Sire, fait-elle, je suis ici.

3365 — Vous êtes là ? Approchez donc ! Je savais déjà depuis un bon
moment que vous priviez votre sœur de son héritage. Ses droits ne
seront plus niés, car vous avez laissé échapper la vérité. Vous devez
donc renoncer à toute réclamation sur sa part de la succession.

— Ah ! Seigneur roi ! Si j'ai lancé une parole sotte et folle, vous ne
3370 devez pas me prendre au mot. Par Dieu, sire, ne m'accablez pas ! Vous
êtes roi, ne devez-vous pas vous garder de toute erreur judiciaire ?

— C'est bien pour cela, fait le roi, que je veux rendre à votre sœur
ce qui lui revient de droit, parce que je méprise l'injustice. Certes,
vous avez entendu qu'à ma merci votre chevalier et le sien se sont
3375 rendus. En outre, votre tort étant connu de tous, je ne saurais pencher en sa faveur. Puisque chacun, voulant honorer l'autre, se
déclare le vaincu du combat judiciaire, cette cause se voit remise
entre mes mains, et la décision m'appartient. Donc, ou vous agissez
selon ma volonté et comme je l'établirai ou bien je déclare mon
3380 neveu vaincu par les armes, ce qui sera bien pis pour vous, et je le
dirais à contrecœur. »

Il n'a aucune intention d'en venir là, mais il dit cela pour essayer,
si possible, de l'effrayer et de lui faire rendre l'héritage à sa sœur au
moyen de la peur. Il s'est bien aperçu qu'elle ne lui en céderait rien,

---

1. Siècle : les gens et les institutions du royaume.

3385 malgré ses discours, s'il n'y ajoute la menace et la contrainte. Et
puisqu'elle le craint et le redoute, elle lui répond :

« Sire, il convient que je me plie en tout à votre volonté. Et bien que
j'en aie le cœur dolent*, j'obéirai, quoi qu'il m'en coûte. Ma sœur
obtiendra donc ce qui lui revient de sa part de mon héritage. Et pour
3390 la rassurer, c'est vous-même que je lui propose comme garant.

— Mettez-la en possession de son fief* sur-le-champ, fait le roi, et
qu'elle le tienne de vous et devienne votre vassale*. Portez-lui l'amitié
que vous lui devez à ce titre, et qu'elle, de son côté, vous aime comme
sa sœur et sa suzeraine[1]. »

3395   Le roi met ainsi un terme à l'affaire, et la cadette entre en possession de son domaine et l'en remercie.

Le roi dit ensuite à son neveu, ce chevalier vaillant et preux*, de
bien vouloir se laisser ôter son armure, et messire Yvain, s'il le veut,
permettra qu'on lui retire aussi la sienne : elles leur seront désormais
3400 inutiles. On les désarme donc, et ils se séparent sans déterminer ni
vainqueur ni vaincu.

Pendant qu'on les désarme, tous voient le lion venir en courant, à
la recherche de son maître. Aussitôt que la bête l'aperçoit, elle commence à lui exprimer sa joie. Mais imaginez comme les gens* reculent
3405 et comme s'enfuient même les plus hardis.

« Arrêtez tous ! fait messire Yvain. Pourquoi fuyez-vous ? Nul ne
vous pourchasse. N'ayez crainte ! Le lion que vous voyez approcher
ne vous fera aucun mal. Faites-moi confiance, s'il vous plaît. Il est à
moi, et moi à lui, nous sommes tous deux compagnons. »

3410   Tous ont alors la certitude absolue, pour avoir entendu parler des
aventures du lion et de son compagnon, que celui qui a tué le cruel
géant n'est autre que messire Yvain. Et messire Gauvain lui dit :

« Sire compagnon, que Dieu me vienne en aide, de quelle honte
vous m'avez couvert aujourd'hui ! Je vous ai bien mal payé de retour
3415 le service que vous m'avez rendu en tuant le géant pour sauver mes
neveux et ma nièce. J'ai bien des fois pensé que c'était vous, et ce qui
me mettait sur la piste, c'est qu'on disait qu'entre nous prédominaient
une profonde amitié et une longue familiarité. Je n'ai cessé d'y songer,
n'en doutez point. Pourtant, je n'arrivais pas à me souvenir de vous et

---

1. Suzeraine : autorité suprême à laquelle se soumet un vassal (ou une vassale).

3420 je ne me rappelais pas non plus avoir jamais entendu parler d'un che-
     valier, en quelque pays où j'eusse été, qui se faisait appeler du nom de
     Chevalier au lion. »

     Tandis qu'ils discutent ainsi, on finit de les désarmer, et le lion de
     se diriger en hâte vers son maître, là où il est assis. Une fois devant lui,
3425 il lui traduit toute la joie qu'une bête peut exprimer sans mot.

     Les deux combattants sont conduits dans la chambre retirée d'une
     infirmerie. Pour guérir leurs souffrances, ils ont besoin d'un mire* et
     d'onguent. Et comme le roi Arthur les aime beaucoup, il les fait venir
     devant lui, puis envoie chercher un chirurgien qui sait mieux que per-
3430 sonne traiter les plaies, et celui-ci s'emploie si bien à les soigner qu'il
     leur guérit leurs blessures au plus tôt et au mieux qu'il peut.

     Quand tous deux sont rétablis, messire Yvain, qui a, sans retour,
     voué son cœur à l'amour, voit bien qu'il ne peut plus vivre et qu'il
     finira par mourir d'amour si sa dame n'a pitié de lui, car il se meurt
3435 pour elle. Il décide donc de partir tout seul de la cour et d'aller guer-
     royer à sa fontaine. Il y fera tant foudroyer, et tant venter, et tant pleu-
     voir que, par force et par nécessité, sa dame se verra contrainte de
     conclure la paix avec lui, sinon il ne cessera jamais de tourmenter la
     fontaine et de provoquer le déchaînement de la pluie et du vent.

3440 Sitôt que messire Yvain se sent guéri et solide, il s'en va sans que
     personne le sache, sauf son lion qui demeure à ses côtés, puisque
     jamais de toute sa vie il n'abandonnera sa compagnie. Ils cheminent
     jusqu'à ce qu'ils aperçoivent la fontaine, où ils font pleuvoir. Ne croyez
     pas que je vous mente, mais la tourmente est si terrible que nul ne sau-
3445 rait en raconter le dixième. Il semble que toute la forêt s'abîme au fond
     de l'enfer, et la dame craint de voir son château sombrer lui aussi. Les
     murailles vacillent, la tour tremble et peu s'en faut qu'elle ne s'écroule.
     Le plus courageux préférerait être prisonnier en Perse[1], aux mains des
     Turcs*, que de se trouver là, entre ces murs. Les gens vivent une telle
3450 peur qu'ils maudissent tous leurs ancêtres et s'exclament :

     « Maudit soit le premier homme qui construisit sa maison en ce pays !
     Et maudits soient ceux qui édifièrent ce château ! Ils ne pouvaient choisir

---

1. Perse : empire du Moyen-Orient qui s'étend au nord-est du golfe Persique. Depuis 1935,
   l'empire perse se nomme l'Iran.

Et comme le roi Arthur les aime beaucoup, il les fait venir devant lui,
puis envoie chercher un chirurgien [...]

Lignes 3428 et 3429.

TRAITÉ DE CHIRURGIE, DE ROGER DE PARME, XIIIe SIÈCLE.

BRITISH MUSEUM, LONDRES.

en ce monde un lieu plus détestable. Voyez comment un homme, à lui seul, peut nous assaillir, nous harceler et nous tourmenter. »

3455   « Dame, dans cette situation, il vous faut tenir conseil, fait Lunete. Vous ne trouverez personne qui se charge de vous aider en ce péril, à moins qu'on aille le quérir très loin. Jamais, en vérité, nous ne nous reposerons en ce château et nous n'oserons plus en franchir la porte ou les murs. Si on rassemblait tous vos chevaliers pour faire face à ce

3460   danger, même le meilleur hésiterait à s'avancer, vous le savez bien. Vous voici donc sans personne pour défendre votre fontaine et on jugera votre conduite folle et indigne. Quel bel honneur vous gagnerez là quand celui qui vous livre ces assauts repartira sans avoir eu à livrer bataille ! Vous êtes en mauvaise position si vous ne trouvez pas le moyen

3465   de vous tirer d'affaire.

— Toi qui en sais tant, fait la dame, dis-moi ce que je dois faire, et j'agirai selon ton avis.

— Dame, si je le pouvais, je vous conseillerais volontiers. Mais vous auriez grand besoin d'un conseiller plus avisé. C'est pourquoi je

3470   n'ose m'en mêler. Je supporterai plutôt avec les autres la pluie et le vent jusqu'au jour où je verrai à notre cour, s'il plaît à Dieu, quelque vaillant chevalier prendre le faix[1] et la charge de cette bataille. Mais je ne crois pas que ce jour soit pour aujourd'hui, et cela met le comble au mauvais état de vos affaires. »

3475   La dame lui répond aussitôt :

« Demoiselle, cessez ce langage ! Sachez que je n'attends rien des gens* de ma maison. Ce ne sont pas eux qui viendront défendre ni la fontaine ni le perron*. Mais s'il plaît à Dieu, nous allons voir à l'instant votre sagesse et votre intelligence : ne dit-on pas que c'est

3480   dans l'adversité qu'on reconnaît ses amis ?

— Dame, si on pensait retrouver celui qui a tué le géant et vaincu les trois chevaliers, cela vaudrait la peine d'aller le chercher. Mais tant qu'il sera en guerre avec sa dame, qu'elle n'aura pour lui que colère et ressentiment, il n'y a sous le ciel, que je sache, ni homme ni femme

3485   qu'il consente à suivre, à moins qu'on ne lui jure et promette de faire tout ce qui est possible pour apaiser la rancune que sa dame nourrit envers lui et qui le fait mourir de douleur et de chagrin. »

---

1. Faix : fardeau, par extension, responsabilité.

Lunete, avec déférence, lui fait tout de suite apporter un très précieux reliquaire devant lequel la dame se met à genoux.

Lignes 3499 et 3500.

RELIQUAIRE DE SAINT THOMAS,
FABRIQUÉ À LIMOGES VERS 1190.

FONDATION BRITISH RAIL.

Et la dame dit :

« Je suis prête, avant même que vous partiez en quête de lui, à vous
3490 donner ma parole et à vous jurer que, s'il vient à moi, je ferai tout,
sans mensonges ni feintes et comme il le veut, pour le réconcilier avec
sa dame, si je le puis. »

Lunete lui répond alors :

« Dame, ne doutez pas un instant qu'il vous soit possible de le
3495 réconcilier avec sa dame, si vous le souhaitez. Mais puisque vous avez
parlé de serment, j'espère ne pas vous fâcher si je vous le demande
avant de me mettre en route.

— Bien volontiers », dit la dame.

Lunete, avec déférence, lui fait tout de suite apporter un très pré-
3500 cieux reliquaire[1] devant lequel la dame se met à genoux. La voici prise
au jeu de la vérité par une Lunete fort courtoise*. Au moment de
prêter serment, la jeune fille qui le dicte n'oublie rien de ce qui peut
lui paraître utile.

« Dame, fait-elle, levez la main ! Je ne veux pas qu'après-demain
3505 vous m'accusiez de je ne sais quoi. C'est dans votre intérêt, et non
dans le mien, que vous allez jurer dans cette affaire. S'il vous plaît,
pour le Chevalier au lion, jurez que, selon de bonnes intentions, vous
ferez tout votre possible jusqu'à ce qu'il soit certain que l'amour de sa
dame lui est revenu aussi vif et aussi fort qu'avant. »

3510 La dame lève alors la main droite et dit :

« Exactement comme tu l'as prononcé, je te prête serment que, par
Dieu et par les saints, j'y emploierai toutes mes forces. Je lui rendrai
l'amour et les bonnes grâces dont il jouissait jadis auprès de sa dame,
si j'en détiens la force et le pouvoir. »

3515 Lunete a accompli là du bon travail, car ce qu'elle vient d'obtenir
représente bien ce qu'elle désire le plus au monde. Déjà, on lui amène
un palefroi* habitué au trot léger. La mine ravie et le visage rayon-
nant, Lunete monte dessus et s'éloigne.

C'est sous le pin qu'elle découvre celui qu'elle ne pensait pas
3520 trouver si près. Avant de parvenir jusqu'à lui, elle croyait devoir le
chercher bien longtemps. Par son lion, elle l'a reconnu aussitôt qu'elle

---

1. Reliquaire : coffret contenant les reliques d'un saint (corps ou parties de son corps, objets lui
ayant appartenu ou liés à son martyre).

l'a aperçu. Elle se dirige donc vers lui à vive allure et met pied à terre. Et messire Yvain l'a également reconnue, du plus loin qu'il l'ait vue. Ils se saluent l'un l'autre, et elle dit :

3525   « Sire, comme je suis contente de vous avoir trouvé si près. »

Et messire Yvain de lui répondre :

« Comment ? Me cherchiez-vous donc ?

— Oui, sire ! Et jamais, de ma vie, je n'ai été aussi heureuse ! Car j'ai obtenu de ma dame, si elle ne veut pas se parjurer, qu'elle sera

3530   votre dame et vous son époux, exactement comme par le passé. J'ose vous l'annoncer en toute vérité. »

À cette nouvelle qu'il ne croyait jamais devoir entendre, messire Yvain ressent une vive joie. Il ne saurait assez combler celle qui lui a procuré ce bonheur. Il lui baise les yeux, puis le visage, en lui disant :

3535   « Certes, ma chère amie, aucune récompense ne saurait assez vous remercier, et je crains de faillir à trouver le moyen et l'occasion de vous honorer comme il se doit.

— Sire, fait-elle, qu'importe ! Ne vous en inquiétez pas ! Vous aurez bien des fois le moyen et l'occasion de faire du bien, à moi et à d'au-

3540   tres. Je n'ai réalisé que mon devoir, et vous me devez autant de grati-tude qu'à un emprunteur s'acquittant de sa dette, et je ne crois pas vous avoir encore rendu tout ce que je vous dois.

— Vous l'avez fait, Dieu m'en est témoin, et plus qu'au centuple ! À présent, nous partirons quand vous voudrez. Mais lui avez-vous

3545   révélé qui je suis ?

— Pas du tout, par ma foi ! Elle ne vous connaît que sous le nom de Chevalier au lion. »

En parlant ainsi, ils s'en vont aussitôt, toujours suivis du lion, et ne tardent pas à gagner tous trois le château. Une fois là, ils ne disent

3550   absolument rien à personne avant d'arriver devant la dame que l'an-nonce du retour de la jeune fille, qui ramène de plus le lion et le che-valier, a aussitôt réjouie. Elle désire tant le rencontrer, le connaître et le voir à loisir. Revêtu de son armure, messire Yvain se laisse tomber à ses pieds. Lunete, à ses côtés, dit :

3555   « Dame, relevez-le et consacrez votre peine, vos efforts et votre sagesse à lui procurer la réconciliation et le pardon que personne au monde en dehors de vous ne peut lui obtenir. »

La dame l'invite alors à se redresser et dit :

« Tout ce que je peux faire, je le lui offre et je serai très heureuse
3560 d'agir selon ses désirs et volontés, pour autant que je le puisse.

— Certes, dame, fait Lunete, je ne l'aurais pas affirmé si ce n'était
vrai, mais c'est vous seule qui le pouvez, et bien plus encore que je ne
vous l'ai dit. Mais désormais je vous avouerai toute la vérité, et vous
allez comprendre : jamais vous n'avez eu et jamais vous n'aurez un
3565 aussi bon ami que celui-ci. Dieu qui veut que règnent entre vous et lui
une paix et un amour fidèles, que rien ne saurait troubler, me l'a fait
rencontrer tout près d'ici ! À quoi bon ajouter quelque chose pour
prouver que je dis la vérité ? Dame, oubliez votre colère contre lui : il
n'a pas d'autre dame que vous. Voici messire Yvain, votre époux. »

3570 À ces mots, la dame sursaute et dit :

« Que Dieu me sauve, je me suis fait prendre au piège de tes
paroles ! Et tu veux me faire aimer malgré moi celui qui ne m'aime pas
et qui me méprise ? Comme tu as bien travaillé ! Comme tu m'as
rendu là un fier service ! Mieux vaut endurer toute ma vie vents et
3575 orages ! Et si se parjurer n'était une chose trop laide et trop infâme, il
ne trouverait jamais auprès de moi ni paix ni réconciliation. Pour toujours couverait dans mon cœur comme le feu couve sous la cendre
cette chose que je ne veux pas évoquer ici et dont je n'ai pas envie de
me souvenir, puisqu'il me faut me réconcilier avec lui. »

3580 Messire Yvain se rend compte que ses affaires prennent un cours
favorable et qu'il aura son pardon et sa réconciliation, et il dit :

« Dame ! On doit miséricorde* au pécheur ! J'ai payé cher mon
manque de sagesse, et ce n'est que justice. La folie me fit tarder à
revenir, je m'en reconnais coupable et fautif. Et j'ai agi avec hardiesse
3585 en osant paraître devant vous, mais si vous voulez bien maintenant
me retenir près de vous, jamais plus je ne vous tromperai.

— Oui, dit-elle, je le veux bien, car je serais parjure si je n'em-
ployais pas tout mon pouvoir à établir la paix entre vous et moi.
Puisque tel est votre désir, je vous l'accorde.

3590 — Dame, fait-il, mille fois merci ! Que le Saint-Esprit me vienne en
aide. Dieu, en ce bas monde, ne pourrait me rendre plus heureux ! »

YVAIN TUE ESCLADOS LE ROUX ET RENCONTRE LAUDINE;
COMPLAINTES SUR LE CORPS D'ESCLADOS.

ROMAN D'YVAIN, MINIATURE.

BIBLIOTHÈQUE NATIONALE DE FRANCE, PARIS.

Maintenant messire Yvain a obtenu son pardon et, en vérité, sachez que jamais il ne fut aussi comblé, quelque désespéré qu'ait été son chagrin. Tout est bien qui finit bien pour lui : il est aimé et chéri 3595 de sa dame, et elle de lui. Il ne se souvient de nuls tourments, parce que toute la joie que lui inspire sa très chère amie les lui a fait oublier. Et Lunete est aussi très heureuse. Il ne lui manque plus une chose qui lui plaise depuis qu'elle a réconcilié pour toujours messire Yvain, le parfait amant, et son amie chérie, l'amante parfaite.

Questions   * * *

Chrétien termine ainsi son roman sur le Chevalier au lion. Jamais il n'en entendit conter plus, et jamais vous n'en entendrez davantage, à moins de vouloir y ajouter mensonge.

(*Fin du* Chevalier au lion. *Celui qui l'a copié se nomme Guiot de Provins : son logis se trouve juste devant l'église collégiale de Notre-Dame-du-Val.*)

Tout est bien qui finit bien pour lui :
il est aimé et chéri de sa dame, et elle de lui.

Lignes 3594 et 3595.

MINIATURE DU MANUSCRIT ANONYME
HANESSE HERR KONRAD VON HALLTETEN.

STAATSBIBLIOTHEK, BERLIN.

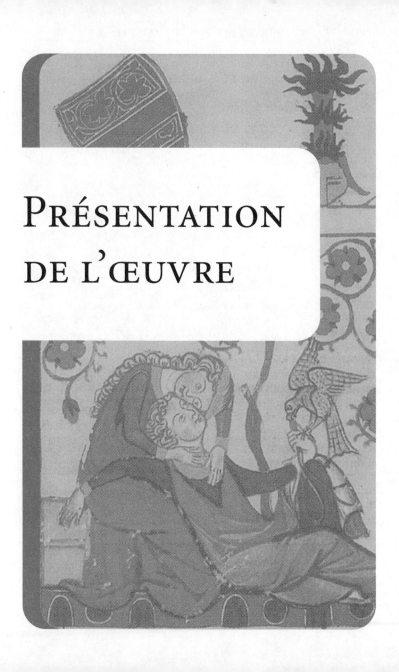

PRÉSENTATION DE L'ŒUVRE

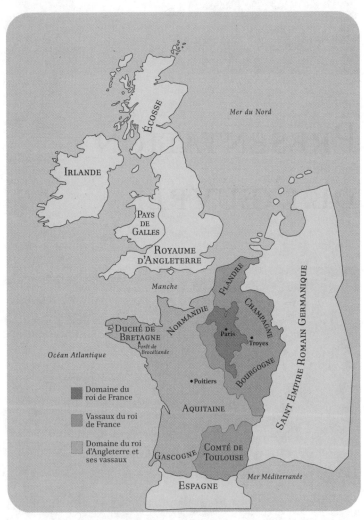

LA FRANCE À LA MORT DE LOUIS VII.

CHRÉTIEN DE TROYES ET SON TEMPS

Le contexte sociohistorique

Qu'est-ce que le Moyen Âge ?

C'est la période historique de l'Europe occidentale qui s'étend de 476 à 1453 ou 1492[1]. Les historiens du XVIIe siècle l'ont ainsi nommée, considérant les 10 siècles la séparant de l'Antiquité comme un âge intermédiaire et régressif auquel aurait mis fin le réveil humaniste de la Renaissance.

L'étude des temps médiévaux[2] demeure délicate en raison de leur éloignement et de leur étendue. Considérons qu'en 1992 le monde moderne se situait à 500 ans du Moyen Âge[3] qui, lui, couvre plus d'un millénaire de civilisation ! Devant l'impossibilité d'en réussir une synthèse cohérente, les médiévistes le découpent en trois périodes : le Haut Moyen Âge, du Ve au Xe siècle ; l'âge féodal, du XIe au XIIIe siècle ; le Bas Moyen Âge, aux XIVe et XVe siècles. Chrétien de Troyes vécut au XIIe siècle, au cœur de l'âge féodal.

La royauté au XIIe siècle

Un jeune monarque

Louis VII, dit le Jeune, règne sur la France de 1137 à 1180, soit pendant la durée presque exacte de la vie de Chrétien de Troyes (1135-1183). La monarchie traverse alors une période difficile. La crise provient des vives tensions entre la monarchie qui tend à l'absolutisme[4] et les grands seigneurs de France qui visent à accroître leurs pouvoirs aux dépens de la royauté.

Louis VII monte sur le trône à 16 ans, un handicap évident pour qui veut imposer son autorité à une noblesse autrement fière et puissante.

---

1. En annexe, le lecteur trouvera des précisions sur les dates fixant les début et fin du Moyen Âge.
2. Les adjectifs « médiéval » (au pluriel « médiévaux ») et « moyenâgeux » sont issus de Moyen Âge ; toutefois, la connotation péjorative du second en commande un emploi restreint.
3. 1992-1492 = 500.
4. L'absolutisme est un régime politique où le roi détient tous les pouvoirs et peut revendiquer toutes les terres de son royaume. Il s'oppose au régime féodal où le pouvoir, décentralisé, favorise les seigneurs.

De plus, à une époque où la fortune personnelle règle l'influence politique, le roi ne possède que le domaine, relativement modeste, de l'Île-de-France, qui s'étend autour de Paris. Pour contrer cette faiblesse, l'entourage du jeune Louis arrange, deux semaines avant le couronnement, un mariage avec la princesse Aliénor d'Aquitaine qui lui apporte en dot presque tout le centre et le sud-ouest de la France actuelle.

Les noces royales ne procurent pas les avantages escomptés. Certes, Louis VII voit ses positions se raffermir par cette alliance, mais il demeure néanmoins à la merci des humeurs de son épouse et, en habile diplomate, la fière Aliénor refuse de lui concéder la moindre parcelle de ses possessions. Elle accepte seulement de « s'associer » au domaine royal, tout comme un vassal se soumet à son suzerain dans le cadre du régime féodal[1]. La jeune reine vit à une époque où la femme a le droit de conserver et de gérer son domaine après le mariage ; un droit qui ne lui sera retiré qu'à la Renaissance.

Aliénor, reine de France

Femme d'une vaste culture, Aliénor d'Aquitaine, petite-fille de Guillaume IX, le plus ancien troubadour[2] de France, fréquente depuis son enfance les brillantes cours du Midi où l'art et l'amour animent les esprits. Elle estime l'élégance des usages, apprécie les délicatesses de la poésie et manifeste de l'inclination pour la galanterie. L'existence froide, ascétique et dénuée de tout raffinement de la cour de France n'est pas faite pour elle. Bientôt, des mésententes éclatent au sein du couple royal.

Monarque pieux et sévère en dépit de son jeune âge, Louis VII aime à s'entourer de religieux et de chevaliers. Excellent chef d'État, il favorise l'émancipation des serfs, concède des privilèges aux communautés

---

1. Le régime féodal est expliqué plus loin.
2. Un troubadour est un « trouveur » littéraire, un poète qui « trouve » des mots et des récits à écrire. Au sud de la Loire, ces écrivains se nomment troubadours ; au Nord, trouvères. Chrétien de Troyes fut un trouvère. La distinction entre troubadours et trouvères vient du dialecte qu'ils utilisent. Au cours des premiers siècles du Moyen Âge, en Gaule, seuls les clercs conservent l'usage du latin classique. La population parle un latin corrompu, dit « vulgaire », qui engendre une mosaïque de dialectes : les langues d'oc du Sud ; celles d'oïl du Nord. *Oc* et *oïl* signifient « oui » dans ces langues.

rurales formées de vilains[1] et accorde des chartes d'indépendance aux bourgs[2] qui peuvent ainsi se soustraire à l'avidité des grands seigneurs. Sa popularité auprès du peuple et de la classe bourgeoise montante lui permet de défier la noblesse.

Aliénor insiste très tôt auprès de son époux afin que leur quotidien gagne en distinction et en raffinement. Mais, hormis la chasse, Louis VII s'offre peu de divertissements et son intérêt pour l'art se borne le plus souvent à décider de la construction et de l'ornementation de lieux saints. Son épouse considère indignes d'un monarque les mœurs de la cour de France, dont elle cherche à rehausser le prestige. Paris connaît alors une période d'intense développement économique. La population croît rapidement. Les services et les commerces se multiplient. Des quatre coins d'Europe affluent vers la cour parisienne des étrangers de qualité. La reine entend ne plus rougir des mets qui sont servis à sa table et tient à ce que l'étiquette soit observée. Il lui paraît impératif qu'après le repas, des jongleurs récitent ou chantent des œuvres d'imagination.

Aliénor s'enhardit aussi à critiquer ouvertement les politiques de son royal époux. Elle en veut principalement aux prétentions absolutistes de Louis VII et conteste les avantages concédés aux bourgeois et au peuple aux dépens des grands seigneurs dont elle fait partie en tant que duchesse d'Aquitaine. Lors des cérémonies officielles, les seigneurs adoptent devant le jeune monarque l'attitude respectueuse de vassaux, mais la colère gronde. Certains aristocrates fort riches, tel Henri Plantagenêt, duc de Normandie et comte d'Anjou, cherchent le moyen de miner l'autorité de la couronne. Un affrontement décisif entre Aliénor et Louis VII facilitera ce dessein.

Un affrontement royal

Après quelques démêlés avec le pape au sujet de l'élection d'évêques, Louis VII s'applique à resserrer les liens entre son règne et l'Église. Sous les conseils de Suger, vieux conseiller de son père et abbé de Saint-Denis, il entreprend la deuxième croisade (1147-1149).

1. Les vilains sont des paysans libres par opposition aux serfs soumis à l'autorité du seigneur.
2. Le bourg est la ville, souvent fortifiée, du Moyen Âge.

DES MUSICIENS À LA COUR.

CANTIGAS DE SANTA MARIA, XIIIe SIÈCLE.

MONASTÈRE DE L'ESCORIAL, ESPAGNE.

Friande de voyages, Aliénor l'accompagne, mais, au cours du trajet, la conduite légère de la reine sème plus d'une dispute au sein du couple. À la forteresse d'Antioche, Aliénor est séduite par son oncle, Raymond de Poitiers, le prince de la ville, ce qui humilie Louis VII devant ses sujets. Furieux, le roi modifie précipitamment ses objectifs militaires : au lieu de maintenir ses positions et de protéger Antioche, il abandonne à son sort la forteresse de son rival et entreprend une expédition inutile vers Jérusalem. Peu après, l'armée échoue dans sa tentative de faire le siège de Damas. Voilà l'échec de la croisade. La chrétienté, toute secouée par cette défaite, l'impute au roi, incapable de contenir sa femme volage. Or, nullement repentante, celle-ci amorce, dès son retour en France, des rapports galants avec Henri Plantagenêt.

Aliénor, reine d'Angleterre

En 1152, sous prétexte qu'Aliénor ne lui a pas encore donné d'héritier mâle, Louis VII obtient le divorce. Il pense ainsi mater sa fière épouse. C'est une seconde erreur… politique. La même année, la duchesse d'Aquitaine épouse en grande pompe Henri Plantagenêt qui, deux ans plus tard, devient le roi d'Angleterre et fait d'Aliénor sa reine !

Joignant par ce mariage ses possessions à celles de sa femme, Henri II devient le plus puissant monarque d'Europe, surclassant sans peine Louis VII dont il demeure ironiquement le double vassal en tant que comte d'Anjou et, par alliance, comme époux de la duchesse d'Aquitaine. La suprématie du roi d'Angleterre sur celui de France se traduit pendant toute la période par d'incessants conflits armés qui déchirent sporadiquement les deux pays. Bref, le règne de Louis VII s'achève sans que soit atteint l'absolutisme tant souhaité. C'est Philippe Auguste, l'héritier du trône en 1180, qui réussira là où son père a échoué.

ALIÉNOR ET HENRI II TRAVERSANT LA MANCHE.

HISTORIA MAJOR, DE MATTHEW PARIS, VERS 1240.

BRITISH LIBRARY, LONDRES.

Qu'est-ce que la féodalité?

Ses origines

L'origine de la féodalité découle de l'apparition du fief au cours du Xe siècle. En ces temps troublés, le climat d'insécurité qui règne incite le petit propriétaire à rechercher la protection d'un voisin plus puissant. Vers l'an 900, les châteaux cessent d'être des enceintes précaires, construites de bois et de terre, et deviennent des forteresses de pierres, flanquées de tours. Lors d'offensives armées, les gens de la contrée s'y réfugient. L'organisation sociale repose donc sur la nécessité de se protéger. Bientôt, le châtelain tire profit de cette dépendance des faibles. Il s'arroge le droit d'exercer sur les terres mises sous sa protection un pouvoir de commandement appelé *le ban* : il veille à l'ordre et à la défense d'un domaine, mais exige de se faire payer pour ses services. Dans certains cas, ce pouvoir du seigneur dégénère en esclavage pour les paysans qui deviennent alors des «serfs[1]». Dans d'autres se crée le fief [2]. Il s'agit d'une possession territoriale concédée par un grand seigneur, le *suzerain,* à un individu de sang noble, mais d'un rang inférieur, le *vassal*[3]. Une cérémonie célèbre l'octroi d'un fief. Le vassal y rend hommage à son suzerain à qui il prête serment d'allégeance, de fidélité et d'obéissance. Le suzerain a l'obligation de défendre en tout temps les possessions de son vassal. En contrepartie, ce dernier honore les services militaires, de justice, d'aide financière et de droits de mutation qu'il doit lui rendre. Un vassal qui trahit son seigneur est un *félon,* un traître, et il peut se voir retirer son fief. En 1172, le comté de Champagne est composé de 2036 fiefs, grands et petits, dirigés par autant de vassaux. Dans *Yvain,* au début du roman, Calogrenant est accueilli chez un vavasseur, noble du rang le plus inférieur de l'échelle aristocratique et possesseur d'un modeste fief.

---

1. Serf vient du latin *servus* et signifie «esclave».
2. Fief vient du latin *fides* pour foi, fidélité, confiance.
3. Vassal est un mot d'origine celtique qui signifie «serviteur».

Les seigneurs et le roi

La féodalité assure la domination et l'exploitation des paysans par la noblesse dans le contexte du protectorat de la seigneurie. Au XIIe siècle, l'élite aristocratique de France domine une population de 15 à 20 millions d'âmes. La féodalité régit la hiérarchie de rangs entre les nobles ainsi que les liens entre l'aristocratie et les serfs. Mais, peu après l'an 1000, elle se mue en un système social, économique et politique plus large qui établit les droits et les devoirs réciproques entre toutes les classes de la société. Sur le plan économique, elle bouleverse le système des taxations et des impôts en faveur de l'aristocratie et de l'Église auxquelles des privilèges sont concédés. Mais son plus surprenant essor lui fait gagner la sphère politique.

De fait, les rapports entre le roi et les grands seigneurs obéissent aux liens vassaliques. Depuis le couronnement de Charlemagne par le pape en l'an 800, la personne du roi est sacrée. Celui-ci s'impose alors comme suzerain suprême de France. Bien qu'ils conservent leur indépendance quant à la gestion de leurs possessions inaliénables[1] et restent libres de choisir leurs vassaux, les ducs et les comtes se soumettent à la couronne de France. Par le serment d'allégeance, ces grands seigneurs, placés sous la bienveillance royale, rassemblent une force défensive efficace contre les ennemis du royaume. Dès qu'une frontière du territoire est franchie par des belligérants, les armées de tous les seigneurs s'unissent pour les refouler. De même, tous participent aux expéditions militaires, telles les croisades, que mobilise le roi. Ce contrat politique féodal d'entraide et d'égalité est parfaitement illustré par le mythe médiéval de la Table ronde : par sa forme, la table n'a pas de haut bout, ainsi aucun de ceux qui s'y assoient ne peut prétendre détenir une préséance. Chacun a des pouvoirs et jouit de droits égaux ; tous, hormis le roi dont la couronne symbolise l'autorité suprême.

Les chevaliers

Peu avant l'an 1000 apparaît la chevalerie. Le châtelain, qui a l'obligation de protéger son fief contre les intrusions hostiles, loue les services de chevaliers à qui il confie cette tâche. Ces guerriers, comparables aux mercenaires de l'Antiquité, n'obtiennent guère de considération de

---

1. Le roi ne peut retirer aux seigneurs leurs possessions. Elles sont inaliénables.

la part de ceux qu'ils sont censés protéger. Craints pour leur rapacité et leur brutalité, ils exposent trop souvent les institutions et les populations à de violents sévices. C'est pourquoi, en France, les grands seigneurs et l'Église unissent bientôt leurs efforts pour leur imposer un idéal chevaleresque.

Dès l'an 989, l'Église proclame la *Paix de Dieu*. Cette obligation sacrée interdit les combats entre chrétiens dans les lieux consacrés, pendant les fêtes religieuses et contre les populations civiles. Par ailleurs, après son éducation militaire, le futur chevalier reçoit ses armes au cours de la cérémonie de l'adoubement : après un bain purificateur, le jeune homme passe une nuit en prières devant l'autel d'un lieu saint et assiste au matin à une messe pendant laquelle un clerc bénit les armes. Puis, le chevalier, à genoux, en position de soumission, se voit remettre ses armes par le roi qui le frappe à l'épaule du plat d'une épée avant de lui en présenter la garde en forme de croix. Par l'adoubement, l'Église confère à l'ordre chevaleresque un caractère sacré et elle tend à valoriser sa moralité. Membres d'une classe privilégiée[1], les chevaliers observent d'autant mieux le code de l'honneur imposé que s'y rattachent les liens du sang. Les meilleurs d'entre eux aspirent en effet à se voir octroyer des fiefs dont la possession leur assurera, à eux et à leur descendance, l'accession à la classe aristocratique. Au XIIe siècle, la plupart des nobles français s'enorgueillissent d'être chevaliers. Les croisades en Terre sainte ne sont pas étrangères au fait que ce titre était très convoité.

Les clercs

Un clerc est un lettré, un intellectuel. Initié à l'écriture, il maîtrise le latin et possède une solide culture issue de l'étude du *trivium*[2] et du *quadrivium*[3]. Sous l'autorité directe de l'Église de Rome, les écoles destinent la plupart des clercs à la prêtrise ou aux ordres monastiques. Mais certains d'entre eux, comme Chrétien de Troyes, préfèrent s'attacher au service privé de riches personnages. Dans ces cas, tout

---

1. Les chevaliers n'avaient aucune obligation pécuniaire envers les seigneurs.
2. *Trivium* : les trois disciplines de la pensée, soit la dialectique, la grammaire et la rhétorique.
3. *Quadrivium* : les quatre disciplines scientifiques que sont l'arithmétique, l'astronomie, la géométrie et la musique.

Les croisades en Terre sainte ne sont pas étrangères
au fait que le titre de chevalier était très convoité.

Chevalier se préparant à partir en croisade.

Photographie de Jean Claude Planchard.

Musée du Louvre, Paris.

comme l'écuyer soigne les chevaux et le cuisinier garnit la table, le clerc se préoccupe de tout ce qui touche à la lecture, à l'écriture et à l'enseignement. Il fera, par exemple, lecture à son seigneur de missives, d'avis juridiques et de promulgations royales. L'analphabétisme, répandu du haut en bas de l'échelle sociale au Moyen Âge, donne au clerc une compétence précieuse, bien que le nanti lui accorde une attention dédaigneuse : n'est-ce pas là une activité tout juste bonne à occuper un *valet* ? Ce mépris seigneurial fait en sorte que la plume de l'écrivain ne sert souvent qu'à la rédaction de textes légaux ou de lettres domestiques. Si, par contre, le seigneur désire offrir à ses enfants un peu d'instruction ou qu'il aime se faire lire des œuvres qui satisfont ses goûts littéraires, les charges du clerc s'en verront diversifiées.

Les marchands et les artisans

Les deux groupes sociaux des marchands et des artisans, qui habitent les bourgs, constituent la classe des bourgeois. Née au XIe siècle avec les corporations, la bourgeoisie s'affirme peu à peu au cours des XIIe et XIIIe siècles, quand se précisent ses statuts et ses privilèges. En particulier, lorsque les bourgs deviennent, par décret royal, des villes *franches,* c'est-à-dire autonomes et indépendantes à l'égard des grands seigneurs.

Au milieu du XIIe siècle, les activités commerçantes et manufacturières fort diversifiées dont les bourgeois tirent l'essentiel de leurs revenus assurent un développement économique sans précédent. Toutefois, la dureté des conditions auxquelles sont soumis les ouvriers, et dont Chrétien de Troyes donne un aperçu dans l'épisode du château de Pire Aventure, vaut à la bourgeoisie sa fâcheuse réputation de mercantile. Les aristocrates, qui voient d'abord d'un mauvais œil les succès de cette classe, investissent peu à peu dans ses entreprises. Dès lors, les liens entre nobles et bourgeois se resserrent.

Les valets, les ouvriers et les paysans

Souvent méprisé par les classes élevées, le peuple n'en soutient pas moins l'ensemble de l'édifice social. En dépit de sa pauvreté, il bénéficie d'un allié de poids en l'Église qui, pendant l'âge féodal, joint tant de jours fériés aux dimanches déjà chômés que les jours de travail ne comptent bientôt plus que pour deux jours sur trois! Néanmoins, hors des moments de réjouissances, les valets, les ouvriers et les paysans vivent dans des conditions qui dépendent forcément des volontés du puissant qui les gouverne.

Les valets se distribuent selon une hiérarchie complexe, les mieux nantis prospérant au service personnel de maîtres cléments. Les ouvriers, rarement défendus par les corporations au xiie siècle, forment une main-d'œuvre non spécialisée et sous-payée. Ils peuvent espérer un sort meilleur s'ils ont la chance de devenir des apprentis. Ils possèdent alors un métier qui leur permet d'exiger le respect de certains droits. Mais le grand nombre de candidats rend les élus fort rares. Quant aux paysans, ils se partagent en deux classes : les serfs et les vilains. Les premiers sont la propriété des seigneurs. Dans le décompte des possessions seigneuriales, leur valeur se compare à celles des animaux, des bâtiments ou des hectares de terre et de forêt. Ce sont des outils vivants dont il est fait usage jusqu'à ce qu'ils ne soient plus bons à rien. Leur situation s'améliore au xiie siècle. Face aux impératifs de la morale chrétienne, les seigneurs sont empêchés par l'Église de les considérer comme des bêtes. Ils obtiennent dès lors plus facilement leur affranchissement. Devenus des paysans libres, qu'on nomme des *vilains,* ils peuvent disposer d'une terre et la gérer à leur gré, moyennant l'acquittement de redevances et d'impôts.

Le contexte culturel

LA FRANCE COURTOISE

Qu'est-ce que la courtoisie?

Dès les débuts du xiie siècle, la courtoisie désigne un courant de pensée et un comportement d'un haut raffinement propre au milieu aristocratique de la *cour,* qui vise aux vertus morales de l'esprit les plus élevées. Être *cour*tois, c'est plus qu'être simplement poli, c'est appartenir à l'élite de la société, observer de nobles valeurs et posséder une large culture, tout en sachant faire montre d'une élégance, aussi spirituelle que vestimentaire, qui allouera à ses actions et paroles la suprême distinction du beau en toutes circonstances. Cette attitude tant recherchée se mue rapidement en un idéal esthétique et social qui touche immédiatement la sensibilité de la jeunesse aristocratique du temps, prélude au développement d'un nouvel art de vivre. Vers 1150, dans les principales cours seigneuriales de France, la courtoisie est de rigueur. Cette mode règle tous les rapports sociaux et influence les arts et la littérature, suscitant bientôt l'effervescence culturelle la plus remarquable de tout le Moyen Âge.

En littérature, les poèmes courtois exaltent la *fine amor,* cet amour tendre et sensuel qui établit la supériorité du désir de la femme sur celui de l'homme. Ce dernier, entièrement soumis aux volontés de sa suzeraine d'amour, se fait son vassal et voue son existence entière à lui rendre le *service d'amour.* Ce service consiste en une série d'épreuves, commandées par la dame et entreprises par le chevalier pour l'honorer. Le fidèle ami (amant) qui agit pour les beaux yeux d'une dame, parfois contre la raison et même contre l'honneur, cherche ainsi le moyen d'atteindre à la perfection chevaleresque et ses quatre qualités cardinales, soit la courtoisie[1], la vaillance, la générosité et la loyauté. En somme, un chevalier qui ne se consacre pas entièrement à sa dame la trahit : c'est un félon, un traître à l'idéal vassalique courtois, et il lui sera défendu de reparaître devant celle qui détient tout pouvoir sur son cœur, d'où la folie qui assaille le noble chevalier qui se rend coupable d'une faute aussi grave.

Pourtant, le chevalier qui, en la cherchant, finit par atteindre à la perfection ne doit en attendre nulle récompense. Seul compte le bon plaisir, voire le caprice de la dame. Le cœur de l'amant, source première de vertu et de prouesse, doit souffrir en silence tout ce qu'il plaît à la dame de lui faire subir. Si, finalement, cette dernière se trouve satisfaite de la conduite de son chevalier servant, elle *peut* lui accorder la faveur d'une nuit, mais ce grand moment d'allégresse, aucun véritable amant n'oserait jamais le revendiquer.

---

1. Courtoisie renvoie en principe à l'ensemble des qualités d'esprit et de mœurs d'un individu cultivé et raffiné. Toutefois, dans *Yvain,* Gauvain illustre bien que, dès le XIIᵉ siècle, l'acception de « courtoisie » glisse déjà vers son sens moderne : le neveu d'Arthur est courtois grâce, essentiellement, à sa politesse mondaine et en dépit de son manque de vertus morales qui lui permettent de se porter à la défense des causes les plus injustifiables. Dans son œuvre, Chrétien de Troyes tente justement de sauvegarder et de promouvoir la valeur morale et spirituelle de la courtoisie chevaleresque.

LA VISITE D'UN CHEVALIER À SA DAME.

ANONYME DU XVe SIÈCLE.

MINIATURE REPRÉSENTANT L'ORDRE DE LA COURTOISIE.

MUSÉE CONDÉ, FRANCE.

Contrairement à une idée erronée qu'ont longtemps propagée les manuels scolaires, l'amour courtois n'est pas dénué de sensualité et de sexualité. Ce qu'apportent ces précieux apports charnels au sentiment amoureux demeure cependant soumis à l'entière volonté féminine. C'est pourquoi, dans *Yvain,* ce sont plus souvent le héros ou les chevaliers qui s'habillent et se coiffent pour être beaux devant les dames que l'inverse. L'acte de plaire revient au chevalier, car celui-ci représente *l'objet* désiré. Certes, la littérature courtoise valorise la vaillance, la force, mais elle célèbre aussi, et en maintes occasions, les attraits de la beauté virile, pour le plus grand contentement de ses auditrices. Ainsi, le lecteur (et la lectrice surtout) aura remarqué que Laudine et la dame de Noiroison expriment une volonté très ferme de s'attacher la personne du héros. Cela découle, bien sûr, de la nécessité de trouver un protecteur au domaine, selon les devoirs que prescrivent les mœurs médiévales à tout aristocrate détenant une autorité seigneuriale, mais n'est pas occulté pour autant le désir brut qu'expriment en filigrane ces femmes d'avoir un homme dans leur lit. Le texte peut d'ailleurs se faire très explicite sur ce point (l. 1151 : Yvain « a épousé sa femme, et ils couchent ensemble »). Dans d'autres œuvres de Chrétien de Troyes, la présence de la sexualité peut étonner le lecteur moderne si ce dernier ne possède pas une connaissance nette de la sensualité inhérente à l'idéal de l'amour courtois. Dans *Lancelot* ou *Le Chevalier de la charrette,* l'adultère entre Guenièvre et le héros a inspiré la description d'une torride nuit d'amour…

Où naît la courtoisie ?

La courtoisie apparaît dans le midi de la France, à la cour de Guillaume IX, grand-père d'Aliénor d'Aquitaine. Après la promulgation de la *Paix de Dieu,* la conception d'une vie de cour raffinée se propage dans ces régions au doux climat. Une politesse généreuse et délicate, venue d'une Espagne sous domination arabe, modifie les rapports entre hommes et femmes. Ces dernières accèdent en effet à une meilleure place dans le cadre luxueux des assemblées seigneuriales. Vers 1089, un barde gallois nommé Bledri ap Cadivor se fixe à Poitiers et y introduit les légendes de son pays. Le subtil et tendre amour des contes celtiques, acclimaté à la sensualité des régions d'Aquitaine et de Provence, donne une impulsion décisive à la célébration de la *fine amor*. Voilà le début de l'âge d'or des troubadours.

Si la courtoisie plaide l'amour comme valeur essentielle de l'humanité et pare la femme de toutes les perfections, comment se surprendre qu'une femme soit à l'origine de son rayonnement? Au gré de ses mariages, Aliénor d'Aquitaine met successivement sous le charme de la courtoisie le Paris de Louis VII et la cour anglo-normande d'Henri II. Plus tard, les enfants d'Aliénor — Marie de Champagne, Alix de Blois, Geoffroy de Bretagne, Richard Cœur de Lion — la cultiveront eux aussi dans leurs milieux respectifs.

Plusieurs chercheurs se sont demandé si la glorification de la femme dans la littérature courtoise reflétait avec exactitude les mœurs de la société du XIIe siècle. Les chevaliers n'avaient probablement ni plus ni moins de qualités que les hommes d'aujourd'hui et la soumission amoureuse courtoise ne devait pas dépasser celle observée de tout temps. Les romans courtois auront néanmoins influencé les attitudes, car, en leur temps, les mœurs se sont indiscutablement affinées.

Lorsque la courtoisie disparaît, à la fin du XIIIe siècle, le culte voué à la femme s'efface avec elle. Il faudra attendre la seconde moitié du XXe siècle pour que la condition féminine recouvre, de haute lutte, les droits et libertés dont elle jouissait alors et que la femme puisse savourer les joies d'un nouveau pacte amoureux.

Un courant idéologique

Vers l'an 1100, la *chanson de geste* fait éclore la figure du chevalier idéalisé, fidèle à son seigneur et respectueux des principes moraux des Évangiles. Genre littéraire vivant et dynamique, la chanson de geste séduit un public avide des hauts faits, mais véhicule ainsi des valeurs de soumission à la couronne de France. La chanson de geste exalte souvent le règne de l'empereur Charlemagne, grand monarque du IXe siècle, ce qui semble légitimer l'autorité de ses héritiers sur les seigneurs. Lorsqu'au milieu du XIIe siècle le roman courtois remplace la chanson de geste dans les goûts du public aristocratique, c'est donc le symptôme d'un changement d'attitude de la noblesse; tout en respectant, par loyauté, le pouvoir royal, l'aristocratie exige le maintien de sa propre puissance et de son indépendance seigneuriale devant toute prétention à l'absolutisme. Cette nouvelle idéologie, favorable à la féodalité, se traduit dans les romans courtois par une modification des visées du héros. Au lieu de servir d'abord le roi, l'intérêt glisse de la sphère politique à la sphère privée. Le chevalier ne défend plus tant le roi et sa foi qu'il ne vénère sa dame. En outre, Charlemagne, figure royale par excellence, se voit opposer celle du roi Arthur.

L'avènement d'Arthur dans la littérature médiévale est dû aux calculs politiques d'Henri II d'Angleterre. Quand ce dernier devient roi en 1153, il ne tarde pas à comprendre tout le parti qu'il peut tirer d'Arthur en en faisant le descendant des rois d'Angleterre. D'abord, lui, le roi normand du continent que les Bretons insulaires n'apprécient guère, peut de cette façon s'assurer leur respect. Ensuite, en affaiblissant la popularité de Charlemagne, Henri II veut ternir celle de Louis VII. C'est Arthur contre Charlemagne ! Une véritable attaque littéraire d'Henri II contre son rival français, car, dans toutes les œuvres du cycle d'Arthur, ce dernier se révèle toujours soucieux de respecter les grands seigneurs. Il n'a aucune visée absolutiste. Au contraire, il agit avec noblesse et justice tout en se conformant aux lois féodales.

Sous la forme écrite, les premières traces du roi Arthur remontent à l'*Historia regum Britanniæ*[1], commandée par le père d'Henri II, Geoffroy Plantagenêt, et rédigée en latin par le clerc anglais Geoffroy de Monmouth vers 1140. Quinze ans plus tard, Henri II enjoint le clerc anglo-normand Robert Wace à traduire l'ouvrage pour sa nouvelle épouse, Aliénor d'Aquitaine. Le *Roman de Brut*[2] ainsi créé stimule la vogue de la légende du roi Arthur. Dans cet ouvrage apparaît pour la première fois la mythique Table ronde. C'est là, ainsi que chez les bardes gallois, que les trouvères des XIIe et XIIIe siècles, émules en langue d'oïl des troubadours, vont puiser la tradition des aventures du roi Arthur et de ses chevaliers, amorçant du coup le plus vaste et le plus original des cycles littéraires du Moyen Âge.

---

1. *Histoire des rois de Bretagne.*
2. *Roman des Bretons.*

MARIE DE FRANCE ÉCRIVANT.

BIBLIOTHÈQUE DE L'ARSENAL, PARIS.

Arthur : un personnage réel

Arthur a véritablement existé. Du moins, il existe un personnage historique du Haut Moyen Âge, un guerrier de l'aristocratie bretonne, né en Cornouaille vers 470, qui portait ce nom. L'Arthur historique n'était pas roi, mais commandant en chef d'une horde de cavaliers mercenaires capables de repousser les attaques d'envahisseurs saxons qui combattaient à pied. Vers 510, les troupes d'Arthur auraient remporté une victoire décisive au mont Badon. L'imagination populaire ayant été frappée par cet événement, la légende se serait emparée plus tard du personnage, amplifiant la valeur de ses exploits et métamorphosant les mercenaires, qui ne devaient pas être des enfants de chœur, en parfaits chevaliers.

Les arts et les techniques au xiie siècle

En littérature, outre Chrétien de Troyes, Marie de France est l'autre grand auteur de la période courtoise. Née en Île-de-France, elle vécut à la cour anglo-normande d'Henri II et d'Aliénor d'Aquitaine. Sa renommée est issue de l'écriture, vers 1170, d'un recueil de lais[1], dédié à Henri II. L'ouvrage se compose de 12 poèmes en octosyllabes, présentés comme la transcription de vieilles ballades galloises. Avec une plume d'une exquise élégance, l'auteure narre dans le plus pur style courtois ces courtes aventures où le merveilleux des fées et des loups-garous côtoie de pénétrantes analyses du sentiment humain. Dans le *Lai de Lanval,* outre le roi Arthur, Gauvain et plusieurs chevaliers de la Table ronde, apparaît Yvain, le fils du roi Urien !

En musique, à la sévérité du plain-chant liturgique (le chant « grégorien ») se substituent des œuvres polyphoniques créées par les compositeurs Léonin et Pérotin de l'École de Notre-Dame[2]. En Allemagne, l'abbesse Hildegard von Bingen (1098-1179), le plus grand génie musical de son temps, jouit d'une prodigieuse célébrité.

---

1. Lais : à une époque très éloignée, avant même le Moyen Âge probablement, le lai désigne une chanson celtique, accompagnée à la harpe, et qui célèbre une légende. Au xiie siècle, ce genre devient une forme poétique qui n'est plus que récitée et qui versifie un court récit légendaire.

2. Dans *Yvain*, le chant des oiseaux rassemblés sur le pin après les tempêtes déclenchées par la fontaine magique fournit une illustration littéraire de cette innovation musicale cruciale pour l'Occident.

Vers 1150 naît un style architectural nouveau, l'art *français,* rebaptisé avec dédain « art gothique » au xviie siècle, en référence au peuple barbare des *Goths,* pourtant disparu depuis longtemps au xiie siècle ! Dans l'histoire de l'architecture, le gothique succède au style roman. Il trouve son incarnation la plus spectaculaire dans la construction des cathédrales. Grâce à la géniale découverte de la construction en ogives, le poids de la voûte des édifices gothiques repose sur des piliers situés à l'extérieur, de chaque côté de la structure. Les murs, ainsi porteurs d'un faible poids, peuvent s'amincir, s'allonger et se percer de vastes fenêtres. Comparés aux cathédrales romanes, sombres, humides, à la voûte basse et aux murs épais, les chefs-d'œuvre gothiques procurent de lumineux et splendides vertiges à l'âme.

L'hygiène

Contrairement à une opinion fort répandue, la propreté règne au Moyen Âge. Au xiie siècle, Paris compte une vingtaine de bains publics que fréquentent quotidiennement toutes les classes sociales, hommes et femmes confondus. Dans une atmosphère saturée du parfum de plantes aromatiques, au son d'airs populaires joués par des musiciens, les bains offrent toute une gamme de services : piscine, baignoires d'eau chaude, grands bassins de détente communs, pièces de sudation, tables de massage et d'épilation, lits de repos, échoppes de coiffure et de restauration. La propreté est assurément un signe de distinction ! Dans *Yvain,* tout chevalier est lavé et essuyé dès que son armure lui est retirée. Les grandes pestes et la saleté datent des deux derniers siècles de l'époque médiévale et, surtout, de la Renaissance. Elles sont inconnues de l'âge féodal.

L'hygiène et les manières à table symbolisent la tradition courtoise. À la cour de Louis VII, Aliénor d'Aquitaine impose la fourchette pour éviter qu'on touche les aliments avec les doigts, même si les convives se lavent les mains avant chaque repas. Dans les premières pages du *Chevalier au lion,* Calogrenant passe avec succès l'épreuve de se bien tenir à table quand il soupe au château du vavasseur ; plus loin, l'absence de plaisir d'Yvain, lors du repas qu'il fait d'un gibier tué par son lion, s'explique par l'absence de condiments et de nappe.

CHRÉTIEN DE TROYES ET SON ŒUVRE

Un auteur mystérieux

On connaît peu de choses sur Chrétien de Troyes. Les renseignements les plus sûrs demeurent ceux qu'il a laissés lui-même dans les prologues et les épilogues de ses romans. Il s'y présente comme l'auteur de l'œuvre et rend hommage à ses mécènes.

L'ANONYMAT DE L'ARTISTE MÉDIÉVAL

Au Moyen Âge, la personne de l'écrivain suscite un faible intérêt. Il ne s'agit que d'un clerc engagé et payé pour écrire. C'est l'œuvre qui attire toute l'attention. Dès qu'un trouvère en produit une, jongleurs et clercs de tout acabit s'en emparent. Les premiers pour la lire devant des assemblées ; les autres pour la copier, l'adapter, la tronquer ou la modifier comme bon leur semble. Le créateur ne prélève aucun droit d'auteur[1] sur l'utilisation de ses productions. Le premier copiste venu peut s'approprier un texte transcrit par ses soins en le signant simplement de son nom. La propriété intellectuelle étant une notion inconnue du Moyen Âge, l'œuvre appartient moins à son créateur qu'à son mécène et, surtout, à la communauté des lettrés chargée d'en assurer la diffusion. Il est évident que, sans la très grande popularité remportée par ses romans, Chrétien de Troyes aurait probablement subi le sort de la plupart des écrivains de son temps, et l'œuvre d'*Yvain*, comme *La Chanson de Roland*, le *Roman de Renart* ou *Raoul de Cambrai*, serait restée anonyme.

QUELQUES DÉDUCTIONS À PARTIR DU NOM

À son prénom, Chrétien, fort commun en son temps, est ajouté « de Troyes », son probable lieu d'origine. Au XIIe siècle, l'usage du nom propre, peu répandu, est remplacé par la pratique courante de se désigner par son appartenance à une ville, une région : Aliénor *d'Aquitaine*, Alix *de Blois*, Geoffroy *de Bretagne*. Cette dénomination souligne la fierté de l'individu par rapport à sa communauté, ses valeurs et sa culture.

---

1. Les droits d'auteur ne seront réglementés et observés qu'à la fin du XVIIIe siècle.

Troyes, l'un des foyers économiques et culturels les plus riches de la France féodale, est située au sud-est de Paris, au cœur de la Champagne. Traversée par la Seine, la ville compte au XIIᵉ siècle d'importantes foires, qui ne seront ruinées qu'au cours de la guerre de Cent Ans (1337-1453), prélude de son déclin. À l'époque courtoise, c'est là que transige une bonne partie des produits du Midi avant de gagner les régions du Nord. La cour champenoise qui y siège brille de tous ses feux. En 1164, le comte Henri le Libéral épouse Marie, fille d'Aliénor d'Aquitaine et de Louis VII. Dès lors, les époux accueillent avec générosité les lettrés et les artistes de tous horizons dans un cercle littéraire et mondain de haute réputation.

Ses débuts

Les lieu et date de naissance de Chrétien de Troyes demeurent approximatifs. Celui-ci serait donc né à Troyes, ou dans ses environs, vers 1135. Ses études de clerc l'amènent à fréquenter une ou des écoles[1] du nord de la France. Là, un des exercices obligés de la formation consiste à traduire et à adapter en langue vulgaire des œuvres de l'Antiquité. *Philomena,* un poème tiré des *Métamorphoses* d'Ovide (43 av. J.-C. – 18 apr. J.-C.) témoigne de cet apprentissage chez le jeune clerc champenois.

D'origine bourgeoise ou de la petite noblesse, Chrétien de Troyes possède une fortune insuffisante pour s'établir en toute indépendance. Vers 1154, le jeune clerc de 20 ans doit se mettre en quête d'une cour princière où la protection d'un mécène lui permettra de déployer ses dons littéraires. Le mécénat reste la nécessité obligée de tout artiste médiéval. Pour vivre de sa plume, l'écrivain doit se signaler à l'attention d'un grand seigneur et flatter ses goûts.

Les médiévistes croient que Chrétien de Troyes fixe son choix sur la duchesse d'Aquitaine, depuis peu reine d'Angleterre. L'entourage d'Aliénor, que ce soit à Poitiers ou à Londres, offre un milieu stimulant à qui désire faire carrière dans les lettres. La duchesse tient en

---

1. Bologne, en Italie, est le siège de la première université, fondée en 1088. Mais, en France, les universités n'existent pas quand Chrétien entreprend ses études. Il faudra attendre le XIIIᵉ siècle pour les voir apparaître.

tous lieux une cour brillante où se pressent des clercs et des troubadours, occupés les uns à transposer en dialectes romans des épopées antiques, les autres à créer des chansons courtoises. En outre, de nombreux jongleurs et harpeurs narrent à la veillée d'étranges et merveilleux récits puisés dans le folklore des légendes celtiques. Dès cette époque, le jeune clerc se fait la main en composant de courtes chansons, les premières tentatives connues pour acclimater la poésie lyrique occitane au dialecte d'oïl. Deux d'entre elles nous sont parvenues : *Amour déclenche querelle et bataille* et *Amour m'a ravi à moi-même*. Peu après, il s'enhardit à proposer une version de la légende de Tristan et Iseut intitulée *Le Conte du Roi Marc et d'Iseut la Blonde*[1].

LES ROMANS DE LA TABLE RONDE

Chrétien de Troyes demeure célèbre pour la composition, amorcée vers 1170, de cinq *Romans de la Table ronde*. Au Moyen Âge, cette somme romanesque fait exception par son étendue et son unité. Ainsi, chacune des œuvres renvoie aux autres par les thèmes de l'aventure et de l'amour qui s'y fusionnent dans le cadre réitéré de la cour du roi Arthur.

Érec et Énide[2], le premier roman, a probablement été écrit à la cour de Poitiers. Vers 1170, Aliénor y est de retour, à la suite d'une mésentente l'opposant à son époux Henri II et, dans l'attente d'une réconciliation, aurait commandé une œuvre propre à la divertir. Cependant, le différend ne se règle guère entre les époux royaux. En 1173, Henri II emprisonne la reine à Chinon parce qu'elle aurait poussé ses fils à se révolter contre leur père !

---

1. Cette œuvre, dont on ne connaît que le titre, est malheureusement perdue. Par ailleurs, *Guillaume d'Angleterre*, un roman d'inspiration politique et religieuse longtemps attribué au jeune Chrétien de Troyes, est aujourd'hui considéré apocryphe, c'est-à-dire qu'il n'aurait pas été écrit par le clerc champenois.

2. *Érec et Énide* s'ouvre sur la conquête de la très belle Énide par Érec, fils du roi Lac et chevalier de la Table ronde, qui vainc de haute lutte le cruel Ider. Peu après, Érec épouse Énide à la cour du roi Arthur. Il jouit dès lors du bonheur le plus tendre, mais, une nuit, Énide se plaint de voir son époux délaisser ses armes pour l'amour. Rappelé à ses devoirs, Érec décide de représailles ; il partira en quête d'aventures, mais obligera sa femme à l'accompagner en silence. Après maints combats, Érec s'aperçoit de l'amour sincère de sa femme, et ainsi renaît leur bonheur conjugal.

Rue Champeau de la ville de Troyes.

D'après une héliogravure de Maurice Michel,
Troyes, ville d'art, ville de labeur.

Louis Dumont, édition J.L. Paton, 1938.

À LA COUR DE CHAMPAGNE

Chrétien de Troyes passe à ce moment-là au service de Marie de Champagne, fille d'Aliénor et de Louis VII. Dès son arrivée, il entreprend la composition de *Cligès*[1], le deuxième de ses *Romans de la Table ronde*. Or, à la même époque, Alix de Blois, sœur de Marie, commande elle aussi au clerc Gautier d'Arras un roman, *Éracle,* dont l'histoire se situe, tout comme *Cligès,* à Byzance. Les deux sœurs, qui apprécient les joutes littéraires, ont probablement trouvé ici une belle occasion de mettre en compétition deux écrivains talentueux.

Cligès connaît un tel succès à travers toute l'Europe que Chrétien de Troyes sort vainqueur de l'épreuve, écrasant Gautier d'Arras, son malheureux rival. Nul doute que cette victoire, dont la gloire rejaillit sur l'orgueilleuse cour champenoise, incita Marie à s'attacher les services du clerc champenois. La comtesse lui commande donc aussitôt un nouveau roman, *Lancelot* ou *Le Chevalier de la charrette*[2], dont elle lui impose le sujet et le sens. Par sa volonté, le roman doit illustrer le thème courtois de la suprématie de la passion adultère sur le sens de l'honneur. Pour une raison ou une autre, ce sujet ne plaît guère au maître qui sollicite la permission d'écrire, en parallèle à *Lancelot,* un autre roman, *Yvain* ou *Le Chevalier au lion,* dont le récit concilie l'amour conjugal et la vaillance.

Dans les romans jumeaux, *Lancelot* et *Yvain,* est déployé le récit d'une quête aventureuse où le héros s'engage par amour. Les deux

---

1. *Cligès* évoque d'abord les aventures du prince Alexandre et son mariage avec Soredamor, la sœur de Gauvain. De leur union naît un fils, Cligès. Des années plus tard, le jeune prince tombe amoureux de Fénice, la future épouse de son oncle Alexis. Pour connaître le bonheur avec son amant, Fénice se fait passer pour morte et, conduite au tombeau, y est délivrée par Cligès. La fuite des amoureux les conduit en Occident, à la cour du roi Arthur, où Cligès demande au grand monarque de le faire chevalier de la Table ronde. Sur ce, l'oncle Alexis meurt. Cligès retourne à Byzance, se fait couronner empereur et convole en justes noces avec Fénice.

2. *Lancelot* ou *Le Chevalier de la charrette* célèbre la *fine amor* qui oblige l'amant à se soumettre en tout à la volonté de sa dame. Devant la cour rassemblée pour les fêtes de l'Ascension, Guenièvre, l'épouse du roi Arthur, est kidnappée par le noir chevalier Méléagant. Plus que tout autre chevalier, Lancelot, amoureux d'elle, désire la retrouver. Ici, selon la conception courtoise de l'amour, Lancelot subit des épreuves qui prouvent la valeur de sa passion amoureuse. Il accepte pour cela toutes les humiliations, jusqu'au déshonneur de monter dans une charrette d'infamie, ce lieu où les criminels et les traîtres sont d'ordinaire exposés. Il trahit ensuite son suzerain en commettant l'adultère avec Guenièvre.

offrent ainsi une double réflexion sur les relations sentimentales. Au xii⁰ siècle, les dames de cour prêtent une grande attention aux discours des élans du cœur. Elles prisent fort les discussions sur les aléas de l'affection, les mystères de la séduction et les tourments de la folie d'amour. Mais elles ont beau rêver de passions, elles n'en sont pas moins des épouses. Les romans courtois de Chrétien de Troyes explorent pour elles les fantasmes affectifs et touchent aussi au quotidien des relations conjugales. *Lancelot* se préoccupe des déchirements de la passion ; *Yvain,* de la difficulté d'aimer au sein du mariage.

En outre, Chrétien de Troyes ne se limite pas seulement à unir les deux œuvres au moyen de thèmes complémentaires, il les enchevêtre l'une à l'autre par le temps. *Lancelot* et *Yvain,* cas unique dans toute la littérature médiévale, se déroulent concurremment. Les péripéties de leurs récits se croisent et se recoupent. Ainsi, dans *Le Chevalier au lion,* plusieurs allusions sont faites (l. 1930-1940, 2047-2061 et 2476-2479) à des événements du *Chevalier de la charrette* : par exemple, dans *Yvain,* Gauvain ne peut être rejoint pour venir en aide à ses neveux et à sa nièce qui subissent le joug du cruel Harpin de la Montagne parce que, dans *Lancelot,* il est à la recherche de la reine Guenièvre et de son ravisseur !

À LA COUR DE FLANDRE

En 1180, année de la mort de Louis VII, la cour de Paris s'ouvre à l'art des trouvères comme au temps où Aliénor était reine de France. Franchissant la barrière linguistique de la Loire, la poésie musicale occitane se répand plus que jamais dans les cours du Nord. La compétition devient plus vive entre les jongleurs, les clercs et tous les artistes et littérateurs. Trouver un mécène est hasardeux ; plus périlleux encore d'en vouloir changer. Pourtant, un an après la mort d'Henri le Libéral, survenue en 1181, Chrétien de Troyes passe au service de Philippe d'Alsace, comte de Flandre !

Les médiévistes se perdent en conjectures pour expliquer ce fait. Marie de Champagne a-t-elle réduit son train de vie après la mort de son époux ? S'est-elle brouillée avec le maître champenois qui a refusé d'achever lui-même *Lancelot* ? La cause exacte pourrait bien être d'ordre... matrimonial ! Au début de son veuvage, Marie de Champagne entretient des relations galantes avec Philippe d'Alsace. Chrétien de Troyes aurait été un « cadeau » offert dans l'espoir de nouer un mariage !

À la cour de Flandre, Chrétien de Troyes rencontre une nouvelle influence en la personne de son mécène. Ce fin lettré lance au Champenois un défi littéraire à la mesure de son génie. Il lui propose d'écrire un roman non plus courtois, mais mystique ; ce sera *Perceval* ou *Le Conte du Graal*. Roman d'éducation morale et chevaleresque composé en partie à l'intention du jeune Philippe Auguste, prince de France, confié à la tutelle de Philippe de Flandre, *Perceval* multiplie les allusions à d'anciens rites sacrés[1]. Dans cette œuvre, le chevalier ne doit plus fidélité au roi, comme dans la chanson de geste, ou à sa dame, comme dans le roman courtois, mais à Dieu. L'amour, thème central des quêtes courtoises, se mue ici en un cheminement spirituel où sont fondues les mystiques chrétienne et païenne de l'Europe médiévale.

Le Conte du Graal reste inachevé. La mort, croit-on, est venue interrompre Chrétien de Troyes dans son travail vers 1183. Le texte qui nous est parvenu, entaché d'incohérences, d'erreurs et de redites, se compose des deux récits enchevêtrés de Perceval et de Gauvain. Or, ils sont à ce point mal coordonnés que certains commentateurs estiment voir là deux romans distincts, amalgamés sans art après la disparition du maître. Le *Graal* demeure néanmoins la plus célèbre invention littéraire de Chrétien de Troyes, et sa résonance littéraire se répercute jusqu'à nos jours.

---

1. Voici le résumé du plus célèbre épisode de *Perceval* : Un jeune chevalier, invité d'une nuit au château du roi Pêcheur, voit une étrange procession traverser maintes fois la grand-salle au cours du souper offert par son hôte. Deux jeunes hommes brandissent des flambeaux et encadrent un valet qui tient une lance dont le fer saigne et une pucelle qui soulève le Graal, coupe d'or ouvragée d'un éclat aveuglant. Au matin, le chevalier quitte le château abandonné de tous ses occupants et rencontre, dans la forêt, une demoiselle qui étreint le corps décapité de son amant. Elle lui apprend que, s'il avait interrogé le roi Pêcheur sur le cortège au lieu d'observer un silence poli, il aurait guéri le monarque, ressuscité le cadavre de son amoureux et ramené la prospérité au royaume infertile. Elle lui dévoile ensuite son nom, Perceval le Gallois, qu'il ignorait jusqu'alors.

L'ŒUVRE EXPLIQUÉE

L'inventeur du roman

Au début du XIIe siècle, le mot « roman » désigne les langues *vulgaires,* dérivées du latin, ou tout texte rédigé dans ces langues. Les « romans » antiques, par exemple, sont des épopées latines adaptées et traduites dans un dialecte d'oïl ou d'oc. Avec Chrétien de Troyes, le roman change foncièrement de nature et d'objectif. Il acquiert d'abord sa définition moderne : « un récit de fiction reposant sur la réalité et qui tend à illustrer une vision du monde ». Il ne s'agit plus d'une simple suite d'aventures mises bout à bout, comme les œuvres écrites avant les siennes. L'œuvre romanesque est une véritable composition (*conjointure,* selon ses propres termes) de « matière » et de « sens ». Elle doit allier des péripéties à un assortiment de valeurs morales, sociales et politiques. La complexité des fils du récit (la forme), qui s'entrelacent, se nouent et se dénouent, ne doit pas oblitérer la signification profonde du roman (le fond). La virtuosité du romancier vient de ses capacités à les harmoniser. Là réside la maîtrise de Chrétien de Troyes qui donne dans le roman la pleine mesure de son talent.

Dans le prologue d'*Érec et Énide,* le clerc champenois fustige les jongleurs qui corrompent et déprécient ce qu'ils racontent afin de plaire coûte que coûte à leur public. Ses attaques contre la corporation des jongleurs attestent de la défiance de Chrétien de Troyes à l'égard de compétiteurs acharnés, mais elles laissent aussi transparaître le souci éthique de l'écrivain. Le Champenois croit que celui à qui Dieu a donné talent et science doit exercer son art afin de divertir *et* d'enseigner. En sus de péripéties palpitantes, tout roman doit contenir en germe une morale que l'auteur se gardera de rendre explicite. Le lecteur doit saisir par lui-même que le récit rapporte l'itinéraire moral et spirituel d'un homme qui passe d'un mode d'existence vide et indolent à une réalité supérieure, garante de son plein épanouissement. Les fortes images du récit (faits merveilleux, combats sanglants, sexe et nudité, etc.) ont pour fonction de frapper l'imagination. Après coup, le lecteur se les remémore, y réfléchit et leur découvre un sens moral.

Dans le cycle des *Romans de la Table ronde, Yvain* ou *Le Chevalier au lion* demeure l'œuvre la plus achevée. Plus complexe et mieux agencé, son récit illustre à merveille les valeurs auxquelles adhère Chrétien de Troyes. En parfaite harmonie, sa « matière » et son « sens » sont de plus rehaussés par le naturel de personnages fort attachants. Les figures d'Yvain, de Lunete et de Laudine permettent à l'écrivain de broder sur le riche brocart de l'idéal chevaleresque sa vision toute personnelle de l'amour courtois, enrichie par son expérience et des préoccupations sociales autrement sérieuses.

Les sources

Dans l'Europe du XIIᵉ siècle, l'éclosion de la littérature courtoise et la célébrité de Chrétien de Troyes témoignent du rayonnement culturel français. Pourtant, le maître champenois a pour modèle des genres littéraires existants et tire son inspiration des récits légendaires.

LA CHANSON DE GESTE

La chanson de geste[1] naît en France à la toute fin du XIᵉ siècle. Poème d'aventures guerrières, elle magnifie les exploits des chevaliers illustres du Haut Moyen Âge. *Chanson* signifie d'ailleurs « histoire » et *geste* vient de *gesta* ou « choses faites ». Chrétien de Troyes puise dans ce genre le modèle de ses preux et loyaux chevaliers de même que les moyens de varier le déroulement de leurs combats en usant de feintes et de coups inventifs et en modifiant la tonalité de sa narration.

LE ROMAN ANTIQUE

Vers 1140, les clercs du Moyen Âge, qui lisent et copient depuis toujours les épopées de l'Antiquité, se décident à les adapter. Ainsi naissent les romans antiques. L'un des plus connus, *Le Roman d'Énéas* (vers 1160), est tiré de *L'Énéide* de Virgile. Chrétien de Troyes s'inspire du roman antique en recourant comme lui au merveilleux. Dans

---

1. La plus célèbre et la plus ancienne demeure *La Chanson de Roland*, composée autour de l'an 1100. Œuvre longtemps connue par fragments, sa notoriété provenait d'allusions faites à son propos dans des récits médiévaux, dont *Yvain* (l. 1697). Le manuscrit intégral ne fut retracé et publié qu'en 1837.

CHEVALIERS VÉNÉRANT LE SAINT-GRAAL.

BIBLIOTHÈQUE NATIONALE DE FRANCE, PARIS.

Yvain, le lion qui réagit avec une intelligence humaine descend en droite ligne de fables et de romans latins[1]. L'auteur y trouve aussi les procédés permettant de fusionner l'amour à l'aventure et, réminiscences de l'ironie aigre-douce d'Ovide, le regard amusé posé en toutes circonstances sur les sentiments.

LA MATIÈRE DE BRETAGNE

Dans le prologue de la *Chanson des Saisnes* (début du XIIIe siècle), le trouvère Jean Bodel d'Arras désigne pour la première fois, sous le nom de «matière de Bretagne», l'ensemble des contes et légendes celtiques transmis par la tradition orale. Cette «matière» provient, d'une part, de la transposition dans les régions du nord de l'Europe de récits mythologiques[2] de l'Antiquité; d'autre part, de faits historiques devenus légendaires et intégrés aux récits merveilleux.

Pendant l'occupation de la Gaule et de la Bretagne par les troupes romaines, la mythologie gréco-latine se frotte à l'imaginaire nordique. Le Bas Moyen Âge voit se constituer une tradition orale à même cet héritage. Au milieu du XIIe siècle, las des chansons de geste, les milieux courtois s'entichent des vieux contes remis à la mode par les jongleurs. Mais parce que ceux-ci ne présentent pas toujours des récits satisfaisants, les cercles littéraires vont se préoccuper de les améliorer par l'écrit. Parmi les milliers d'œuvres ainsi produites, un grand nombre alimentent, selon les volontés d'Henri II et de sa femme, le cycle arthurien qui doit contrer la célébrité de Charlemagne et, par ricochet, le lustre des rois de France.

Le Chevalier au lion s'inscrit dans cette mouvance de la légende du roi Arthur. Les médiévistes ont découvert un *mabinogi*[3], intitulé *Owein et Luned*[4] ou *La Comtesse de la fontaine,* composé près de 50 ans après *Yvain,* mais qui provient d'une source antérieure au roman de Chrétien de Troyes. L'écrivain champenois s'inspire de ce

---

1. Exemples: *Les Métamorphoses* ou *L'Âne d'or* d'Apulée et *Les Nuits attiques* d'Aulu-Gelle (IIe siècle).
2. Par exemple, le dieu celtique Nudd-Nodons, père des deux démons, est un reliquat de Neptune. Païens pour la chrétienté, les dieux romains deviennent des démons lorsqu'ils sont introduits dans la «matière de Bretagne».
3. Un roman gallois inspiré des contes oraux.
4. Yvain et Lunete, en gallois.

conte qui relate les aventures d'Owein, fils du roi Uryen. Trois fois plus court que *Le Chevalier au lion, Owein* se révèle toutefois d'une extrême sécheresse : personnages peu colorés, absence de l'amour, épisodes écourtés. En somme, si Chrétien de Troyes conserve la trame du récit gallois, il en approfondit les caractères et réaménage les péripéties dans ce souci de clarté et d'élégance qui distingue son génie.

Les manuscrits

Comme c'est le cas de la plupart des œuvres du XIIe siècle, il n'existe aucun manuscrit autographe d'*Yvain*. Le texte provient de copies manuscrites dont la plus ancienne, celle de Guiot de Provins, a été rédigée 50 ans après la mort de Chrétien de Troyes !

Outre la copie de Guiot, les bibliothèques conservent six manuscrits complets et quatre fragmentaires du *Chevalier au lion*. Cette abondance de documents — une œuvre courtoise n'est habituellement connue que par l'entremise d'un seul manuscrit — confirme, si besoin est, la grande faveur dont jouit *Yvain* jusqu'à la Renaissance. Selon la coutume qui prévaut au Moyen Âge, les copistes ne transcrivent pas avec exactitude le texte original. Ils le modifient à discrétion dès qu'ils le jugent peu conforme au goût de leur public. Ces libertés infligent un statut précaire à l'œuvre. Heureusement, dans le cas d'*Yvain,* les écarts ne touchent guère au récit. Ils se bornent à nuancer, sur un vers ou deux, la rime, les expressions et les figures de style. La comparaison des divers manuscrits rend donc possible le repérage et le rejet des ajouts apportés par l'un ou l'autre copiste et la restauration de l'œuvre originale[1].

Pour preuve d'une modification de taille, signalons que *Le Chevalier au lion,* seul titre donné par Chrétien de Troyes à son roman, devient, par le caprice des copistes du siècle suivant, le *Roman d'Yvain* ou, tout simplement, *Yvain*. Les éditions modernes ont donc pris le parti de coiffer l'œuvre de son double titre.

---

1. La certitude est toutefois impossible en cette matière, car les manuscrits sont rédigés en différents dialectes : champenois, picard, anglo-normand…

L'analyse de la structure

LE TEXTE

Dans les manuscrits, *Le Chevalier au lion* se présente comme un long poème continu composé de 6808 vers octosyllabiques (de huit syllabes), rimant deux par deux. Poète innovateur, Chrétien de Troyes se moque des règles de la poésie, et le rythme de la versification se plie avant tout à la fluidité romanesque. La phrase n'est donc pas limitée par l'octosyllabe, mais court sur plusieurs vers, enjambant la rime, au point d'annoncer la prose toute proche.

LA STRUCTURE ET LA TEMPORALITÉ DU RÉCIT

Le Chevalier au lion obéit à un récit divisé en trois parties précédées d'un prologue qui inclut un récit enchâssé. En bon romancier, Chrétien de Troyes révèle le sujet de l'œuvre dès le début et précise par la suite toutes les données spatiotemporelles, sauf dans l'épisode de la folie d'Yvain où, imitant en cela le héros, le récit « perd la carte ». Par ailleurs, respectant les normes narratives de la tradition orale, l'auteur se garde d'une temporalité trop complexe. Par souci de clarté — une des qualités particulières de la littérature française qui apparaît pour la première fois chez Chrétien de Troyes, ce qui laisse mesurer toute son influence —, les données temporelles se font tout juste suffisantes pour permettre au récit de se déployer.

Le prologue et le récit enchâssé de Calogrenant

Le prologue met en place le cadre et les personnages de la cour arthurienne, univers familier aux auditeurs du XIIᵉ siècle. À Carduel, l'une des résidences du roi Arthur située, d'après la légende, en pays de Galles, c'est le jour de la Pentecôte, en juin[1]. Mais avant que s'amorce le récit, Chrétien de Troyes expose le sujet de son roman (l. 8-20). Il s'agit d'évoquer un temps où l'amour était bien considéré et où les chevaliers possédaient de parfaites qualités de courtoisie,

---

1. Après l'écoute du conte de Calogrenant, Arthur souhaite se rendre à la fontaine avant une quinzaine. Puisqu'il y arrive la veille de la Saint-Jean, la Pentecôte tombe le deuxième dimanche de juin.

DES JONGLERESSES.

MINIATURE DANS LE *ROMAN D'ALEXANDRE*,
XIIIe SIÈCLE (DÉTAIL).

BIBLIOTHÈQUE NATIONALE DE FRANCE, PARIS.

de vaillance, de générosité et de loyauté. Ce parti pris d'encenser un temps révolu — ce qui ne repose sur aucun fait historique, puisque les mercenaires de l'Arthur du VIᵉ siècle ne répondaient en rien aux mœurs courtoises — impose immédiatement à l'auditoire de la cour de Champagne une vision idéalisée de l'amour et de la chevalerie.

Le sujet présenté, l'histoire peut commencer. En l'absence du roi, qui dort dans sa chambre, la reine Guenièvre, Keu, Gauvain, Yvain et quelques autres prêtent oreille au récit (enchâssé) de Calogrenant qui ouvre le roman sur l'univers du merveilleux. Il y a sept ans, Calogrenant cheminait sur le continent, en Bretagne armoricaine, dans la forêt de Brocéliande[1], où il perdit son honneur en tombant aux mains du gardien[2] d'une fontaine enchantée. Cette défaite de Calogrenant est d'une importance cruciale pour l'ensemble du roman ; d'elle découle tout le récit à venir. De plus, l'histoire de Calogrenant établit pour le lecteur et les personnages l'existence indiscutable de l'Autre Monde, cette région magique à laquelle il est possible d'accéder en s'engageant dans l'étroit sentier de la forêt de Brocéliande.

La première partie

La première partie du roman conduit Yvain d'un état insatisfaisant à une position enviable, couronné par la gloire et le mariage. Sous prétexte de venger l'honneur de son cousin Calogrenant, Yvain court affronter le gardien de la fontaine. Ce qu'il désire en vérité ? Se distinguer et se couvrir d'honneurs. En trois jours, Yvain parcourt la distance entre Carduel et la fontaine de Barenton ! Là, vainqueur du chevalier noir, le héros le pourchasse en son château. Il y est fait prisonnier. Pendant les funérailles d'Esclados le Roux, Yvain tombe amoureux de Laudine de Landuc, la veuve de son ennemi. L'astucieuse Lunete, qui a fait don à Yvain d'un anneau d'invisibilité lui permettant de se soustraire à la colère des vassaux, met trois jours

---

1. Chrétien de Troyes aurait forgé ce nom à partir d'une forêt mentionnée dans un autre cycle de légendes bretonnes. C'est lui qui l'introduit dans le cycle arthurien : *broce* signifie « broussaille » et *lande*, « pays ».

2. Peu avant les noces d'Yvain et de sa dame, le sénéchal mentionne qu'Esclados le Roux a épousé Laudine sept ans auparavant. Esclados est donc gardien depuis peu quand il attaque Calogrenant.

à convaincre sa maîtresse de « l'obligation » d'épouser le vainqueur de son défunt seigneur. Yvain devient donc le nouvel époux et le défenseur de la dame de la fontaine. Les noces durent une semaine.

Comme il l'avait souhaité, le roi Arthur arrive à la fontaine avec toute sa cour, deux semaines après la révélation, par Calogrenant, de l'existence de la fontaine merveilleuse. C'est la veille de la Saint-Jean. Le lendemain, les chevaliers applaudissent à la victoire d'Yvain sur Keu, duquel le héros se venge enfin, et passent à Barenton les huit jours suivants dans une atmosphère de fête et de galanterie.

La deuxième partie

La faute et la déchéance du héros occupent toute la deuxième partie du roman. Égaré par le mondain Gauvain, Yvain demande à Laudine la permission de participer à des tournois. Pour protéger l'homme qu'elle aime plus que tout au monde, Laudine lui offre un anneau d'invincibilité qui lui permettra d'éviter ou de franchir tout obstacle qui pourrait l'empêcher de se représenter devant elle une fois le délai écoulé. Yvain promet donc de revenir avant le 1er juillet de l'année suivante. Il ne respectera pas son serment.

Chrétien de Troyes ne s'attarde pas à évoquer les tournois. Les commentateurs du *Chevalier au lion* ne manquent pas d'y voir la condamnation implicite de cette activité mondaine, qui rejoint en cela l'opinion de l'Église. Ce n'est donc pas un hasard si les tournois, que l'auteur désapprouvait, sont la cause des malheurs et des tourments de son héros.

À la mi-août de l'année suivante, soit plus d'un mois après l'expiration du délai, Lunete se présente à la cour du roi Arthur, à Chester, au nord-ouest de l'Angleterre. Le parjure d'Yvain le rend félon aux yeux de sa suzeraine de cœur. Lunete reprend la bague d'invincibilité au doigt du chevalier fautif et lui interdit à jamais de reparaître à Barenton. C'est la crise psychologique, la folie d'Yvain, qui donne un nouvel élan au récit. Le héros s'enfuit dans la forêt toute proche où il vit son délire pendant un temps indéterminé. Il doit sa survie à un ermite qui le nourrit au fond des bois. Mais, alors que le lecteur croit son héros perdu, le voilà miraculeusement guéri, un après-midi, par l'onguent de la dame de Noiroison.

La troisième partie

Dans la dernière partie, la plus ample et la plus complexe, Yvain entreprend une quête à travers laquelle il cherche à devenir un parfait chevalier ; sa seule chance de rentrer dans les grâces de sa dame.

Après avoir recouvré des forces à Noiroison, il rend service à la dame du lieu en matant le félon comte Alier, puis il part en quête d'aventures. Dans la forêt de Brocéliande[1], toute proche, il sauve d'abord un lion malmené par un serpent perfide.

Le sauvetage du lion, qui se situe exactement au centre du roman, symbolise la nouvelle voie, essentiellement chrétienne, dans laquelle le héros va dès maintenant s'engager. C'est parce qu'il ressent de la *pitié*, une vertu chrétienne, envers le *bien* que représente le lion, que le héros se résout à le sauver. La bête le remercie en lui vouant fidélité et soumission[2]. Ainsi le *bien* se met-il au service d'Yvain, tout comme Yvain, qui chérit son lion, voue toutes ses actions au *bien*. Les deux compagnons vivent de concert pendant deux semaines dans la forêt quand le hasard les ramène à la fontaine de Barenton. Aussitôt, le jeune époux se souvient de son bonheur perdu et, s'abandonnant au désespoir, pense à se tuer. Mais Lunete, mise aux arrêts dans la chapelle attenante par le sénéchal de Laudine, lui apprend qu'elle doit être livrée au bûcher pour trahison et que c'est lui, Yvain, le responsable de ce sort funeste. Yvain reconnaît ses torts et finit, après quelque temps, par convenir que le malheur de Lunete s'avère plus grave que le sien. Il promet aussi de venir la délivrer le lendemain, mais il l'enjoint en toute humilité de ne pas révéler son identité.

L'humilité, la deuxième vertu chrétienne ressentie par Yvain, atteste que la quête du héros est bien enclenchée. À partir de ce moment et jusqu'à la fin du récit, c'est le rachat de sa faute qui préoccupe Yvain. Pour ce faire, il doit prouver la perfection de ses qualités chevaleresques

---

1. Chester, où Yvain est devenu fou, se trouve bien loin de Barenton, situé sur le continent. Est-ce une preuve de la « désorientation » du fou dans un épisode où, de plus, la temporalité reste floue ? Notons qu'entre l'épisode de la folie et celle du lion, Yvain pénètre dans le domaine de Noiroison (auquel on accède en franchissant un pont qui enjambe un torrent) qui, tout comme la forêt de Brocéliande, appartient à l'Autre Monde, dont les lois spatio-temporelles n'obéissent pas à celles de notre univers.
2. Dans le manuscrit original, le lion se soumet à Yvain au vers 3400 (l. 1771-1773 dans notre édition).

UN PARFAIT CHEVALIER.

BRONZE REPRÉSENTANT UN CHEVALIER, XIIIe SIÈCLE.

MUSÉE NATIONAL DE FLORENCE, ITALIE.

(courtoisie, vaillance, générosité et loyauté) et s'imprégner des vertus chrétiennes (*humilité*, *pitié* et *charité*). *L'humilité* le soustrait, par exemple, à la tentation d'agir pour sa gloriole personnelle. Il se consacre désormais entièrement à la défense des faibles et des opprimés. Ainsi s'explique son changement d'identité. Yvain devient le Chevalier au lion, sans passé et sans famille, parce qu'il offre son bras de façon désintéressée à toutes les victimes d'iniquité. Il agit par *charité*. Certes, il espère qu'un jour, quand il aura atteint l'état de perfection, Dieu lui permettra d'obtenir le pardon de sa dame, mais, entre-temps, toutes ses actions n'ont pour but que de faire triompher la justice et de soulager ceux qui ploient sous le joug de l'oppression.

Cette nuit-là, Yvain dort au château de la sœur de Gauvain où chacun craint la venue, le lendemain, du cruel Harpin de la Montagne. Yvain consent à les en délivrer, s'il le peut, mais il précise qu'il ne saurait manquer à sa parole, car il doit être avant midi à la fontaine. Au matin, le géant tarde à venir. Le chevalier, sur le point de partir, voit la jeune fille du châtelain le supplier de rester. Yvain en ressent une immense *pitié*. La vertu chrétienne grandit en lui. Alors qu'il l'avait déjà ressentie pour le lion, il la ressent cette fois pour un être humain — la jeune nièce de Gauvain — qui a su invoquer Dieu, la Vierge Marie et la grande amitié du héros pour Gauvain. Yvain consent donc à demeurer. Harpin arrive heureusement peu après, évitant au héros un nouveau dilemme. Avec l'aide de son fidèle lion, Yvain combat le monstre et le vainc. Il délivre les captifs, les neveux et la nièce de Gauvain, et leur demande pour tout salaire qu'ils se présentent devant leur oncle afin de lui dire qu'ils doivent la vie à l'intervention du Chevalier au lion. Puis, Yvain se dépêche d'arriver au bûcher où l'on s'apprête à faire monter Lunete qu'il sauve *in extremis* en terrassant le sénéchal et ses frères. Laudine l'en félicite. Yvain se torture de ne pouvoir lui implorer sa grâce, mais il ne se sent pas encore prêt. Il doit auparavant faire preuve de charité et offrir son bras à des victimes sans ressources. Ce seront la cadette de Noire Épine et les pucelles prisonnières du château de Pire Aventure. Chrétien de Troyes invente de toutes pièces ces deux aventures, absentes chacune des versions antérieures du conte d'Owein.

Un retour dans le temps amène d'abord le lecteur au château de Noire Épine où s'enclenche la dispute de l'héritage. Cette modification temporelle est fort rare dans le roman courtois. Son originalité vaut la peine d'être portée au crédit de Chrétien de Troyes. Pour éviter toute confusion à son auditeur, le maître champenois suit pas à pas le cheminement de la cadette dans son périple pour défendre ses droits. Elle dépose d'abord une plainte devant le roi Arthur, se voit accorder un délai de 40 jours et se met tout de suite en quête du Chevalier au lion. Elle passe plus d'un mois à sa recherche jusqu'à ce qu'elle tombe malade chez des amis. Le relais est alors pris par une jeune fille qui, elle, réussit à retrouver Yvain en deux jours ! Les étapes du voyage de la jeune fille sont clairement balisées dans le temps et l'espace. Sa périlleuse nuit en forêt met fin à sa première journée de recherche. Elle en est tirée *in extremis* par le providentiel appel d'un cor qui lui permet de trouver refuge au château de la nièce et des neveux de Gauvain, là où Yvain a tué, près de deux semaines plus tôt, le cruel géant Harpin de la Montagne. Le lendemain, sur les indications qui lui sont fournies, la jeune fille arrive à Barenton et rencontre Lunete qui la lance tout de suite sur la piste d'Yvain. Le même jour, la jeune fille atteint donc le lieu où le héros et son lion se sont guéris pendant les dernières semaines des blessures reçues lors des combats contre Harpin et contre le sénéchal et ses frères. Yvain accepte alors de se mettre au service de la cadette. Sur le chemin qui les conduit vers celle-ci s'imbrique l'épisode du château de Pire Aventure. Yvain tue les démons et libère les pucelles ouvrières. Le lendemain, exactement 40 jours après le dépôt de la plainte devant le roi, il affronte Gauvain qui défend la cause de l'aînée. Amorcée en après-midi, la lutte prend fin au soir sur un verdict nul. Le roi Arthur tranche alors la cause en faveur de la cadette.

Peu à peu, les épreuves ont parachevé, d'imparfaites qu'elles étaient, les quatre qualités chevaleresques du héros. En outre, Yvain a acquis les trois vertus chrétiennes. Il retourne donc à Barenton, décidé à obtenir audience. Sans savoir que c'est lui qui déclenche les tempêtes, Lunete plaide la cause du Chevalier au lion auprès de sa maîtresse et manœuvre si bien que l'époux repentant peut reparaître devant sa femme. Ainsi, par la réconciliation de la dame et de son chevalier exemplaire s'achève *Le Chevalier au lion*.

Les principaux personnages

YVAIN

Yvain, le héros, fils du roi[1] Urien, est le cousin de Calogrenant et le meilleur ami de Gauvain. Valeureux chevalier de la Table ronde, sa vaillance et sa courtoisie restent malheureusement entachées d'orgueil. Il doit ce défaut à sa jeunesse. En effet, il brûle du désir de se couvrir d'honneurs et les insultes de Keu l'atteignent de plein fouet. Plus que pour toute autre raison, c'est aiguillonné par la colère et par besoin de prouver ce qu'il vaut qu'il défie Esclados le Roux. Le combat vire d'ailleurs au meurtre. Chrétien de Troyes ne manque pas de souligner que, selon les règles de la chevalerie, le chevalier noir est en droit de fuir lorsqu'il se voit blessé à mort. La poursuite d'Yvain, comparée à celle d'un rapace, est discourtoise d'autant qu'Yvain ne veut que s'assurer d'une preuve pour confondre Keu ! Quand Yvain épouse Laudine, il ne possède donc pas à la perfection les qualités chevaleresques. Certes, sa vaillance est sans faille, mais elle ne s'emploie pas à bon escient. La participation du héros aux tournois l'illustre bien ; Yvain n'agit que par vanité. De plus, l'accusation de félonie que sa dame lui porte coïncide avec son attitude impolie à l'égard de son roi. À Chester, Yvain établit en effet sa propre cour à l'extérieur des murs et ne daigne même pas se rendre à celle d'Arthur, attendant que celui-ci se déplace ! Belle preuve que les victoires remportées aux tournois (grâce, ne l'oublions pas, à l'anneau d'invincibilité de Laudine) lui ont tourné la tête !

C'est dans ce contexte que l'épisode de la folie prend tout son sens. Le passage à l'état sauvage « efface » la personnalité corrompue d'Yvain. Au moment de la guérison, la symbolique chrétienne du « baptême par onguent » fait renaître un chevalier lavé de ses péchés et qui peut dès lors entreprendre son rachat sous le regard de Dieu[2].

---

1. C'est-à-dire un roitelet, vassal d'Arthur, qui dépêche son jeune héritier à la cour de Carduel.
2. Pendant sa quête, Yvain prie maintes fois Dieu de lui venir en aide, ce qui ne le préoccupait guère au début du récit, quand il veut venger son cousin Calogrenant.

À propos des qualités chevaleresques du héros, dès l'épisode du comte Alier, Yvain démontre une éblouissante *vaillance* qui fait l'admiration de toute la population. Or, contre le serpent qui crache du feu, il choisit sans équivoque d'utiliser sa prouesse au service du bien. Sa parfaite *générosité* est atteinte quand il se met au service de Lunete et fait taire son propre désespoir pour la soustraire à un funeste destin. Il lui remet ainsi le service rendu au château de Barenton, car, grâce à l'anneau d'invisibilité, Lunete lui a sauvé la vie. Cette action est empreinte d'une impeccable *courtoisie*. Enfin, la *loyauté* d'Yvain n'est pleinement célébrée que lors de la réconciliation, quand la dame pardonne sa félonie à son vassal de cœur repenti.

LUNETE

Voici le personnage le plus sympathique et le plus vivant du *Chevalier au lion*. Chrétien de Troyes reprend ici le rôle de l'entremetteuse, traditionnellement dévolu à la nourrice ou à la vieille duègne[1], pour l'incarner dans une vive et pimpante jolie jeune fille, aussi gentiment rusée que bien avisée. Dans la littérature française, Lunete a l'insigne honneur d'être le premier modèle de ces fraîches et espiègles soubrettes de comédie dont Molière et Marivaux créeront plus d'un exemple. D'ailleurs, dès que Lunete apparaît, le récit romanesque se meut en dialogue dramatique. Dieu ! Comme elle parle, cette Lunete ! Elle a constamment quelque chose à dire à Yvain, à Laudine, à Gauvain, et elle bavarde tout le long du chemin avec la demoiselle qui recherche le Chevalier au lion.

Lunete n'est pas une simple servante. Elle est demoiselle d'origine noble[2], attachée à la personne de Laudine, telle une vassale à sa suzeraine. Cela ne l'empêche pas d'user de son franc-parler en toutes circonstances et, très futée, de savoir conduire là où elle le veut, c'est-à-dire au bonheur, ceux qu'elle honore et aime sincèrement. Plus d'une fois, on la voit taquiner Yvain, jouer des tours pendables à Laudine et faire

---

1. Duègne : vieille gouvernante chargée de veiller principalement à la bonne conduite de jeunes filles.
2. Si tel n'était le cas, Gauvain ne saurait s'intéresser à elle.

tomber l'un et l'autre dans des pièges aussi bénins que savamment tendus. Ses fonctions de conseillère et de confidente lui valent toutefois d'être accusée de trahison par le cupide sénéchal. Lunete perd alors son sang-froid et se met dans une fâcheuse position. Or, même là, elle reste d'un optimisme à toute épreuve. Pieuse, sensée et bienveillante, elle sait calmer la nervosité d'Yvain et l'impatience de Laudine. Inutile de commenter la joie qui l'anime lorsqu'elle réussit dans ses entreprises !

Personnage essentiel du roman, puisque rien ne se passe sans elle, à commencer par le mariage et la réconciliation, Lunete imprègne toutes ses actions d'une rafraîchissante joie de vivre, expression de son âme enfantine et pure.

LAUDINE DE LANDUC

Que voilà un caractère complexe admirablement servi par la plume du maître ! Laudine est, dans les anciens contes gallois, la fée de la fontaine ; l'anneau d'invincibilité qu'elle offre au héros, dans *Le Chevalier au lion,* serait un reliquat de cette ancienne identité [1]. Chrétien de Troyes préfère la rendre femme pour que ses rapports sentimentaux avec Yvain aient tout le naturel souhaité.

La dame est très belle, bien que l'écrivain, selon son habitude, évite de la décrire en détail pour laisser place à l'imagination du lecteur. Fière de son rang et sûre de ses attraits, elle est aussi consciente de ses devoirs. Dans les textes anciens, elle épousait Owein par simple nécessité de trouver à défendre sa fontaine. Chrétien de Troyes enrichit de beaucoup cet épisode en la livrant au supplice de renoncer à pleurer feu son époux pour en prendre un nouveau, non par devoir, mais par amour. C'est Lunete qui suggère l'argument du devoir afin de favoriser la candidature d'Yvain. Laudine s'en sert par la suite pour légitimer ce qu'elle brûle de faire : épouser ce beau chevalier qu'elle connaît de réputation. Certes, elle se renseigne sur la qualité de ce fils de roi, mais ce qui transparaît avec le plus d'évidence demeure le désir d'amour, mêlé de sensualité et de passion, qui anime la dame.

---

1. L'anneau d'invisibilité de Lunete trahit, lui aussi, l'ancienne fée des contes gallois.

LE LION EST AUSSI L'ÊTRE MERVEILLEUX
LE PLUS IMMÉDIAT DU ROMAN.

DÉTAIL D'UNE SCULPTURE.

BASILIQUE SAINT-OURS DE LOCHES, FRANCE.

Laudine est tout entière dans le mot *passion*. Impétueuse, elle réagit sur le coup, souvent avec violence, et réfléchit ensuite. Lunete la saisit mieux que quiconque. Elle s'enfuit lorsque la dame s'emporte, pour revenir, une fois la colère tombée, lui servir les mêmes arguments. De cette tactique, Laudine ne prend pas ombrage, hormis si elle se croit trahie, comme lorsqu'elle prête foi aux accusations du sénéchal.

Laudine appartient à ce type de personne chez qui les sentiments les plus vifs alternent. La dame est irascible, c'est peu dire, mais aussi capable de reconnaître ses torts et, bien sûr, elle peut avoir les épanchements les plus tendres et les plus doux pour ceux qu'elle aime. Au demeurant, elle ne se fâche pas d'être piégée par Lunete si cela lui rend ce qu'elle désire secrètement.

LE LION

Au XIIe siècle, le lion n'est pas encore le « roi des animaux ». L'ours détient ce titre. Le lion est plutôt associé aux vertus de foi et de cœur. Dans *Yvain*, la signification du lion joue en permanence sur deux registres de sens. Il fait office à la fois de symbole et de compagnon merveilleux d'Yvain.

Sur le plan symbolique, le lion représente d'abord les qualités de courage et de force auxquelles le héros fait appel pour vaincre ses ennemis félons, fourbes ou criminels. Nul doute que le lion a pour fonction d'appuyer et d'améliorer la vaillance du chevalier. Mais ce dernier ne saurait l'employer contre un chevalier qui respecte les règles du combat singulier. Yvain laisse donc la bête derrière lui le jour où il livre bataille à Gauvain.

Malgré l'importance de la puissance physique du lion, c'est à la source spirituelle que s'abreuve surtout la figure de l'animal. Emblème du Christ, le lion guide les âmes qui aspirent à la lumière (l'animal est rattaché au soleil dans le zodiaque) et à la vérité. Sa présence, propice au héros, surgit au tout début du parcours initiatique ; le lion authentifie dès son amorce la valeur hautement chrétienne de la quête.

Le lion est aussi l'être merveilleux le plus immédiat du roman. Dans les faits, pourtant, hormis sa férocité et son appétit de fauve, il se comporte de la même manière qu'un chien de chasse. Il flaire la piste de la proie et indique la direction à prendre avant de partir comme une flèche au signal de son maître. Parfois, il a aussi les attitudes d'un bon gros toutou ; il fait le beau, agite la queue et, à l'heure du coucher, s'étend au pied de son maître.

Compagnon fidèle, le lion permet de distinguer Yvain du chevalier anonyme. Le héros devient le Chevalier « au lion ». De plus, l'animal apparaît comme un double d'Yvain ; la bête chemine aux côtés du chevalier, mais elle est aussi en lui, par les qualités de force et de courage et par les valeurs chrétiennes dont Yvain se trouve investi. Le public médiéval saisissait parfaitement cette double dimension du lion : les enluminures représentent souvent Yvain non pas accompagné de l'animal, mais avec un lion incrusté sur son écu.

LE ROI ARTHUR ET SA COUR

La légende raconte que, après une victoire décisive, le roi Arthur fit connaître à son royaume de Logre[1] une paix de 12 longues années. Très tôt, les chroniqueurs du cycle arthurien vont se servir de ce moment d'accalmie pour ajouter à la saga de nombreuses péripéties, attribuées à l'un ou l'autre des chevaliers de la Table ronde. L'aventure d'Yvain en procure un exemple.

Dans la plupart des contes, comme dans *Le Chevalier au lion,* le point de départ d'une nouvelle aventure survient quand toute la cour se réunit, comme le veut la coutume, pendant une grande fête religieuse. Le roi Arthur se retrouve ainsi au centre de tous les contes, bien qu'il en soit rarement le héros[2]. Cela explique son attitude passive, voire lascive et paresseuse, au début d'*Yvain.* Plus loin, il se conduit, comme le souhaite le parti d'Henri II, en roi qui respecte le droit féodal. Dans la dispute des sœurs de Noire Épine, il n'intervient jamais avec despotisme. Il laisse les lois féodales suivre leur cours et ne fait cesser le combat des champions que du moment que la cour au complet le lui réclame. Alors là, il lui revient de juger l'affaire. Épris

---

1. Le royaume de Logre est imaginaire, mais il est traditionnellement associé dans les textes médiévaux à la Bretagne, c'est-à-dire les îles Britanniques et la Bretagne du continent.
2. Arthur occupe la place du héros dans des romans dont l'action se situe avant ou après la paix de 12 ans, comme dans la suite romanesque de Robert de Boron : *Joseph d'Arimathie, Merlin,* etc.

de justice, il fait pencher la balance en faveur de la cadette, mais — et cela est crucial — il lui accorde sa part de l'héritage en maintenant le lien vassilique entre les deux sœurs. Un roi absolutiste aurait profité de l'occasion pour placer la cadette, ou même l'aînée, sous sa propre gouverne. Arthur se borne à menacer la récalcitrante de cette éventualité. En somme, le *bon* roi que représente Arthur renonce à ses intérêts royaux et choisit plutôt de consolider les structures du régime féodal.

À l'exception de Calogrenant, inventé par Chrétien de Troyes, Gauvain, Keu, Dodinel et Sagremor sont tous des chevaliers bien connus de la légende arthurienne.

Gauvain, le fils du roi Lot et neveu d'Arthur, est le meilleur chevalier du monde, mais, dans *Yvain*, il n'est pas le plus sage. Mondain, galant, il aime briller dans les futiles tournois et manque de jugement en embrassant la cause de l'aînée. C'est pourquoi, bien qu'il soit selon la légende un chevalier supérieur à Yvain, l'usurpation qu'il soutient l'empêche de vaincre celui qui combat pour une juste cause. Comparé au Soleil, il forme un couple symbolique avec Lunete (petite lune). Yvain, qui permet leur rencontre, agirait donc comme un unificateur du jour et de la nuit, de l'élément diurne masculin et de l'élément nocturne féminin. Dans ce symbolisme réside une des clefs de l'ordre qui régit l'union de l'homme et de la femme : pour se rencontrer et s'unir, chacun doit céder un peu de lui-même à l'autre, tout comme le jour cède à la nuit, et la nuit au jour, dans un éternel mouvement.

Le caractère fielleux de Keu découlerait de la haine viscérale des jongleurs envers l'attitude de mauvais payeur du sénéchal dans les châteaux où ils pratiquaient leur art. Peu à peu, le type du querelleur s'est fixé, amenant la représentation négative d'un chevalier qui, par contraste, rend les chevaliers de la Table ronde plus remarquables.

LES ÊTRES DE L'AUTRE MONDE

Dans la tradition galloise, l'affreux vilain qui garde des taureaux rappelle certains dieux celtes associés aux forces naturelles et à la nuit (Lug, Curoï). Dans *Yvain*, Chrétien de Troyes reprend le personnage, mais l'humanise pour en faire un paysan, certes fantastique par sa taille gigantesque et l'étrange pouvoir qu'il exerce sur les animaux, mais en définitive *humain*. Cette humanisation permet de jouer avec les préjugés de son auditoire de seigneurs pour lesquels un vilain n'est qu'une brute idiote, à peine plus qu'un animal. Après l'avoir décrit avec un luxe de détails qui confine à la caricature, Chrétien de Troyes se plaît à investir son paysan d'une intelligence manifeste. Son sens de la répartie, sa perspicacité et une ironie ravageuse en font foi. Devant la supériorité d'esprit du hideux vilain, Calogrenant paraît bien lourdaud. En somme, si Chrétien de Troyes peint un vilain repoussant, c'est pour mieux surprendre son public avec un paysan capable *de plus* d'intelligence qu'un noble et qui se moque de façon à peine voilée de la quête aventureuse du chevalier.

Le vavasseur de la forêt de Brocéliande appartient lui aussi à l'Autre Monde. Dans les anciens contes, il est un dieu bienveillant, sorte de bon génie qui accueille les voyageurs de passage, mais qui ne se prive pas de les mettre à l'épreuve. Chrétien de Troyes, en l'humanisant, lui conserve néanmoins ses attributs d'hospitalité ; le vavasseur se plaint d'avoir longtemps attendu la venue d'un chevalier errant[1]. Plus tard, à son insu, Calogrenant subit les épreuves préparées par le maître de céans : il doit faire montre de courtoisie et de politesse en sachant bien se comporter devant une fort jolie pucelle alors qu'il se trouve seul avec elle dans un endroit clos et, au souper, il doit savoir se tenir à table. Ces légères épreuves réussies, Calogrenant se voit indiquer le chemin du vilain, puis de la fontaine.

Les thèmes

L'AMOUR COURTOIS ET LE BONHEUR CONJUGAL

L'amour est le grand thème de la littérature courtoise. Dans *Le Chevalier au lion,* il est lié au mariage. Celui-ci est-il un frein à l'amour ou un moyen de le rendre plus fort, de le faire grandir ? Le romancier évite l'écueil de répondre à cette question par une longue thèse sentencieuse. Au contraire, il décrit les sentiments amoureux en sachant

---

1. Debout sur le pont-levis, le vavasseur semble attendre perpétuellement. Par ailleurs, le vavasseur constate qu'autrefois beaucoup plus de chevaliers errants passaient par son château : un écho aux propos tenus par le narrateur dans le prologue sur le passé idéalisé.

doser sérieux, poésie, humour et sensualité. Tandis que la littérature courtoise conserve un penchant pour la passion et l'adultère, deux sentiments qui se consument en un rien de temps, le clerc champenois pose une question essentielle : le bonheur peut-il être éternel ? Une interrogation encore bien actuelle. Évidemment, on objectera que, au Moyen Âge, la longévité étant sensiblement réduite par rapport à celle que nous connaissons au XXIᵉ siècle, les visées de Chrétien de Troyes sont obsolètes. Il n'en est rien. L'auteur d'Yvain ne soulève pas la question du bonheur sur le plan de la durée, mais sur le plan de la qualité : le bonheur d'aimer est-il possible ? L'amour survit-il à la passion ? L'union conjugale est-elle la clef d'un bonheur simple et tranquille ?

Encore faut-il que l'homme et la femme se respectent mutuellement, que chacun n'exige pas de l'autre un tribut excessif. Dans les moments de crise, Chrétien de Troyes prescrit le repentir et le pardon. Le premier, s'il est sincère, devrait appeler le second qui guérira toutes les blessures infligées à la fidélité et à la confiance, et qui fera taire les velléités de l'amour-propre. En somme, la générosité et la miséricorde qui nimbent *Le Chevalier au lion,* aux antipodes des emportements passionnels que vénèrent Aliénor d'Aquitaine et les troubadours, démarquent de son siècle la pensée profondément humaniste de Chrétien de Troyes.

La noblesse du sentiment amoureux ne doit pas masquer la présence du désir physique qu'entretiennent les personnages, principalement féminins, à l'endroit de l'être convoité. D'ailleurs, pour rendre l'amour plus charnel, *Le Chevalier au lion* le présente à quelques reprises sous les traits d'une allégorie. L'Amour, ainsi incarné, est discuté dans son essence comme dans ses actions. Par exemple, lorsqu'il est fait allusion à tous les mauvais lieux où Amour se niche pour sa honte (à partir de la ligne 689), il fait clairement allusion à des amours beaucoup moins nobles que celui d'Yvain pour Laudine. Quand on sait que le mot « amour » est, au XIIᵉ siècle, du genre féminin[1], il devient peut-être plus évident de comprendre l'allusion sexuelle du passage.

---

1. Notre traduction a évidemment donné le genre masculin qui est maintenant en usage.
   Qu'il soit permis d'ajouter toutefois qu'au pluriel le mot « amour » conserve encore sa féminité médiévale. On écrit en effet de *grandes* amours.

L'AVENTURE

Sur un fond de légendes tirées du lointain passé des Celtes, dans un univers de landes et de forêts, un vaillant chevalier part en quête d'aventures. Il cherche à honorer de ses prouesses l'amour de sa dame à qui il se soumet totalement. Voilà décrit en deux phrases l'archétype du chevalier, tel qu'on le retrouve dans toute œuvre d'imagination de la période médiévale. Il revient à Chrétien de Troyes de lui avoir donné une humanité tangible et, pour y parvenir, c'est l'aventure qu'il a mise à contribution.

Dans bien des romans médiévaux (pour ne pas dire dans bien des films hollywoodiens), l'aventure se suffit à elle-même. Elle ne représente que le moyen de remplir une mission, de s'emparer d'un trésor, de parvenir à ses fins. Mais une fois la force, la ruse et l'adresse exercées, et le but atteint, que reste-t-il au lecteur? Chrétien de Troyes accorde à l'aventure plus qu'une fonction pratique. Celle-ci participe aussi à l'enrichissement personnel et spirituel du héros par l'acquisition de qualités et de vertus. À cet égard, aucun épisode du *Chevalier au lion* ne s'avère inutile. Chaque aventure se déploie pour permettre à une âme toujours plus pure de mieux rayonner sur le monde qui l'entoure.

LA DÉNONCIATION SOCIALE

L'épisode du château de Pire Aventure donne lieu au passage le plus universellement célèbre du *Chevalier au lion*. Chrétien de Troyes y dénonce l'exploitation ouvrière. L'écrivain décrit probablement un spectacle dont il a été témoin, non pas à Troyes, où l'industrie textile était de son temps encore embryonnaire, mais dans des ateliers de fileuses d'une des villes drapières du Nord où il aurait séjourné pendant ses études. Les pucelles décrites dans le roman, injustement traitées, sont astreintes à travailler sans relâche pour un salaire indécent, alors que le seigneur du lieu s'enrichit à leurs dépens. Cet état de choses est assurément une transposition à peine romancée d'une sordide réalité à laquelle l'humaniste champenois veut servir de traducteur pour y sensibiliser son auditoire. Chrétien de Troyes risque-t-il beaucoup en osant une telle dénonciation? Difficile de le savoir avec certitude. Du moins peut-on observer que, par prudence ou par ruse, il place l'épisode à la fin de son roman alors qu'il a déjà conquis son public.

Dans *Yvain*, le seigneur du château de Pire Aventure représente la bourgeoisie et tout le manque de savoir-vivre et le mercantilisme dont cette classe sociale se révèle déjà coupable au xiie siècle. Dans le roman de Chrétien de Troyes, le personnage est d'une hypocrisie ignoble, ce que corroborent les rapports ambigus qu'il entretient avec les deux démons. Il se plaint en effet de la tradition funeste du château, mais il continue d'en profiter. Chrétien de Troyes a bien saisi là la malhonnêteté des profiteurs. Il oppose à cela la douceur et la délicatesse de jeunes demoiselles bien nées qui n'ont pas eu de chance. Car, au fond, n'est-ce pas un coup du sort qui les maintient dans la misère, alors que la fille du seigneur trempe dans le luxe ? La triste évocation du château de Pire Aventure, où 300 pucelles sont condamnées à tisser sans relâche, doit se comprendre comme une juste revendication ouvrière.

LE MERVEILLEUX

Un des charmes indéniables du roman médiéval est de solliciter l'imagination et de faire rêver en évoquant la dimension occulte et mystérieuse de ce monde qui rappelle à chacun les contes de son enfance. Pour Chrétien de Troyes, les légendes celtes et bretonnes, legs précieux du passé des hommes, se révèlent aussi véridiques que les faits historiques des chroniques. Ne sont-elles pas inscrites dans la mémoire du temps ? À ce compte, la magie et le merveilleux des récits ne se discutent pas. Ce sont des faits tout aussi crédibles que les miracles et les mystères qui foisonnent dans la Bible.

Le Chevalier au lion se déroule au légendaire royaume de Logre. Les personnages y côtoient des êtres fantastiques, particulièrement quand ils s'aventurent dans la forêt de Brocéliande, c'est-à-dire dès qu'ils pénètrent dans l'Autre Monde, l'univers celtique des immortels et des magiciens qui jouxte la terre des vivants. Aussi, les choses et les êtres merveilleux abondent dans *Yvain*. Tous recèlent des origines symboliques et mystiques. Il a déjà été question plus haut de quelques personnages ; voyons maintenant la fontaine et les anneaux.

La fontaine de Barenton.

Archives privées, France.

La fontaine magique qui bouillonne en toutes saisons est un vestige littéraire des anciens autels sacrés où les druides conjuraient la pluie. Les autels celtiques étaient gardés par des fées qui en assuraient la protection en ensorcelant des chevaliers qui les défendaient pour elles. Chrétien de Troyes modifie quelque peu la donne en humanisant les personnages féeriques, mais conserve le cadre où ils évoluent : la fontaine de Barenton, son perron, son pin, son bassin d'or, etc. La dimension indubitablement païenne du lieu incite de plus l'écrivain à lui ajouter une chapelle, symbole chrétien. Mais, en habile romancier, il ne se contente pas de plaquer l'édifice religieux sur le cadre folklorique. Il s'en sert au fil du récit pour y placer Lunete mise aux arrêts par le sénéchal de Laudine, ce qui permet un raccourci narratif élégant. En effet, dans la scène où Yvain revient à la fontaine de Barenton, toujours accompagné de son lion, on assiste au déroulement concomitant d'actions liées à la faute du héros : le désespoir du Chevalier au lion qui se souvient de son bonheur envolé, et la détresse de Lunete, promise au bûcher pour avoir prêté secours à Yvain. Il peut du même coup prendre à témoin ses auditeurs du ridicule d'un chevalier qui croit sa peine d'amour plus grave que la mort imminente dont est menacée une demoiselle.

Au début du roman, le héros se voit offrir deux anneaux magiques : celui d'invisibilité, par Lunete ; celui d'invincibilité, par Laudine. L'anneau demeure l'un des grands symboles universels du pouvoir. Sa forme circulaire, représentation miniaturisée de la ceinture qui protège une forteresse de toute agression, isole et sauvegarde symboliquement son possesseur, lui accorde un pouvoir, mais le soumet toutefois à celui qui lui en a fait don. Dès qu'Yvain reçoit l'anneau d'invisibilité, il obéit en tout à Lunete ; du moment qu'il manque à sa parole, Laudine lui fait retirer l'anneau d'invincibilité, précipitant le chevalier dans la folie. L'anneau donne un pouvoir, mais il exige soumission en retour. Malheur à celui qui le trahit !

L'écriture

UNE ŒUVRE LUE À HAUTE VOIX

Au XIIe siècle, le trouvère lit ses œuvres à voix haute devant un public restreint. La lecture individuelle et silencieuse, telle qu'elle se pratique aujourd'hui, exercée uniquement dans l'étude, recèle peu d'attrait, compte tenu que l'acte de lire se conçoit comme une activité sociale[1] que le récitant et les auditeurs prennent grand plaisir à partager. Certains genres littéraires très en vogue au XIIe siècle, comme le lai, dérivent de formes musicales plus anciennes où le chant était accompagné à la harpe celtique. Au moment où Marie de France écrit ses lais, la pratique de les chanter s'est estompée ; ce ne sont plus que des textes récités. Mais, selon les goûts et les circonstances, la musique peut néanmoins agrémenter la récitation pendant les pauses ou former un léger fond sonore aux évocations poétiques.

Chrétien de Troyes lut lui-même *Le Chevalier au lion* devant le comte Henri le Libéral, la comtesse Marie et tous les nobles champenois rassemblés. D'ordinaire, un jongleur exécute la récitation, sauf si l'auteur réside lui-même à la cour. Par déférence, celui-ci se doit alors d'offrir à ses mécènes le produit de son art afin que ceux-ci s'enorgueillissent du divertissement de haute qualité proposé à l'auditoire.

Chrétien de Troyes fit connaître peu à peu *Le Chevalier au lion* lors de séances de lecture successives. Environ 1000 à 1300 vers sont récités chaque fois, occupant une soirée tout entière, car le récitant tient compte des réactions de son public. En effet, les auditeurs ne demeurent pas silencieux. Ils commentent et discutent le récit au fil de son déroulement et ne manquent pas, s'ils le jugent nécessaire, d'exiger des précisions. La lecture est un événement culturel au sens fort et l'écrivain entre en relation directe avec son lectorat. Les manuscrits d'*Yvain* ont conservé deux traces de ces séances de lecture (l. 1532-1533 et 1974-1975).

Lorsqu'un roman est apprécié, la fin d'une séance de lecture place le public en position d'attente. L'auteur ménage d'ailleurs malicieusement le suspense en achevant sa lecture au beau milieu d'un passage propice à mettre son auditoire sur des charbons ardents ! Il ne donne lecture d'une nouvelle tranche de son récit qu'une fois son écriture achevée. Un événement très attendu de tous et qui est incorporé aux

---

1. Dans *Yvain,* une jeune héritière du château de Pire Aventure lit à ses parents un roman. Outre une indication précieuse sur l'éducation des femmes, l'épisode souligne le caractère divertissant et social de la lecture.

fêtes et réjouissances auxquelles les vassaux se devaient d'être présents. Comme la rédaction d'un roman s'échelonne sur des années, les résumés émaillent le texte pour rafraîchir, d'une séance à l'autre, la mémoire de l'auditoire.

Chrétien de Troyes, conscient que son public est composé d'hommes et de femmes, fait alterner avec bonheur les épisodes de combats et ceux d'amour. De plus, les rapports d'opposition entre le clan des hommes et celui des femmes sont attisés. Tantôt le récit ridiculise les hommes et valorise les femmes, tantôt il pousse dans le sens opposé. En somme, une nouvelle situation chasse la précédente, flattant et humiliant tour à tour l'orgueil des deux sexes, pour offrir une vision toujours changeante des rapports amoureux selon les modalités d'un tournoi galant propre à plaire à toute gent *courtoise*.

LE STYLE

Avant d'entreprendre son récit, Calogrenant exige que ses auditeurs lui prêtent cœur et oreille afin de bien comprendre sa parole et souligne qu'il faut bien écouter pour que le sens de ce qui est dit soit véritablement saisi. Cette mise en garde, le personnage fictif l'adresse à son auditoire, tout comme Chrétien de Troyes, à celui de la cour de Champagne. C'est d'ailleurs ce mode oral qui détermine toute la conception littéraire du roman courtois et qui en influence directement le style. *Le Chevalier au lion* ne constitue pas une œuvre littéraire au sens propre. Pour le maître champenois, l'écriture n'est pas une fin en soi. Elle n'est qu'un moyen, un repère, voire un aide-mémoire, pour le récitant qui doit le théâtraliser autant par le débit qu'il lui donne que par les inflexions de voix dont il l'enrichit. En effet, le ton, tantôt ironique et léger, tantôt sérieux et poignant, du roman devait se révéler avec force aux auditeurs plus qu'il n'est perceptible à sa lecture. Il devait concourir à communiquer le sens du récit, tout particulièrement son ironie. En raison de cette oralité[1] fondamentale du texte de Chrétien de Troyes, il est donc impossible de définir au sens strict le style littéraire d'*Yvain*. Néanmoins, il s'avère possible de dégager certaines constantes dans la composition du discours : par exemple,

---

1. En sus de la simple traduction dont dispose ici le lecteur.

comme on l'a signalé plus haut, le clerc champenois ne prise guère les descriptions détaillées. Il préfère de beaucoup voir l'action suivre son cours sans la ralentir, à moins qu'il ne le fasse dans un but avoué. Ainsi, juste avant le récit de la bataille entre Yvain et Gauvain, si attendue par tous ses auditeurs, Chrétien de Troyes se lance, de façon consciente et impertinente, dans un long et vaseux discours allégorique. La véritable fonction de ce passage ne consiste pas à étaler les grands talents de l'auteur en matière de dissertation. Il ne cherche pas non plus à illustrer par une haute poésie des concepts abstraits. Non. Son utilité première est… de faire damner les auditeurs en retardant le plus possible, par un discours à la limite de la pure digression, le combat tant attendu entre Yvain et Gauvain. Quelles réactions eurent les auditeurs d'être ainsi frustrés du dénouement par un charabia rhétorique ? En dépit de toutes les règles de la courtoisie, ils durent protester avec véhémence, à moins qu'ils n'aient hurlé à tue-tête contre l'imposture !

Dans un constant souci de voir son auditoire participer et réagir au déroulement du récit, Chrétien de Troyes laisse toujours le soin au lecteur de deviner les étapes évidentes d'une action. Par exemple, lorsque le héros reçoit de Lunete l'anneau d'invisibilité, le récit ne dit pas qu'Yvain le passe à son doigt, puis qu'il disparaît aux yeux de Lunete, voire qu'il tend son visage au-dessus d'une surface réfléchissante pour constater qu'il est bien invisible. Il laisse ces effets grossiers aux œuvres communes et fait confiance à l'imagination de ses auditeurs pour illustrer ce passage.

Le Chevalier au lion contient une riche moisson de figures de style (comparaisons, énumérations, métaphores, etc.) et de champs lexicaux. Dans l'épisode du géant Harpin de la Montagne, Chrétien de Troyes mêle adroitement les clichés du roman de chevalerie et les pousse aux limites du comique. Ainsi s'explique le côté parodique de la « boucherie » du combat. Pourtant, le passage réussit à donner aussi des accents d'une grande sincérité à la prière désespérée de la nièce de Gauvain. Révélateur des objectifs esthétiques et moraux de Chrétien de Troyes, il démontre parfaitement la souplesse d'un style qui sait allier, tout comme dans la réalité, des moments de l'existence humaine où le drame se conjugue à la comédie.

Enfin, Chrétien de Troyes recourt fréquemment aux adages et proverbes. Dès les premières lignes du roman, le narrateur affirme que « la courtoisie d'un mort vaut mieux que la grossièreté d'un vivant » (l. 15-16). Parfois plaisantes, parfois sérieuses, ces maximes viennent appuyer les visées didactiques du romancier. En voici tout un florilège : « [...] c'est être captif que d'aimer » (l. 1011-1012) ; « Bien fou celui qui tarde plus d'une heure à chercher son profit ! » (l. 1132-1133) ; « Plus doux est le petit bonheur qui tarde à se manifester que le grand qui se goûte fréquemment » (l. 1330-1332) ; « [...] renoncer ne mène nul homme à la gloire » (l. 2674). Reflets d'une époque et d'une culture, ces proverbes frappent le lecteur par leur bon sens, leur simplicité et surtout leur absence de morale religieuse. Pour un clerc qui a étudié les Saintes Écritures, Chrétien de Troyes se révèle en effet fort peu dispensateur de moralités lourdes et sentencieuses. Certes, dans *Yvain*, il défend les qualités de la chevalerie en les soumettant aux vertus chrétiennes de l'humilité, de la pitié et de la charité. Toutefois, maints passages illustrent les mœurs et les valeurs très libertaires de son temps. Par exemple, les célébrations qui se déroulent pendant le séjour de huit jours du roi Arthur et de sa suite à Barenton sont l'occasion pour l'auteur de préciser qu'une centaine de demoiselles se trouvent là aussi (l. 1292-1293) et que tout invite les chevaliers à s'asseoir auprès d'elles, à leur parler, à les enlacer et à leur donner des baisers ! Un clerc peut-il donner pareil enseignement dans ses œuvres ! Écrivain de cour, Chrétien de Troyes semble avoir joui d'une liberté morale enviable. Il écrit pour un public cultivé, mais dont le raffinement n'empêche pas ses préoccupations devant les maux et problèmes épineux des divers milieux sociaux — la dénonciation des conditions des ouvriers du XIIe siècle en témoigne. Chrétien de Troyes ne semble donc pas avoir été astreint à l'obligation de tenir des propos strictement conformes aux vues de l'Église. En cela, l'écriture du maître champenois se révèle d'une étonnante liberté qui rend compte de la grande ouverture d'esprit de la société aristocratique de son temps. D'une enviable tolérance morale et d'une compassion sincère, l'œuvre de Chrétien de Troyes est bien le reflet de la période courtoise, époque bénie pendant laquelle la France atteignit l'un de ses plus hauts degrés de civilisation et d'humanisme.

JUGEMENTS CRITIQUES DE L'ŒUVRE

Chrétien nous donne une peinture [...] étonnamment réaliste [d'un atelier] dans *Yvain,* en des vers où il est même question de conditions de travail et de salaire. [...] L'atmosphère du conte de fées est proprement l'élément nourricier du roman courtois, qui vise à exprimer non seulement les mœurs mais aussi, et surtout, les idéaux de la société féodale de la fin du XIIe siècle. [Mais] nous arrivons ici au trait fondamental du roman courtois, dans la mesure où il joua un rôle dans l'histoire de la représentation du réel dans la littérature.

Erich Auerbach, Mimésis, Gallimard, 1946.

[*Lancelot* et *Yvain*] ne sont pas écrits dans le même registre. L'*Yvain* laisse percer un peu de moquerie, enjouée ou mélancolique, à l'adresse de la dame. Il insinue une veine satirique dans l'inspiration courtoise. Il est bien, avec *Érec et Énide,* l'ouvrage de Chrétien qui donne le plus une impression de liberté créatrice. Le sujet semble avoir été choisi spontanément. Pas de dédicace qui le subordonne à une volonté étrangère. On peut croire que le poète invente pour son propre divertissement avant de songer à celui des autres. [...] La leçon à tirer du récit reste discrète. Elle ne s'impose pas. À nous de réfléchir, une fois le livre fermé.

Jean Frappier, Chrétien de Troyes, 1957.

Cette œuvre [*Le Chevalier au lion*] d'un humaniste chrétien du XIIe siècle occupe une place unique dans notre littérature : c'est le premier roman moderne, au vrai sens du terme. Et ce titre de gloire devrait suffire à [lui] mériter [...] un accueil favorable, dans la mesure où, étant le prototype de tous les romans qui ont été écrits par la suite, ce récit aide à comprendre la signification profonde du genre auquel ils appartiennent, en nous montrant que dans tous, si différents qu'ils soient de facture, l'anecdote est toujours dépassée, transcendée vers une morale, vers une vision globale de l'homme et du monde, vers une métaphysique.

Claude-Alain Chevallier, Yvain, le Chevalier au lion, 1988.

Il revient au chevalier de mener à bien la plus haute aventure qui soit, assurer l'avènement de la justice, dans un monde que menacent la violence, les pulsions les plus basses, le meurtre, la souffrance, l'injustice sous toutes ses formes. Mais le héros doit pour cela se lancer dans une quête, qui est d'abord quête de lui-même, et accepter de risquer la folie, de connaître la souffrance, le doute et le désespoir. Dans *Le Chevalier au lion,* la forêt n'est pas aussi redoutable que la souffrance intérieure.

Michel Rousse, *Le Chevalier au lion,* 1990.

Le merveilleux de Chrétien de Troyes reste toujours sobre et mesuré : nul bestiaire fantastique, aucune de ces métamorphoses radicales telles qu'on les trouve abondamment dans les mythologies celtiques ou nordiques et telles qu'elles figurent encore dans les *Lais* de Marie de France (homme-oiseau, homme-loup…). Même le serpent à la gueule enflammée que tue Yvain dans *Le Chevalier au lion* n'est qu'un modeste dragon ; quand au bouvier que rencontre Calogrenant près de la Fontaine au Pin, aussi repoussant soit-il, il se veut d'abord *un homme.*

Michel Zink, préface aux *Romans de Chrétien de Troyes,* 1994.

Yvain se présente surtout comme l'archétype du chevalier défenseur des faibles et des opprimés. Il devient, après une crise de folie, l'exemple du chevalier sans peur et sans reproche, modèle de toute perfection chevaleresque.

Philippe Walter, *Chrétien de Troyes,* 1997.

Le roman offre une palette très variée de caractères secondaires et associe avec bonheur des moments d'émotion, voire de tragédie (la folie d'Yvain), à des scènes plaisantes, de beaux combats, des péripéties surprenantes et des éléments de merveilleux.

Thierry Delcourt, *La littérature arthurienne,* 2000.

BERNARD DE VENTADOUR, TROUBADOUR.

MINIATURE, XIIIe SIÈCLE.

BIBLIOTHÈQUE NATIONALE DE FRANCE, PARIS.

PLONGÉE
DANS L'ŒUVRE

Une scène de la vie d'écoliers parisiens
au XIIIe siècle.

Médaillon.

Cathédrale Notre-Dame de Paris, France.

QUESTIONS SUR L'ŒUVRE

Le prologue (lignes 1 à 89)

Compréhension

1. Au premier paragraphe du roman, comment le narrateur justifie-t-il le fait qu'Amour n'est plus aujourd'hui ce qu'il était jadis ?

2. Pour quelle raison le narrateur choisit-il d'évoquer les Bretons à la ligne 18 ?

3. Quelle faute commet Arthur après le repas ? Expliquez.

4. Qu'est-ce qui choque Keu et cause sa réaction agressive ?

5. Pourquoi Keu désamorce-t-il la dispute ?

6. Calogrenant s'offense-t-il des propos de Keu ? Justifiez votre réponse en tenant compte de l'énumération comparative dans la réplique du jeune chevalier.

7. Comment la reine contraint-elle Calogrenant à raconter de nouveau son histoire ?

8. Résumez les recommandations faites par Calogrenant à son auditoire.

Calogrenant chez le vavasseur (lignes 90 à 137)

Compréhension

1. Dans quelles circonstances l'aventure de Calogrenant se déroule-t-elle ?

2. Qu'est-ce qui semble étrange dans l'accueil du vavasseur ?

3. Où se rendent la fille du vavasseur et Calogrenant ? Sont-ils bien isolés ? Calogrenant se comporte-t-il en chevalier courtois ?

4. Pendant le repas, quel événement plaît fort au chevalier ? Se conduit-il encore une fois avec courtoisie ?

5. À quand remonte la dernière visite d'un chevalier au château du vavasseur ?

CALOGRENANT ET LE VILAIN (voir « Extrait 1 », p. 206)

CALOGRENANT À LA FONTAINE DE BARENTON (lignes 210 à 295)
Compréhension
1. De quelles pierres précieuses se compose le perron ?
2. Comment Calogrenant explique-t-il la fureur de la tempête qu'il provoque ?
3. Quel sentiment succède à la frayeur ressentie par Calogrenant pendant la tempête ?
4. En quoi le comportement et le chant des oiseaux sont-ils merveilleux ?
5. Combien de chevaliers Calogrenant croit-il entendre approcher ?
6. Selon les responsabilités de tout seigneur, quelle accusation portée par le chevalier noir justifie le défi et le combat ?
7. La fin du combat entre le gardien et Calogrenant survient-elle promptement ? Justifiez votre réponse.
8. Comment la honte de la défaite de Calogrenant est-elle adoucie à son retour au château du vavasseur ?

YVAIN SE REND À LA FONTAINE DE BARENTON (lignes 296 à 458)
Compréhension
1. Après le récit de Calogrenant, que désire faire Yvain ?
2. Que suppose Keu à l'endroit du héros ?
3. Yvain se moque-t-il vraiment des propos perfides de Keu ? Justifiez votre réponse.
4. Pourquoi la décision royale plaît-elle à tous, sauf à Yvain ?
5. Venger son cousin : est-ce vraiment l'unique préoccupation du héros dans sa course pour vivre cette aventure ? Justifiez votre réponse.
6. Expliquez le moyen par lequel Yvain quitte la cour du roi sans éveiller l'attention.
7. La fin du combat entre le héros et le chevalier noir survient-elle promptement ? Justifiez votre réponse.

8. Relevez le passage qui justifie que, à la fin du combat, le gardien est en droit de fuir.

9. Pour quelle raison Yvain poursuit-il le gardien de la fontaine? Que déduire du caractère du héros? Comparez la présente attitude d'Yvain à celle du chevalier noir à l'issue du combat contre Calogrenant (l. 275-278). Lequel des deux paraît être le plus courtois? Justifiez votre réponse.

Écriture

1. Quelle figure de style utilise la reine en parlant de la langue de Keu? Quelle connotation introduit la comparaison faite par la reine à propos de cette «langue» aux lignes 314 et 315?

2. Relevez et expliquez deux maximes ou proverbes qu'emploie la reine.

3. Quelle comparaison Yvain glisse-t-il dans sa réplique? Que connote-t-elle à propos de Keu?

4. Identifiez la figure de style des lignes 339 et 340. Cette figure est-elle liée à la volonté du roi de se rendre à la fontaine de Barenton? Expliquez.

5. Identifiez la figure de style de la ligne 362. Que révèle-t-elle?

6. Relevez et expliquez le sens de la comparaison illustrant la poursuite d'Yvain.

YVAIN PRISONNIER AU CHÂTEAU DE BARENTON (lignes 459 à 804)

Compréhension

1. Pourquoi Yvain tombe-t-il de son cheval? Comment est-il fait prisonnier?

2. Qui dissipe son désarroi? Comment et pourquoi?

3. Pourquoi les gens du château ne frappent-ils pas le lieu où se trouve Yvain?

4. Quel fait merveilleux se produit dès l'entrée du cercueil dans la grand-salle?

5. Bien que toujours invisible, pourquoi Yvain reçoit-il maintenant des coups?

6. Après le départ de Lunete, quels sujets tourmentent le héros? Lequel des deux est le plus insidieux parce que le plus doux?

7. Comment et par qui la dame est-elle vengée de la mort de son époux?

8. En lien avec le code chevaleresque, justifiez la mention des allégories à la ligne 659.

9. Expliquez le propos des lignes 727 et 728. Comment le héros se juge-t-il?

10. Pourquoi Yvain ne veut-il point quitter le château? Pourquoi dit-il que la journée lui a plu? Que déduit Lunete de cette attitude et de ces paroles du héros?

Écriture

1. Quelles connotations introduisent les deux comparaisons (l. 465-466 et 480) relatives au mécanisme de la porte du château?

2. En quoi la comparaison de la ligne 529 s'accorde-t-elle parfaitement avec la façon de porter l'anneau pour bénéficier de ses vertus magiques?

3. Dans l'énumération des lignes 535 et 536, quels éléments relèvent de la courtoisie de table?

4. Justifiez la comparaison de la ligne 586.

5. Relevez le champ lexical des noms dont use la dame quand, s'adressant à Dieu, elle désigne l'assassin de son mari (l. 613-631). À partir du résultat, résumez l'opinion de la dame sur Yvain.

6. Identifiez la figure de style des lignes 643 et 644. Quelle connotation ajoute-t-elle?

7. Expliquez le sens du proverbe dit par Lunete (l. 676-677).

8. Identifiez les figures de style présentes entre les lignes 712 et 716. Expliquez-les.

9. Quelle figure de style se déploie aux lignes 719 à 721?

10. Quelles connotations introduisent les comparaisons relatives aux cheveux et à la gorge de Laudine?

LUNETE MÉDIATRICE (voir « Extrait 2 », p. 207)

LE PARDON ET LE MARIAGE (lignes 904 à 1149)
Compréhension

1. Comment la dame perçoit-elle maintenant le comportement de Lunete?
2. Puisque les excuses de Lunete sont conformes à la raison et au droit, qu'imagine la dame pour s'assurer qu'aucun tort ne lui a été fait?
3. Quelle faute le Yvain imaginaire avoue-t-il à Laudine? A-t-il agi pour la heurter?
4. Au matin, que demande la dame pour signifier à Lunete son intérêt, tout en s'amendant de sa colère passée?
5. Comment réagit la dame au délai fixé par Lunete avant que paraisse le héros? Pourquoi faire attendre ainsi sa maîtresse?
6. Quelle stratégie Lunete espère-t-elle employer pour contrer la méfiance des gens de Laudine?
7. Dans quel but Lunete entoure-t-elle le héros de tant de soins esthétiques?
8. Est-ce par stratégie ou par espièglerie que Lunete inquiète Yvain avant de le faire paraître devant Laudine? Expliquez.
9. L'attitude du héros devant Laudine répond-elle au code de l'amour courtois? Justifiez votre réponse en trois points.
10. Quelle demande cruciale de la dame est acceptée d'emblée par le chevalier?
11. Quel accueil réserve la cour à messire Yvain?
12. Tirez du discours du sénéchal cinq arguments en faveur du mariage.
13. Tirez des paroles de la dame trois arguments en faveur du mariage.

Écriture

1. Comment Laudine juge-t-elle la cause? Sur quel argument s'appuie-t-elle? Quel sentiment vient s'ajouter à cette conclusion? Quelle figure de style l'illustre?

2. Selon plusieurs médiévistes, l'abondance des dialogues dans ce passage rappelle le théâtre. De quel type de pièce se rapproche ici le roman de Chrétien de Troyes : la farce, la comédie, le drame ou la tragédie ? Justifiez votre réponse.

3. Relevez le proverbe présent dans le paragraphe débutant à la ligne 1009. Expliquez-le.

4. Le genre dramatique choisi à la question 2 s'applique-t-il encore lorsque le héros entre dans la chambre de Laudine ? Justifiez votre réponse.

5. Identifiez la figure de style dans la réplique d'Yvain à la ligne 1069. Justifiez son emploi.

6. Que fait la personnification présente dans le paragraphe débutant à la ligne 1134 ?

7. Relevez et identifiez les figures de style présentes entre les lignes 1137 et 1146.

LE ROI ARTHUR À BARENTON (lignes 1150 à 1409)

Compréhension

1. Quand le roi Arthur arrive-t-il sur les lieux de la fontaine enchantée ?

2. Quelles sont les trois insultes proférées par Keu contre Yvain ?

3. Sur quel ton réplique Gauvain ? (Tenez compte de la réaction de Keu.)

4. La fin de la joute entre Keu et Yvain survient-elle promptement ?

5. Quelle réaction la défaite de Keu suscite-t-elle ? Cette réaction se modifie-t-elle quand Yvain révèle son identité ?

6. À la beauté de qui est comparée celle de Laudine pendant l'accueil au roi Arthur ?

7. Dressez la liste des arguments dont use Gauvain pour convaincre Yvain de participer à des tournois. À l'aide de quelle figure de style parle-t-il de l'amour ?

8. Quel délai impose Laudine au héros ? Comment réagit Yvain ?

9. Qu'offre Laudine au héros ? Est-ce un cadeau qu'elle a souvent consenti ?

Écriture

1. Relevez la comparaison qui illustre la valeur chevaleresque de Gauvain.

2. Expliquez le sens de la gradation dans l'énumération des lignes 1294 à 1296.

3. Résumez et expliquez la métaphore filée du paragraphe qui commence à la ligne 1395.

LA FAUTE D'YVAIN (lignes 1410 à 1477)

Compréhension

1. Comment s'expliquent les victoires du héros à tous les tournois?

2. Qualifiez l'attitude de Gauvain et d'Yvain qui font dresser leur pavillon hors de la ville et qui ne daignent pas se présenter à la cour du roi Arthur.

3. Nommez la messagère de Laudine qui arrive à la cour sur un palefroi. Justifiez votre réponse.

4. Pourquoi laisse-t-elle choir son manteau?

5. Comment réagit le héros aux accusations de la messagère?

6. Que voudrait faire le héros pour calmer son désarroi et sa peine?

7. Pourquoi les barons assemblés laissent-ils Yvain partir? Que comprennent-ils pour supposer que le héros ne se soucie guère de leurs paroles et d'eux-mêmes?

Écriture

1. Établissez le champ lexical de l'amour courtois et celui de la criminalité du paragraphe qui commence à la ligne 1436. Quelle tonalité permet l'association de ces deux champs? Que servent-ils à démontrer?

LA FOLIE D'YVAIN (lignes 1478 à 1620)

Compréhension

1. Où et comment Yvain est-il pris de folie?

2. Quels sont les premiers gestes de folie du héros?

3. Citez la phrase où l'ermite exprime des sentiments contradictoires envers Yvain. Comment ces deux sentiments permettent-ils de comprendre la sainteté et le dévouement de l'ermite?

4. Dans ses prières, le saint homme donne-t-il libre cours aux sentiments contradictoires identifiés à la question précédente? Au fil du temps, lequel finit par déterminer son attitude?

5. Où et comment la dame de Noiroison et deux demoiselles découvrent-elles Yvain?

6. Comment l'une d'elles parvient-elle à identifier Yvain? Par quel argument convainc-t-elle la dame de Noiroison de tout faire pour guérir le chevalier?

7. Quelle expression de la dame de Noiroison empêche de l'associer à une sorcière?

8. Quelles actions soulignent que la demoiselle en fait trop pour sauver Yvain? Comment expliquer son zèle?

9. De quelles délicatesses courtoises use la demoiselle envers Yvain?

10. Où la demoiselle invite-t-elle Yvain?

Écriture

1. Décrivez le pain mangé par Yvain. Quelle figure de style utilise la narration?

2. Que semble ce pain pour Yvain? Quel proverbe explique cette méprise? Donnez la signification du proverbe.

YVAIN CHEZ LA DAME DE NOIROISON (lignes 1621 à 1748)

Compréhension

1. Quelle frontière indique le pont franchi par Yvain?

2. Comment la demoiselle espère-t-elle tromper la dame de Noiroison pour la dépense inutile de l'onguent?

3. Quels actes répréhensibles commet le comte Alier sur les terres de Noiroison?

4. Justifiez la cause de la poursuite du comte Alier en la comparant à celle d'Esclados le Roux par le même Yvain.

5. Une fois capturé, le comte Alier se conduit-il en chevalier courtois ? Expliquez.

6. Quelles relations la dame de Noiroison aimerait-elle nouer avec Yvain ? Quels sentiments suscite chez elle le départ du héros ?

Écriture

1. Quel sens a le mot « cœur » à la ligne 1660 ?

2. Quel sens prend le mot « cœur » à la ligne 1666 ? Quelle figure de style créent les adjectifs qui accompagnent « cœur » ?

3. Identifiez les figures de style des lignes 1677-1678, 1681-1682 et 1703-1704. Se rapportent-elles toutes au même personnage ? Que contribuent-elles à qualifier chez lui ?

4. Quel sens prend le mot « cœurs » à la ligne 1705 ?

5. Expliquez la comparaison des lignes 1711 et 1712.

6. Citez la phrase la plus saisissante illustrant la déroute des troupes du comte Alier.

Yvain sauve le lion (voir « Extrait 3 », p. 208)

Yvain rencontre Lunete prisonnière (lignes 1817 à 1967)

Compréhension

1. Par quelle méprise le lion cherche-t-il à s'enlever la vie ? Quelle partie de l'épée l'animal coince-t-il sous un arbre pour se suicider ? Quelle partie est posée sur un autre arbre ?

2. Qui apparaît comme un exemple au héros qui désire se suicider ?

3. Comment Yvain reconnaît-il Lunete ? Où et pourquoi est-elle emprisonnée ?

4. Quand l'attitude égoïste d'Yvain se modifie-t-elle devant les malheurs de Lunete ?

5. Lunete apparaît-elle généreuse ? Justifiez votre réponse.

6. Yvain est-il devenu généreux ? Justifiez votre réponse.

Écriture

1. Relevez le proverbe dans le soliloque d'Yvain débutant à la ligne 1841.
2. Qualifiez l'attitude d'Yvain devant les malheurs de la prisonnière. De tragique, le roman glisse ici vers quelle nouvelle tonalité?

Yvain contre Harpin de la Montagne (voir « Extrait 4 », p. 209)

Yvain sauve Lunete du bûcher (lignes 2246 à 2458)

Compréhension

1. Où se trouve Lunete à l'arrivée d'Yvain?
2. Comment Yvain combat-il le sentiment d'angoisse qui l'envahit? Quel second et pénible sentiment s'impose à son cœur? À l'aide de quelle figure de style le texte présente-t-il ce sentiment?
3. La plainte des pauvres femmes de cour est-elle livrée avec ironie? Justifiez votre réponse.
4. Qui se range du côté du héros avant l'affrontement?
5. Commentez la stratégie de combat d'Yvain.
6. Qu'est-ce qui décide le lion à passer à l'attaque?
7. Qu'est-ce qui redouble l'ardeur d'Yvain au combat?
8. Quelles dernières recommandations le héros fait-il à Lunete? De quels soins entoure-t-il son lion blessé? Où trouve-t-il refuge pour lui et la bête?

Écriture

1. Identifiez la figure de style des lignes 2305 et 2306.
2. Que fait comprendre la comparaison de la ligne 2362?
3. Que fait comprendre l'antithèse de la ligne 2370?
4. Identifiez la figure de style des lignes 2388 et 2389.
5. Soulignez le comique de la réplique de Laudine (l. 2396-2398).
6. Identifiez et expliquez la figure de style que murmure Yvain (l. 2423-2424).

LA QUERELLE DES SŒURS DE LA NOIRE ÉPINE (lignes 2459 à 2521)
Compréhension

1. Quelle injustice commet l'aînée envers la cadette?
2. Donnez les trois événements qui précèdent de peu l'arrivée de la cadette à la cour.
3. Que suggère poliment Arthur à l'aînée?
4. Observant la loi féodale, qu'est-ce que le roi accorde à la cadette?

Écriture

1. Identifiez la figure de style qui ouvre cette partie.

À LA RECHERCHE D'YVAIN (lignes 2522 à 2679)
Compréhension

1. Pourquoi la cadette tombe-t-elle malade? Qui se charge de sa quête?
2. Que fait maintes fois la jeune fille perdue dans la forêt? Comment est-elle sauvée? Où est-elle accueillie?
3. Établissez l'enchaînement des lieux et des gens qu'elle rencontre le lendemain.
4. Quel doute l'assaille au moment où elle aperçoit le héros?
5. Est-ce pour une gloire futile que le chevalier accepte de se mettre au service de la cadette? Justifiez votre réponse.

YVAIN AU CHÂTEAU DE PIRE AVENTURE (lignes 2680 à 3057)
Compréhension

1. Comment Yvain est-il reçu par la population du bourg de Pire Aventure?
2. Que tente de lui faire comprendre une femme sage et courtoise?
3. Quel accueil lui réserve le portier du château? Comment Yvain y réagit-il?
4. Où se trouvent les pucelles? Comment Yvain remarque-t-il les conditions de vie misérables qui sont les leurs?

5. Quelle est l'intention d'Yvain lorsqu'il retourne droit à la porte du château ? Comparez l'attitude et le ton du portier à ceux du héros.

6. Qui a livré les pucelles à leur triste sort ? Pour quelle raison ?

7. Résumez les injustices et les mauvais traitements subis par les pucelles.

8. Dans quelle intention s'est-on empressé de soigner les chevaux d'Yvain et de la jeune fille ?

9. Où le héros rencontre-t-il le seigneur et sa famille ? Que font-ils ?

10. Qu'aurait fait Amour s'il avait rencontré la fille du seigneur ?

11. Pourquoi ne doit-on pas guérir de sa plaie d'amour en l'absence de toute infidélité (l. 2833-2839) ? Ce passage offre un écho à quels propos déjà tenus dans le roman ?

12. Comment Yvain est-il accueilli ? Quel sentiment ressent-il devant l'empressement de la fille du maître ?

13. Où se rendent Yvain et la jeune fille ?

14. Qu'advient-il au moment où Yvain demande son congé ? Qu'offre-t-on au héros que celui-ci s'empresse de refuser ? Que suppose à tort le seigneur ? Son attitude est-elle courtoise ?

15. Avant le combat, qu'exigent les démons, et sur quel ton ? Pourquoi Yvain accepte-t-il leurs conditions ?

16. Comment le lion s'évade-t-il de la chambre où il est enfermé ? Avec lesquelles de ses pattes gratte-t-il le sol ?

17. Est-ce lâcheté de la part d'Yvain de couper la tête d'un des démons au moment où il lui fait dos ? Justifiez votre réponse.

18. Pourquoi Yvain ne dit-il pas tout simplement qu'il est l'époux de Laudine de Landuc ? Relevez la phrase où il laisse entendre qu'il n'est pas libre.

19. Comment expliquer la promesse jurée par Yvain (l. 3023-3026) ?

20. Qu'expriment les pucelles à leur sauveur ?

21. Pourquoi Yvain feint-il de ne point se souvenir des insultes des gens du bourg ?

22. Quelle protection les pucelles et Yvain évoquent-ils ?

Écriture

1. Identifiez la figure de style de la ligne 2866. Expliquez-la.
2. Identifiez la figure de style des lignes 2940 et 2941. Expliquez-la.
3. Identifiez la figure de style de la ligne 3036. Expliquez-la.

Yvain contre Gauvain (lignes 3058 à 3431)

Compréhension

1. Que fait la cadette quand elle apprend l'arrivée du Chevalier au lion et de la jeune fille?
2. Comment l'aînée veille-t-elle sur ses intérêts?
3. Pourquoi la cadette et Yvain ne veulent-ils pas être reconnus?
4. Pourquoi Gauvain ne veut-il pas être reconnu?
5. Comment le roi Arthur oblige-t-il l'aînée à patienter?
6. Pourquoi Yvain et Gauvain ne se reconnaissent-ils pas sur le champ du combat?
7. Pourquoi Amour est-il aveugle, alors que Haine ne voit rien (l. 3185-3186)?
8. Qu'oppose le roi Arthur aux demandes des gens de cour et de la reine d'octroyer sa part à la cadette pour mettre fin au combat? Ses raisons respectent-elles la loi féodale? Expliquez.
9. La fin du combat survient-elle promptement? Justifiez votre réponse à l'aide d'une phrase tirée du roman.
10. Pourquoi Gauvain ne reconnaît-il pas Yvain au son de sa voix?
11. Lorsque Gauvain révèle son identité, pourquoi Yvain en ressent-il colère et chagrin?
12. Quelle amende d'honneur l'un et l'autre vont-ils se disputer? Quelle tonalité cette dispute donne-t-elle au passage? (Tenez compte de la réaction du roi et des barons qui accourent sur les lieux du combat.)
13. Relevez la phrase qui prouve le côté facétieux du caractère du roi.

14. Quelle menace le roi fait-il planer pour contraindre l'aînée à céder ? Le lien vassalique est-il néanmoins conservé entre la cadette et sa sœur ? Quelle phrase le confirme ?

15. Quelles réactions cause l'arrivée du lion ? Pourquoi Yvain l'avait-il laissé derrière lui ?

16. Quelle découverte fait toute la cour lorsque le lion obéit à Yvain ?

Écriture

1. Relevez la comparaison illustrant l'accueil réservé à la cadette par l'aînée. Quelle connotation introduit cette figure de style ?

2. Que signifie le mot « vaisseau » de la ligne 3171 ? Est-il utilisé dans un sens métaphorique ou comparatif ?

3. Identifiez la figure de style présente aux lignes 3197 à 3199. Expliquez-la.

4. Établissez le champ lexical des verbes porteurs de violence aux lignes 3212 à 3234. Qu'est-ce que ce champ lexical met à l'avant-plan ?

Le retour d'Yvain à Barenton et la réconciliation
(lignes 3432 à 3599)

Compréhension

1. Pourquoi le héros n'est-il pas heureux ?

2. Quelle action entreprend-il ? Quel but vise-t-il ainsi ?

3. Pourquoi les gens de Barenton préféreraient-ils les Turcs à la tempête déclenchée par Yvain ?

4. Comment Lunete expose-t-elle la situation ? Pourquoi ne propose-t-elle pas tout de suite une solution à Laudine ?

5. Quelle impossibilité fait ressortir Lunete au moment où elle propose le Chevalier au lion ? Quelle réponse toute naturelle fait Laudine à cet obstacle ?

6. Comment Lunete s'assure-t-elle de la parole de Laudine ? Cette précaution se justifie-t-elle ? Expliquez.

7. Où Lunete découvre-t-elle Yvain ? Était-elle assurée de le trouver là ? Que fait le héros en ces lieux ?

8. Que fait le héros dès qu'il est en présence de Laudine ? Pourquoi cette dernière ne le reconnaît-elle pas ?

9. Les premières paroles de Lunete auraient-elles pu mettre la puce à l'oreille de Laudine sur l'identité du chevalier qui est devant elle ? Expliquez.

10. Avant de révéler la véritable identité du Chevalier au lion, quelle autorité invoque Lunete ?

11. Décrivez brièvement la première réaction de Laudine. Pourquoi Yvain y perçoit-il une ouverture ?

12. En trois points, fournissez les arguments de la défense du héros. Quelle est la tonalité du discours ?

13. Quel prétexte se donne Laudine pour accorder son pardon sans perdre la face ?

14. Laudine et Yvain seront-ils tous deux sincères dans leur future relation ?

p. 12-14

EXTRAIT 1

CALOGRENANT ET LE VILAIN

Compréhension

1. Que font les taureaux rencontrés par Calogrenant?

2. Expliquez l'ambiguïté de la réponse du vilain à la première question du chevalier. Que laisse supposer cette réponse sur l'intelligence du vilain?

3. Que cherche à savoir le chevalier par sa deuxième question (l. 166)? Le vilain répond-il dans le sens qu'entend Calogrenant? Quel ton le vilain emploie-t-il?

4. Le vilain donne-t-il l'impression d'être sûr de lui? Pourquoi?

5. Quel ton prend ensuite le vilain pour interroger le chevalier?

6. Le vilain ignore-t-il vraiment ce qu'est une aventure?

7. Les renseignements donnés sur la fontaine par le vilain semblent-ils issus d'un être crédule et ignorant ou d'un esprit habile à manipuler son interlocuteur en l'émerveillant?

8. Quelle phrase du vilain incite tout particulièrement le chevalier à se jeter dans l'aventure de la fontaine? Cette phrase semble-t-elle poser un défi à Calogrenant en attisant son désir de se distinguer? Expliquez.

9. Le vilain renseigne-t-il Calogrenant sur tous les dangers de la fontaine? Expliquez.

Écriture

1. Dans la description du vilain, relevez le champ lexical de l'animalité. Quelle connotation ce champ permet-il d'associer à l'opinion que se fait le chevalier du vilain? Ce dernier est-il caricaturé? Quelle figure de style se trouve mêlée plusieurs fois aux éléments du champ lexical?

2. Hors du champ lexical, quelle indication permet de s'assurer de la dimension surnaturelle du vilain?

3. Identifiez la figure de style des lignes 206 à 208. Que permet-elle de décrire?

Vers l'analyse littéraire

1. Démontrez comment, en dépit des apparences, le vilain se révèle plus intelligent que le chevalier Calogrenant.

p. 35-37 **EXTRAIT 2**

LUNETE MÉDIATRICE

Compréhension

1. De quoi Lunete se souvient-elle en temps et lieu opportuns ?
2. Comment Lunete qualifie-t-elle l'attitude de sa dame ? Quel argument appuie l'observation de la demoiselle ?
3. Quelle solution de rechange propose Lunete à Laudine qui veut mourir ?
4. Quels mots de Lunete suggèrent que Laudine est maîtresse de son propre sort ?
5. Résumez l'argument qu'expose Lunete pour enjoindre sa dame de la nécessité de se trouver un seigneur. Comment y est soulignée la double faiblesse de Laudine ?
6. Est-ce par stratégie bien calculée que Lunete quitte momentanément Laudine ? Prouvez-le.
7. Résumez le nouvel argument de Lunete exposé aux lignes 856 à 860. Et celui présenté aux lignes 860 à 862.
8. Par sa réplique des lignes 866 et 867, Lunete attise-t-elle la curiosité de Laudine ou cherche-t-elle à se protéger de la colère de sa maîtresse ? Que fait la demoiselle aux lignes 870 à 872 ?
9. La dame a-t-elle raison de croire que Lunete lui tend un piège par sa question des lignes 873 à 875 ? Expliquez.
10. En affirmant qu'Yvain a pourchassé, puis enfermé Esclados le Roux au château, Lunete modifie-t-elle quelque peu la vérité ?
11. Quelle réaction psychologique Lunete cherche-t-elle à susciter chez sa dame par la dernière phrase qu'elle lui dit avant son départ (l. 889-891) ? La demoiselle réussit-elle ?

Écriture

1. Quel proverbe marque le refus de Laudine d'écouter sa confidente ?

Vers l'analyse littéraire

1. Analysez les arguments de Lunete visant à convaincre Laudine d'épouser Yvain.
2. Grâce au proverbe de la question 1 sous «Écriture», démontrez comment Lunete introduit la candidature d'Yvain.

| p. 65-67 | **EXTRAIT 3** |

YVAIN SAUVE LE LION

Compréhension

1. Quel attribut merveilleux possède le serpent ? Quelle bête fabuleuse rappelle-t-il ?
2. Pourquoi le héros accorde-t-il son aide au lion ?
3. Quelle est la première proie qu'offre le lion à son maître ?
4. Pourquoi Yvain ne jouit-il point de son repas dans la forêt ? Que prouve cette attitude par rapport à la folie qui lui faisait manger de la venaison toute crue ?

Écriture

1. À quoi est comparée la gueule du serpent ? Quelle connotation introduit cet ustensile ?
2. À la ligne 1756, le serpent est jugé venimeux et cruel. Un peu plus loin, quels adjectifs qualifient le lion ?
3. Quelle antithèse certifie l'opposition d'Yvain aux forces obscures ?
4. À l'issue du combat, à quel animal font penser l'attitude et les actions du lion ? Justifiez votre réponse par une comparaison tirée du texte.

Vers l'analyse littéraire

1. Dans cet épisode, démontrez la valeur morale du geste accompli par le héros en faveur du lion.

2. Démontrez comment les figures de style rehaussent la signification symbolique du passage.

p. 71-80 **EXTRAIT 4**

YVAIN CONTRE HARPIN DE LA MONTAGNE

Compréhension

1. Pourquoi n'y a-t-il plus de maisons autour des fortifications du château?

2. Justifiez la politesse que le maître des lieux et le chevalier Yvain se témoignent mutuellement. Que peut-on déduire du caractère d'Yvain à ce moment?

3. Dressez la liste des méfaits du cruel Harpin de la Montagne.

4. De quoi s'étonne Yvain aux lignes 2043 et 2044? Qu'apprend ainsi le héros?

5. Quel sentiment le saisit devant les malheurs de son hôte?

6. Yvain offre-t-il sans condition ses services pour tuer le géant?

7. Quelles qualités du chevalier le seigneur encense-t-il à partir de la ligne 2078?

8. Pourquoi Yvain refuse-t-il que la sœur et la nièce de Gauvain se jettent à ses pieds? Qu'en déduire sur son caractère?

9. Que souligne la mention par Yvain de la volonté de Dieu à la ligne 2088?

10. Que fait Yvain dès son lever? Que souligne cette action?

11. Comment répond Yvain à l'offre du seigneur aux lignes 2122 à 2124? Qu'en déduire sur le caractère du héros?

12. Qu'est-ce qui fait naître une immense pitié dans le cœur d'Yvain? Précisez la nature de ce qu'évoque la pucelle et justifiez-en l'importance propre à émouvoir le héros.

13. À qui les gens du château recommandent-ils le héros?

14. Qu'exige le héros en récompense de son exploit? Comment apprend-on le nouveau nom du héros? Pourquoi Yvain cache-t-il sa véritable identité?

Écriture

 1. Identifiez la figure de style illustrant combien Yvain aime son
    lion. À la lumière de cette figure de style, peut-on dire que le
    chevalier et son lion ne font qu'un? Expliquez.
 2. Relevez les antithèses dans le paragraphe débutant à la
    ligne 1993.
 3. Identifiez la figure de style de la ligne 2099. Que confirme-t-elle?
 4. Commentez la pointe satirique des lignes 2121 et 2122.
 5. Relevez la comparaison concernant le nain. Que connote-t-elle?
    Comment le nain se perçoit-il lui-même?
 6. Identifiez les deux figures de style dans la phrase qui débute à la
    ligne 2156. Justifiez vos réponses.
 7. Identifiez la figure de style de la ligne 2161. Expliquez sa
    signification.
 8. Quel ton emploie Yvain dans sa réplique des lignes 2164 à 2173?
 9. Le ton du héros se fait-il prétentieux ou agacé dans la réplique
    des lignes 2189 et 2190?
10. Dressez la liste des éléments du champ lexical de la boucherie
    dans le paragraphe qui commence à la ligne 2191. Quel ton
    donne ce champ lexical au passage?

Vers l'analyse littéraire

 1. Analysez les valeurs qui sous-tendent les nouvelles qualités de
    caractère du Chevalier au lion.
 2. Démontrez comment les figures de style contribuent à la
    tonalité parodique du passage.

TRAVAIL DES CHAMPS.
MINIATURE DE PIERRE DE CRESCENS, XVᵉ SIÈCLE.
PHOTOGRAPHIE DE JEAN CLAUDE PLANCHARD.
MUSÉE DU VATICAN, ROME.

CROSSERON AU LION ET AU SERPENT, VERS 1220-1235.

MUSÉE DU LOUVRE, PARIS.

ANNEXES

LAIS DE MARIE DE FRANCE, XIIIe SIÈCLE.

BRITISH LIBRARY, LONDRES.

LES BORNES DU MOYEN ÂGE

La période médiévale débute en 476 et se termine en 1453 ou 1492. Quels événements historiques ont déterminé le choix de ces années chez les historiens du xviie siècle ?

En l'an 476, le barbare Odoacre dépose Romulus Augustule, le dernier empereur de Rome. C'est la chute de l'Empire romain d'Occident. Par la suite, l'atténuation progressive de l'influence de la culture latine conduit à une lente mutation de la civilisation européenne vers la société médiévale. Le christianisme s'impose sous le règne de Clovis, converti en 496, et se substitue aux rites païens. Les nouvelles cités, aménagées jusqu'alors à l'exemple de Rome, adoptent la configuration de bourgs fortifiés aux rues tortueuses. En Gaule, seuls les clercs conservent l'usage du latin. La population parle un latin corrompu, dit « vulgaire », qui engendre la mosaïque des dialectes d'oc, au Sud, et d'oïl, au Nord. Sur le plan politique, l'ancienne province romaine est divisée en nombreux petits royaumes, tous bientôt livrés à d'incessantes guerres territoriales et aux attaques d'envahisseurs : Alamans, Huns, Wisigoths, etc.

En 1453, la prise de Constantinople, qui précipite la chute de l'Empire romain d'Orient, fixe la fin du Moyen Âge. Toutefois, ce fait historique ayant eu fort peu de répercussions sur la Renaissance, les historiens d'aujourd'hui lui préfèrent souvent la découverte de l'Amérique en 1492, cause d'importants bouleversements économiques et culturels. Le colonialisme qui en résulte stimule grandement le commerce et l'industrie, cependant que le choc culturel du Nouveau Monde favorise un regard neuf sur les croyances et les institutions occidentales.

Méprisé à l'époque classique et au siècle des Lumières, le Moyen Âge attire peu les chercheurs. En règle générale, les lettrés ne connaissent même pas le nom de Chrétien de Troyes et à peine celui de Marie de France. Il faut attendre le romantisme, au début du xixe siècle, pour que les temps médiévaux suscitent un regain d'intérêt. Les romantiques s'en font toutefois une conception bien adaptée à leur sensibilité esthétique. Par volonté de s'opposer aux tenants du classicisme et afin de nourrir leurs récits fantastiques, ils s'empressent d'en estimer les côtés occultes, violents et démoniaques. Les châteaux

Un homme et une femme du Moyen Âge.

Peinture dans l'armorial de Guillaume de Revel.

Bibliothèque nationale de France, Paris.

médiévaux, ruines pittoresques au xixe siècle, ne manquent pas d'évoquer pour les poètes le noble thème du «passage du temps». Enfin, les romans historiques[1], alimentés par les vieux contes de fées, développent une foule de récits à saveur moyenâgeuse. Souvent fort éloignés de ce que fut vraiment le Moyen Âge, ils s'incarnent cependant pour de bon dans l'imaginaire occidental, notamment le fameux motif du chevalier qui sauve une jolie princesse enfermée par un horrible dragon[2] dans la plus haute tour d'un château. En somme, les romantiques, maladroits dans leur enthousiasme, renchérissent sur l'ignorance des historiens du xviie siècle avec des approximations et des clichés.

Ce n'est qu'à partir de la fin du xixe siècle que les recherches médiévales se fondent sur une approche plus méthodique. Cette tendance se poursuit au xxe siècle et dégage peu à peu la période des faussetés dont elle est grevée. Depuis les années 1980, les études sur le Moyen Âge créent un engouement sans précédent. En littérature, par exemple, la traduction et la publication de nombreuses œuvres en éditions de poche témoignent d'un phénomène dû aux efforts de chercheurs exceptionnels, tel le grand médiéviste anglais J.R.R. Tolkien qui a su vulgariser l'univers médiéval en y puisant des thèmes et des personnages pour les refondre avec originalité dans son *Seigneur des anneaux,* chef-d'œuvre incontesté de la littérature de masse.

---

1. Notamment ceux de Walter Scott (1771-1832), écrivain anglais qui lance la mode des romans dans lesquels l'action se situe au Moyen Âge: *La Dame du lac* (1810), *Ivanhoé* (1823).
2. Thème encore en faveur, bien que traité sur un mode parodique, dans le film d'animation *Shrek* d'Andrew Adamson et de Vicky Jenson, gagnant d'un Oscar en 2002.

REMARQUES SUR LA TRADUCTION

La présente traduction du *Chevalier au lion* repose en grande partie sur la copie Guiot datée du début du XIIIe siècle et conservée à la Bibliothèque nationale (fonds français 794, manuscrit de Cangé). Ce manuscrit, le plus ancien que nous possédions, offre toutefois des passages jugés discutables par les médiévistes. Dans ces cas, deux autres manuscrits : l'un de la Bibliothèque nationale de France (fonds français 1433), l'autre de la Bibliothèque du Vatican (Regina 1725), tous deux de la seconde moitié du XIIIe siècle, ont servi de référence.

Les manuscrits du chef-d'œuvre de Chrétien de Troyes offrent un texte en vers, sans chapitres ni paragraphes. Comme presque toutes les traductions modernes, celle qu'on lit ici est en prose et découpée en paragraphes. *Le Chevalier au lion* s'accommode fort bien de ce traitement, et le lecteur d'aujourd'hui y trouve son compte. Dans la mesure du possible, l'ordre des vers est respecté. La traduction n'y déroge qu'en raison de contraintes syntaxiques insurmontables. Dans un souci semblable, les inversions syntaxiques de la langue médiévale sont rarement observées. Par exemple, « Que que il son conte contoit » devient *Alors qu'il raconte son histoire,* et non *Alors que son conte il contait.* Lorsqu'elles tombent naturellement sous la plume, les assonances ou les rimes des vers sont conservées. De même, les superlatifs et les conjonctions, dont Chrétien de Troyes abuse pour compléter ses octosyllabes, sont maintenus lorsqu'ils répondent à un effet de style, comme l'accumulation au moment de la tempête merveilleuse : « et la pluie, et le vent, et la foudre ». Ajoutons que la concordance des temps de verbe du texte original, souvent très éloignée de l'usage moderne, trouve ici une traduction qui a privilégié un récit agréable et léger.

Puisque l'œuvre de Chrétien de Troyes était destinée à être lue à voix haute, le texte moderne tente d'être aussi vif, concis et rythmé que l'original. Son vocabulaire reste simple, car Chrétien prend grand soin de se limiter à des mots de tous les jours et à des verbes courants pour faciliter l'écoute de son récit. La traduction évite donc les mots précieux, les tournures empesées et les explications fastidieuses. En ce qui concerne le vocabulaire, des notes en bas de page et un glossaire éclairent le sens de termes propres à la société médiévale, termes employés dans la traduction, faute d'équivalents modernes satisfaisants. Ainsi en est-il de *palefrois, destriers* ou *rosses* pour des types de chevaux ; de *cottes, surcots* ou *braies* pour des vêtements, et de *heaume* et *haubert* pour des pièces de l'armure du chevalier. (On voit mal en effet le Chevalier au lion livrer combat revêtu d'un *casque de fer* et d'une *combinaison en lanières de fer* !) Enfin, des expressions ou des mots dont l'acception est encore en usage au Québec sont maintenus par la traduction. Par exemple, dès les premiers vers, Chrétien écrit : « Aprés mangier parmi cez sales / Li chevaliers s'atropelerent / La, ou dames les apelerent / Ou dameiseles ou puceles. » Ce qui donne : « Après manger, dans les salles, les chevaliers s'attroupèrent là où les dames, les demoiselles et les pucelles les appelèrent. » L'expression « après manger » n'est pas remplacée par « après le repas ».

Qu'il soit permis d'assurer le lecteur qu'il trouvera ici une traduction respectant l'esprit de Chrétien de Troyes et qui cherche à redonner leur lustre et leur éclat aux aventures du Chevalier au lion.

Aux pages suivantes, le lecteur curieux trouvera un extrait du texte original de Chrétien de Troyes avec la présente traduction en regard.

Je m'approchai du vilain et constatai qu'il avait
une tête plus grosse que celle d'un roncin […]

SCULPTURE DE PARAMÉ.

ARCHIVES PRIVÉES, FRANCE.

L'ostel gueires esloignié n'oi,	Je n'étais guère éloigné du château
Quant je trovai an uns essarz	quand, dans une clairière, je tombai
Tors sauvages et espaarz,	sur des taureaux sauvages et furieux
Qui s'entreconbatoient tuit	qui se battaient entre eux
Et demenoient si grant bruit	et qui se démenaient bruyamment,
Et tel fierté et tel orguel,	avec une telle fureur et
	un tel emportement que,
Se le voir conter vos an vuel;	pour dire la vérité,
Que de peor me tres arriere;	de peur, je fis marche arrière,
Que nule beste n'est tant fiere	nulle bête n'étant plus féroce
Ne plus orguelleuse de tor.	ni plus furieuse que le taureau.
Un vilain, qui ressanbloit mor,	Un vilain qui ressemblait à un Maure,
Grant et hideus a desmesure,	très grand et hideux —
(Einsi tres leide creature,	bref, une créature tellement laide
Qu'an ne porroit dire de boche),	qu'on ne saurait la décrire —,
Vi je seoir sor une çoche,	s'était assis là, sur une souche,
Une grant maçue an sa main.	une lourde massue à la main.
Je m'aprochai vers le vilain,	Je m'approchai du vilain et constatai
Si vi qu'il ot grosse la teste	qu'il avait une tête plus grosse que
Plus que roncins ne autre beste,	celle d'un roncin ou d'une autre bête,
Chevos meschiez et front pelé,	des cheveux emmêlés, un front pelé
S'ot plus de deus espanz de lé,	de plus de deux empans,
Oroilles mossues et granz,	des oreilles larges et velues
Autés come a uns olifanz,	comme celles d'un éléphant,
Les sorciz granz et le vis plat,	des sourcils touffus, un visage plat,
Iauz de çuëte et nes de chat,	des yeux de chouette, un nez de chat,
Boche fandue come los,	une bouche fendue comme celle d'un loup,
Danz de sangler, aguz et ros,	des dents de sanglier aiguës et rousses,
Barbe noire, grenons tortiz,	une barbe noire, des moustaches tordues,
Et le manton aers au piz,	un menton soudé à la poitrine et
Longue eschine, torte et boçue.	une longue échine voûtée et bossue.
Apoiiez fu sor sa maçue,	Appuyé sur sa massue,
Vestuz de robe si estrange,	il était vêtu d'un habit bien étrange,
Qu'il n'i avoit ne lin ne lange,	ni de lin ni de laine, mais de deux
Ainz ot a son col atachiez	cuirs nouvellement écorchés,
Deus cuirs de novel escorchiez	des cuirs de deux taureaux ou
De deus toriaux ou de deus bués.	de deux bœufs attachés à son cou.

— Je suis, comme tu vois, un chevalier
qui cherche ce qu'il ne peut trouver.

STATUE D'UN CHEVALIER, XIIIᵉ SIÈCLE.

CATHÉDRALE DE CHARTRES, FRANCE.

An piez sailli li vilains lués
Qu'il me vit vers lui aprochier.
Ne sai, s'il me voloit tochier,
Ne ne sai, qu'il voloit anprandre,
Mes je me garni de deffandre,
Tant que je vi, que il s'estut
An piez toz coiz, si ne se mut,
Et fu montez dessor un tronc,
S'ot bien dis et set piez de lonc;
Si m'esgarda et mot ne dist,
Ne plus qu'une beste feïst;
Et je cuidai que il n'eüst
Reison ne parler ne seüst.
Totes voies tant m'anhardi,
Que je li dis : « Va, car me di,
Se tu es buene chose ou non ! »
Et il me dist : « Je suis uns hon. »
« Ques hon ies tu ? »
« Tes con tu voiz. Je ne sui autre
    nule foiz. »
« Que fes tu ci ? »
« Je m'i estois, si gart cez bestes
    par cest bois. »
« Gardes ? Por saint Pere de
    Rome !
Ja ne conoissent eles home.
Ne cuit qu'an plain ne an
    boschage
Puisse an garder beste sauvage,
N'an autre leu por nule chose,
S'ele n'est liiée ou anclose. »
« Je gart si cestes et justis,
Que ja n'istront de cest porpris. »

« Et tu comant ? Di m'an le
    voir ! »
« N'i a celi, qui s'ost movoir,
Des qu'eles me voient venir.
Car quant j'an puis une tenir,

Dès que j'approchai, le vilain
sauta sur ses pieds.
Je ne savais pas s'il voulait me frapper,
ni ne connaissais ses intentions,
mais je me préparai à me défendre,
jusqu'à ce que je visse qu'il se tenait
debout, bien droit, sans bouger,
monté sur un tronc d'arbre.
Il mesurait bien dix-sept pieds de haut !
Il m'observa sans dire un mot,
tout comme une bête l'aurait fait,
et je crus qu'il avait perdu sa raison
ou qu'il ne savait pas parler.
Enfin, je m'enhardis au point de
l'interroger : « Va, dis-moi, es-tu une bonne
créature ou non ? »
Et il me répondit : « Je suis un homme.
— Quel homme es-tu ?
— Tel que tu le vois. Je n'ai jamais été
autre.
— Et que fais-tu ?
— Je reste ici et je garde les bêtes dans
ce bois.
— Tu les "gardes" ? Par saint Pierre de
Rome ! Mais elles ne savent pas ce
qu'est un homme !
Je ne crois pas qu'on puisse retenir
une bête sauvage dans une plaine,
un bois ou ailleurs,
d'aucune façon,
si elle n'est pas attachée ou enclose.
— Je surveille pourtant celles-ci et je
les gouverne si bien qu'elles ne
s'enfuiront jamais hors de ce lieu.
— Et tu fais comment ? Dis-moi
la vérité.
— Aucune n'ose bouger dès qu'elles
me sentent venir.
Car, quand je peux en tenir une,

Si la destraing par les deus corz
As poinz, que j'ai et durs et forz,
Que les autres de peor tranblent
Et tot anviron moi s'assanblent
Aussi con por merci criër:
Ne nus ne s'i porroit fiër
Fors moi, s'antre eles s'estoit mis,
Que maintenant ne fust ocis.
Einsi sui de mes bestes sire:
Et tu me redevroies dire,
Ques hon tu ies et que tu
    quiers. »
« Je sui, ce voiz, uns chevaliers,
Qui quier ce, que trover ne puis;
Assez ai quis et rien ne truis. »
« Et que voldroies tu trover? »
« Avantures por esprover
Ma proesce et mon hardemant.
Or te pri et quier et demant,
Se tu sez, que tu me consoille
Ou d'avanture ou de mervoille. »
« A ce », fet il, « faudras tu bien:
d'"avanture" ne sai je rien,
N'onques mes n'an oï parler.
Mes se tu voloies aler
Ci pres jusqu'a une fontainne,
N'an revandroies pas sanz
    painne,
Se tu li randoies son droit.
Ci pres troveras ore androit
Un santier, qui la te manra.
Tote la droite voie va,
Se bien viaus tes pas amploiier;
Que tost porroies desvoiier,
Qu'il i a d'autres voies mout.
La fontainne verras, qui bout,
S'est ele plus froide que marbres.

je l'empoigne si bien par les deux cornes,
de mes poings durs et forts,
que les autres tremblent de peur et
se rassemblent autour de moi
comme pour demander grâce.
Et nul autre que moi ne pourrait
se fier à ces bêtes et vivre parmi elles
sans être tué à l'instant.
C'est ainsi que je règne sur mes bêtes.
Mais toi, tu devrais me préciser
qui tu es et ce que tu cherches.

— Je suis, comme tu vois, un chevalier
qui cherche ce qu'il ne peut trouver.
J'ai beau faire, je ne trouve rien.
— Et que voudrais-tu découvrir?
— Des aventures, pour éprouver ma
vaillance et ma hardiesse.
Je te prie donc, te demande et t'implore
de me conseiller, si tu le peux,
une aventure ou une merveille.
— Perds-en espoir, fait-il, et tu feras bien.
Je ne sais rien des aventures
et je n'en ai jamais entendu parler.
Toutefois, si tu veux te rendre
jusqu'à une fontaine près d'ici,
tu auras peine à en revenir,

si tu ne la respectes pas.
Non loin, tu croiseras
un sentier qui te mènera à elle.
Va tout droit,
afin de bien employer tes pas;
il y a tant d'autres chemins
que tu pourrais vite te fourvoyer.
Là-bas, tu découvriras la fontaine qui bout,
même si elle est plus froide que le marbre.

Onbre li fet li plus biaus arbres,
Qu'onques poïst feire Nature.
An toz tans la fuelle li dure,
Qu'il ne la pert port nul iver,
Et s'i pant uns bacins de fer
A une si longue chaainne,
Qui dure jusqu'an la fontainne.
Lez la fontainne troveras
Un perron tel, con tu verras,
(Je ne te sai a dire, quel,
Que je n'an vi onques nul tel),
Et d'autre part une chapele
Petite, mes ele est mout bele.
S'au bacin viaus de l'eve prandre
Et dessor le perron espandre,
La verras une tel tanpeste,
Qu'an cest bois ne remandra
    beste,
Chevriaus ne dains ne cers ne
    pors,
Nes li oisel s'an istront fors;
Car tu verras si foudroiier,
Vanter et arbres peçoiier,
Plovoir, toner et espartir,
Que, se tu t'an puez departir
Sanz grant enui et sanz pesance,
Tu seras de meillor cheance
Que chevaliers, qui i fust
    onques. »

Elle reçoit une ombre du plus bel arbre
que Nature ait jamais pu créer.
En tout temps, il garde son feuillage,
puisque nul hiver ne le lui ravit.
Un bassin d'or fin y est pendu
par une chaîne si longue
qu'elle descend jusqu'à la fontaine.
D'un côté de la fontaine, tu trouveras
un perron — tu verras comment il est:
moi, je ne saurais te le décrire,
car je n'en ai jamais vu de pareil —
et, de l'autre côté, une chapelle,
petite mais très belle.
Si, avec le bassin, tu puises de l'eau
et la répands sur le perron,
tu assisteras alors à une telle tempête
qu'il ne restera plus aucune bête
dans la forêt:
ni chevreuils, ni daims, ni cerfs, ni
sangliers.
Même les oiseaux s'envoleront.
Tu verras si fort foudroyer, et venter,
et les arbres se briser, et pleuvoir,
et tonner, et les éclairs se déchaîner
que si tu t'en sors
sans douleurs et sans ennuis,
tu auras eu une meilleure chance
qu'aucun chevalier qui y soit jamais allé. »

	TABLEAU CHRONOLOGIQUE	
	ÉVÉNEMENTS HISTORIQUES EN FRANCE	VIE ET ŒUVRE DE CHRÉTIEN DE TROYES
1100	Mort de Robert de Molesme, fondateur de l'Ordre cistercien.	
1115	Saint Bernard fonde l'abbaye de Clairvaux.	
1122	Naissance d'Aliénor d'Aquitaine.	
1127	Mort de Guillaume IX, duc d'Aquitaine, troubadour et grand-père d'Aliénor.	
1135		Naissance de Chrétien de Troyes.
1137	Louis VII épouse Aliénor d'Aquitaine, deux semaines avant d'être couronné roi de France.	
1140		
1145	Naissance de Marie, fille des souverains de France et future Marie de Champagne.	
1147	Début de la 2e croisade, prêchée par saint Bernard.	
1149	Les croisés défaits au siège de Damas. Fin de la 2e croisade.	
1150		Traduction d'œuvres sur l'amour du poète latin Ovide (43 av. J.-C. – 18 apr. J.-C.).
1152	Aliénor d'Aquitaine est répudiée par Louis VII. Elle épouse Henri Plantagenêt.	

TABLEAU CHRONOLOGIQUE		
ÉVÉNEMENTS LITTÉRAIRES ET CULTURELS EN FRANCE	ÉVÉNEMENTS HISTORIQUES ET CULTURELS HORS DE FRANCE	
La Chanson de Roland.		1100
		1115
		1122
		1127
Début de l'âge d'or des troubadours : Bernard de Ventadour, Jaufré Rudel, etc.	Étienne de Blois, roi d'Angleterre.	1135
		1137
Le Charroi de Nîmes, chanson de geste du cycle de Guillaume d'Orange.	Geoffroy de Monmouth, *Historia regum Britanniæ* (*Histoire des rois de Bretagne*), consacrée en partie au roi Arthur.	1140
Robert Wace, *La Conception de Notre-Dame.*		1145
		1147
Le Pèlerinage de Charlemagne, chanson de geste.		1149
Achèvement de la cathédrale Saint-Jacques-de-Compostelle. Débuts de l'art gothique. *Le Roman de Thèbes.*	Geoffroy de Monmouth, *Vita Merlini* (*Vie de Merlin*).	1150
Nivard de Gand, *Isengrimus.*	Frédéric Ier Barberousse, empereur germanique.	1152

	TABLEAU CHRONOLOGIQUE	
	ÉVÉNEMENTS HISTORIQUES EN FRANCE	VIE ET ŒUVRE DE CHRÉTIEN DE TROYES
1154	Mort de l'abbé Suger, grand conseiller de Louis VII.	Long séjour à Poitiers et à la cour d'Angleterre.
1155		
1160	Apparition de la secte des cathares.	Composition des chansons courtoises *Amour déclenche querelle et bataille* et *Amour m'a ravi à moi-même*.
1164	Marie, fille d'Aliénor d'Aquitaine et de Louis VII, épouse Henri le Libéral et devient comtesse de Champagne.	
1169		
1170		*Érec et Énide*, premier des *Romans de la Table ronde*.
1172	Louis VII attaque la Normandie et l'Anjou, possessions anglaises.	
1173		Chrétien de Troyes au service de Marie de Champagne.
1175		*Cligès*. Marie de Champagne commande *Lancelot* ou *Le Chevalier de la charrette*. Composition parallèle d'*Yvain* ou *Le Chevalier au lion*.
1180	Mort de Louis VII. Philippe Auguste, roi de France.	*Lancelot* ou *Le Chevalier de la charrette*, achevé par Godefroy de Lagny.

TABLEAU CHRONOLOGIQUE		
ÉVÉNEMENTS LITTÉRAIRES ET CULTURELS EN FRANCE	**ÉVÉNEMENTS HISTORIQUES ET CULTURELS HORS DE FRANCE**	
	Henri II Plantagenêt et Aliénor d'Aquitaine, roi et reine d'Angleterre.	1154
Wace, *Roman de Brut,* traduction adaptée de l'*Historia* de Monmouth, introduit la « matière de Bretagne » en France.		1155
Roman d'Énéas. Benoît de Sainte-Maure, *Le Roman de Troie.* Premiers fabliaux.		1160
Début de la construction de la nef et du chœur de Notre-Dame de Paris.		1164
Wace, *Roman de Rou.*	À Nantes, cérémonie de l'investiture du duché de Bretagne par Henri II.	1169
Marie de France : *Lais,* dont le *Lai de Lanval* où apparaît le chevalier Yvain.	Assassinat de Thomas Beckett, archevêque de Canterbury, commandé par Henri II.	1170
Thomas, *Tristan.*		1172
Premières branches du *Roman de Renart.*	Henri II emprisonne Aliénor à Chinon.	1173
Gautier d'Arras, *Éracle,* roman courtois.		1175
Raoul de Cambrai, chanson de geste. Début de l'âge d'or des trouvères : Gace Brulé, Conon de Béthune, etc. Pérotin compose ses œuvres polyphoniques.		1180

TABLEAU CHRONOLOGIQUE	
ÉVÉNEMENTS HISTORIQUES EN FRANCE	VIE ET ŒUVRE DE CHRÉTIEN DE TROYES
1181 Mort d'Henri le Libéral, comte de Champagne.	
1182	Chrétien au service de Philippe d'Alsace, comte de Flandre. *Perceval* ou *Le Conte du Graal*.
1183	Mort de Chrétien de Troyes. *Perceval* reste inachevé.
1186	
1187	
1189 Début de la 3e croisade.	
1192 Fin de la 3e croisade. Saladin se soumet à Richard Cœur de Lion.	
1198 Mort de Marie de Champagne. Proclamation de la 4e croisade.	
1199	
1200	
1204 Mort d'Aliénor d'Aquitaine.	
1230	Le clerc Guiot de Provins copie *Yvain* ou *Le Chevalier au lion*.

N.B. : Plusieurs dates, principalement celles concernant les œuvres littéraires, sont approximatives.

TABLEAU CHRONOLOGIQUE		
ÉVÉNEMENTS LITTÉRAIRES ET CULTURELS EN FRANCE	**ÉVÉNEMENTS HISTORIQUES ET CULTURELS HORS DE FRANCE**	
Béroul, *Tristan*.	Naissance de saint François d'Assise.	1181
Gautier d'Arras, *Ille et Galeron*, roman courtois.	Henri II cède le duché de Bretagne à son fils Geoffroy II.	1182
Robert le Diable, roman anonyme.		1183
André le Chapelain, *Traité de l'amour courtois*.	Mort de Geoffroy II de Bretagne.	1186
Hue de Rotelande, *Protheselaüs*.	Prise de Jérusalem par Saladin.	1187
Marie de France, *Fables*. Renaut de Beaujeu, *Le Bel Inconnu*, roman courtois.	Richard Cœur de Lion, roi d'Angleterre, après une révolte contre son père, Henri II, qui meurt la même année.	1189
Premières continuations du *Conte du Graal*.		1192
Robert de Boron, *Merlin*.		1198
	Mort de Richard Cœur de Lion. Jean sans Terre, roi d'Angleterre.	1199
Jean Bodel d'Arras, *Chanson des Saisnes*. *Le Jeu de Saint Nicolas*, premier miracle dramatique.	*Iwein*, adaptation allemande d'*Yvain* par Hartmann von Aue. *Owein* ou *La Dame de la fontaine*, conte gallois influencé en partie par *Yvain*.	1200
		1204
La Quête du Graal, roman mystique. Guillaume de Lorris, *Le Roman de la Rose*.		1230

GLOSSAIRE DE L'ŒUVRE

Amour : allégorie. Dans les textes médiévaux, on traite les sentiments, les vices et les vertus comme des divinités à forme humaine.

Arçon : l'une des deux pièces qui forment la selle.

Avenant : agréable, aimable, d'un bel air.

Baron : grand seigneur, le seul à posséder le valeureux titre de chevalier.

Bourrelet de feutre : support permettant de caler et de mieux contrôler la lance.

Braies : culottes larges et bouffantes.

Braque : chien de chasse ayant la charge de ramener les proies.

Bretagne : le royaume du roi Arthur inclut l'actuelle péninsule de la Bretagne française (ou Bretagne armoricaine) et une bonne part des îles Britanniques.

Brocéliande : vaste forêt de Bretagne qui s'étend aujourd'hui depuis la ville de Rennes jusqu'à Montfort. Au Moyen Âge, ce lieu avait la réputation d'être magique. En celtique, *Bréchéliant* signifie « Forteresse de l'Autre Monde » : y pénétrer, c'est entrer dans le monde de la magie et du merveilleux.

Choir : tomber.

Clerc : au Moyen Âge, homme d'Église qui savait lire et écrire, fonctions pour lesquelles les nobles le sollicitaient souvent, et qui pouvait administrer les derniers sacrements.

Cotte : tunique commune aux hommes et aux femmes, et qui recouvre le corps depuis les épaules jusqu'aux pieds.

Couard, couardise : peureux, lâche ; peur, lâcheté.

Courroucé, courroucer (se) : fâché, en colère ; se fâcher, se mettre en colère.

Courtois : poli, éduqué, cultivé. Qualité propre aux gens de *cour*, aux seigneurs.

Courtoisie : il s'agit à la fois des règles sociales raffinées régissant les rapports à la cour et des qualités morales élevées de l'individu qui observe ces règles.

Dolent : attristé, mélancolique, sombre, déçu.

Écarlate : renvoie non à une couleur, mais à une étoffe de laine ou à un drap fin.

Écu : bouclier. Un chevalier tient un bouclier au bras ou le suspend à son cou pour parer les coups de l'adversaire.

Embrasser : ici, au sens de tenir, saisir dans ses bras.

Éperon : pièce de métal à deux branches terminées par une roue édentée, fixée au talon du cavalier.

Éperonner : piquer, au moyen des éperons, les flancs de son cheval pour le faire avancer.

Espérance : allégorie.

Félon : traître. Au Moyen Âge, le mot désigne le chevalier infidèle à son roi, le vassal déloyal.

Félonie : traîtrise.

Fétu : brin de paille.

Feutre : voir **Bourrelet de feutre.**

Fief : domaine d'un seigneur, possessions ou terres sous sa souveraineté.

Forcené : (nom et adjectif) personne démente, folle, ayant perdu la raison.

Fortune : chance.

Gens (ses ou les) : la suite, les gens du château, les serviteurs appartenant au seigneur (écuyers, valets, etc.). Pour un roi ou un grand seigneur (voire une dame de haut rang), le terme peut englober les chevaliers qui sont à son service.

Grand-salle : vaste pièce d'un château médiéval qui sert à l'accueil et aux réceptions.

Haubert : cotte (tunique) faite de mailles de fer (ou lanières) et dont le chevalier se revêt depuis la tête jusqu'aux pieds. Le haubert est ensuite recouvert de l'armure.

Heaume : casque en fer de l'armure qui recouvre entièrement la tête.

Hermine : petit animal semblable à la belette. Son pelage, blanc en hiver, donne une fourrure immaculée très recherchée.

Lieue : unité de distance équivalant à environ quatre kilomètres.

Lignage : généalogie, hérédité, origines ancestrales d'une famille.

Mat : vaincu. L'expression « échec et mat » du jeu d'échecs signifie « mis en échec et vaincu ».

Mire : médecin.

Miséricorde : pitié par laquelle on absout un coupable ; sensibilité aux malheurs, à la misère d'autrui.

Nature : allégorie. Au Moyen Âge, la nature est souvent décrite comme une divinité créatrice païenne.

Netun : le netun est un démon. Le mot provient du dieu romain Neptune, à l'origine du dieu celtique Nudd-Nodons, le protecteur tyrannique des pêcheurs. Ses deux fils, Gwynn et Edern, sont ici les responsables de la séquestration des pucelles.

Palefroi : gros cheval d'apparat, destiné à la parade et aux promenades.

Perron: pierre plate sacrée, vestige d'un ancien dolmen (table gigantesque formée de pierres et utilisée avant la période courtoise, lors de cérémonies sacrées, par les peuplades de l'Europe du Nord). Sert ici de rebord à la fontaine.

Pourfendre: fendre de haut en bas, trancher en deux.

Préau: cour intérieure.

Preux: brave, courageux, vaillant, intrépide. Qualité capitale du chevalier qui peut être nommé un «preux».

Prime: six heures du matin.

Pucelle: jeune fille.

Quarante (jours): le droit féodal autorise ce délai.

Sénéchal: littéralement «serviteur le plus âgé». Dans les faits, officier du roi aux fonctions d'autorité liées au commerce, à la justice ou aux divertissements de la cour.

Setier: ancienne mesure de capacité pour le grain et la farine.

Sied (du verbe seoir): il sied, il convient, il faut.

Signer (se): quand il ne prélude ni ne clôt une prière, le signe de croix permet de se placer sous la protection de Dieu et de conjurer l'œuvre du diable ou tout phénomène inexplicable et effrayant.

Surcot: chemisette de parure qu'on met par-dessus la cotte ou la chemise.

Trébuchet: amorce d'un mécanisme de défense utilisant la force d'un contrepoids pour déplacer ou faire basculer de lourds objets; ici, pour faire tomber une porte de fer tranchant.

Turcs: depuis les croisades, les Turcs désignent sans distinction tous les musulmans, ennemis des chrétiens.

Vair: fourrure gris foncé provenant d'un petit rongeur appelé un *vair* (Cendrillon porte des pantoufles en *vair* et non *de verre*: la confusion découle d'une mauvaise lecture et se perpétue depuis des siècles).

Vassal, vassale: homme ou femme noble soumis, soumise à son seigneur. Sur le ton de l'apostrophe, le mot devient une insulte.

Vavasseur: vassal d'un seigneur qui est lui-même le vassal d'un autre seigneur; dernier rang de la noblesse.

Venaison: chair, viande de gros gibier (cerf, daim, chevreuil, sanglier, etc.).

Vermeil: d'un rouge vif et léger.

Vil: indigne, méchant.

Vilain: paysan. Le vilain possède sa propre terre et jouit, contrairement au serf, d'une relative liberté. Dès le Moyen Âge, ce groupe social méprisé voit son nom prendre la connotation péjorative qu'il conserve encore aujourd'hui.

Vilenie: action vile, indigne; méchanceté.

BIBLIOGRAPHIE

Yvain en vieux français avec traduction moderne en regard

CHRÉTIEN DE TROYES. *Yvain* ou *Le Chevalier au lion,* édition du manuscrit par Wendelin Foerster et traduction de Michel Rousse, Paris, Flammarion, coll. «Garnier-Flammarion», nº 569, 1990.

CHRÉTIEN DE TROYES. *Yvain* ou *Le Chevalier au lion,* édition et traduction de Philippe Walter, dans *Œuvres complètes,* Paris, Gallimard, coll. «Bibliothèque de la Pléiade», nº 408, 1994. (Cette édition comprend toutes les œuvres du clerc champenois, y compris les ouvrages d'authenticité douteuse.)

CHRÉTIEN DE TROYES. *Le Chevalier au lion (Yvain),* édition et traduction de David F. Hult, dans *Romans,* Paris, Librairie générale française, coll. «Le livre de poche – La Pochothèque», 1994.

Ouvrages sur Chrétien de Troyes et son œuvre

BEDNAR, John. *La Spiritualité et le symbolisme dans les œuvres de Chrétien de Troyes,* Paris, Nizet, 1974.

CHEVALLIER, Claude-Alain. *Yvain, le Chevalier au lion de Chrétien de Troyes,* Paris, Livre de Poche, nº 6533, 1988.

FRAPPIER, Jean. *Chrétien de Troyes,* Paris, Hatier, 1957.

FRAPPIER, Jean. *Étude sur Yvain* ou *Le Chevalier au lion,* Paris, Société d'édition d'enseignement supérieur, 1969.

GALLIEN, Simone. *La Conception sentimentale de Chrétien de Troyes,* Paris, Nizet, 1975.

LOT-BORODINE, Myrrha. *La Femme et l'amour au XIIe siècle, d'après les poèmes de Chrétien de Troyes,* Genève, Slatkine Reprints, 1967.

POIRION, Daniel (Édition préparée par). *Le Livre du Graal,* Paris, Gallimard, coll. «Bibliothèque de la Pléiade», 2001.

WALTER, Philippe. *Chrétien de Troyes,* Paris, P.U.F., coll. «Que sais-je?», nº 3241, 1997.

DES MÉTIERS DU MOYEN ÂGE.
REUNER MUSTERBUCH, VERS 1208-1218.
OSTERREICHISCHE NATIONALBIBLIOTHEK, VIENNE.

Ouvrages sur la légende arthurienne

BERTHELOT, Anne. *Arthur et la Table ronde : la force d'une légende,* Paris, Gallimard, coll. « Découvertes », n° 298, 1996.

DELCOURT, Thierry. *La Littérature arthurienne,* Paris, P.U.F., coll. « Que sais-je ? », n° 3578, 2000.

RÉGNIER-BOHLER, Danielle (Sous la direction de). *La Légende arthurienne : le Graal et la Table ronde,* Paris, Robert Laffont, coll. « Bouquins », 1989.

Ouvrages sur le Moyen Âge

DELORT, Robert. *La Vie au Moyen Âge,* Paris/Lausanne, Seuil/Édita, coll. « Points/Histoire », H62, 1982 (1972).

DOUSTALY-DUNYACH, Anne. *Le Moyen Âge,* Toulouse, Éditions Milan, coll. « Les Essentiels », n° 183, 2000.

LE GOFF, Jacques (Sous la direction de). *L'Homme médiéval,* Paris, Seuil, coll. « Points/Histoire », H183, 1989.

RÉGNIER-BOHLER, Danielle (Sous la direction de). *Récits d'amour et de chevalerie (XIIe – XVe siècle),* Paris, Robert Laffont, coll. « Bouquins », 2000.

ŒUVRES PARUES

300 ans d'essais au Québec
Apollinaire, *Alcools*
Balzac, *Le Colonel Chabert*
Balzac, *La Peau de chagrin*
Balzac, *Le Père Goriot*
Baudelaire, *Les Fleurs du mal* et *Le Spleen de Paris*
Beaumarchais, *Le Mariage de Figaro*
Chateaubriand, *Atala* et *René*
Chrétien de Troyes, *Yvain* ou *Le Chevalier au lion*
Contes et légendes du Québec
Corneille, *Le Cid*
Daudet, *Lettres de mon moulin*
Diderot, *La Religieuse*
Écrivains des Lumières
Flaubert, *Trois Contes*
Girard, *Marie Calumet*
Hugo, *Le Dernier Jour d'un condamné*
Jarry, *Ubu Roi*
Laclos, *Les Liaisons dangereuses*
Marivaux, *Le Jeu de l'amour et du hasard*
Maupassant, *Contes réalistes* et *Contes fantastiques*
Maupassant, *La Maison Tellier et autres contes*
Maupassant, *Pierre et Jean*
Mérimée, *La Vénus d'Ille* et *Carmen*
Molière, *L'Avare*
Molière, *Le Bourgeois gentilhomme*
Molière, *Dom Juan*
Molière, *L'École des femmes*
Molière, *Les Fourberies de Scapin*
Molière, *Le Malade imaginaire*
Molière, *Le Misanthrope*
Molière, *Tartuffe*
Musset, *Lorenzaccio*
Poètes et prosateurs de la Renaissance
Poètes romantiques
Poètes surréalistes
Poètes symbolistes
Racine, *Phèdre*
Rostand, *Cyrano de Bergerac*
Tristan et Iseut
Voltaire, *Candide*
Voltaire, *Zadig* et *Micromégas*
Zola, *La Bête humaine*
Zola, *Thérèse Raquin*